각별한 당신

각별한 당신

오랫동안 자기답게 살아온 사람들

김종철의
지금 여기 사람책

故 변희수
신순애
이준원
임현정
강수돌
최말자
달시 파켓
김수억
이동현
김정남
정재민
김선희
김덕수
심재명·이은
조영학
윤선애
이병곤
송경동
홍순관
정태인

SIDEWAYS

서문

"선배, 기자로서의 화양연화는 언제였어요?"

정년을 한 달 앞둔 어느 날 한 후배가 물었습니다. 둥근 성격 때문인지 아니면 추억의 미화 효과 때문인지 지난 시절이 다 아름답게 느껴져 "그때그때가 다 화양연화였던 것 같다"라고 대답했습니다.

1989년 초 기독교방송(CBS) 기자로 입사해 경상도 억양으로 라디오 전파를 탔던 일, 1995년 가을 한겨레신문으로 옮겨 정치부 기자, 편집부 기자, 논설위원, 정치부장, 정치부 선임기자, 신문부문장, 토요판 기자로 활동했던 일들이 다 좋은 기억으로 남아 있습니다. 실제로 어떤 자리, 어느 역할이든 빨리 그만두고 싶다는 생각을 한 적이 없었습니다.

한겨레 토요판(현 '한겨레S')은 그중에서도 가장 보람과 재미를 느끼면서 일했던 곳입니다. 2016년 4월부터 만 6년을 토요판에서 일했습니다. 엉덩이가 무거운 편이긴 하지만, 이렇게 오래 있으리라고는 저도 예상하지 못했습니다. 길면 2-3년이겠지 생각했습니다. 막상 2년 정도 지나서는 가능하면 퇴임 때까지 토요판 팀에 있으면 좋겠다고 바라게 됐습니다.

편집장까지 포함해서 대여섯 명에 불과한 작은 조직이 주는 포근함, 훌륭하고 마음씨 좋은 동료들이 내뿜는 힘차고 따뜻한 기운 등도 매력이었지만, 결정적으로는 기사를 쓰면서 늘 배운다는 점 때문이었습니다. 평일 신문에 비해서 기사의 원고량이 최소 3-4배가 많기 때문에 깊이 있게 취재해야 하고, 그러다 보면 배움도 더 많아집니다. 그렇게 양적인 지식이 늘어나는 것도 기뻤지만 생각의 폭을 넓히고 내면의 성장을 가져다주는 질적인 배움을 가질 수 있어서 좋았습니다.

사람과의 깊은 만남 덕분이었습니다. 한 인물을 만나서 오래 대화하고 기사를 준비하다 보면 그분들은 저절로 저의 거울이 됐습니다. '진즉에 만났더라면 좋았을 텐데'라는 생각을 하면서 저 자신을 돌아볼 때가 여러 번이었습니다.

그동안 만난 한 사람 한 사람이 요즘 얘기하는 '사람책'이었습니다. 어려움을 극복하고 끝내 이기는 식의 성공 스토리를 가지고 있어서가 아닙니다. 또, 많이 배웠거나 사회적 지위나 명성이 높아서도 아닙니다. 오히려 제가 만난 사람들은 인간의 자유와 더 나은 세상을 위해 낮은 자리에서 여전히 어렵게 싸우고 있는 사람들이 더 많습니다. 또, 성공이나 출세 등 세속적인 잣대보다는 인간 정신의 고양이나 우리가 몸담고 있는 공동체의 발전을 위해 자신의 길을 묵묵히 걸어가는 사람들입니다.

그들 각자가 가진 인생 이야기는 각각의 단행본으로 묶어도 될 만큼 내용이 풍부하면서도 감동적이었습니다. 거의 매번 원고지 50매가 넘는 대형 기사였지만, 독자들로부터 지루하다거나 너무 길다는 불평을 들은 적이 없습니다. 오히려 따뜻한 응원의 목소리가 대부분이었습니다. 자기 삶의 주인공들이 빚어내는 향기가 그만큼 진하고 강했기 때문일 겁니다.

그러나 기사가 나가고 나면 마음 한편에는 늘 아쉬움이 남았습니다. 인터뷰이들이 어렵게 들려준 자신들의 내밀하고 고유한 이야기들이 매일매일 쏟아지는 뉴스와 다른 많은 이야기들에 금방 파묻혀 버리는 것이 안타까웠습니다. 진실된 이야기들을 책으로 묶어서 더 많은 사람들이 접할 수 있도록 하면 좋겠다는 생각을 저도 했지만, 주변 지인들도 많이 권했습니다. 일상적인 업무 때문에 그동안 엄두를 내지 못하고 있다가 기자직을 졸업하면서 책으로 빛을 보게 됐습니다.

2017년 12월부터 2021년 12월까지 했던 인터뷰 중에서 지금 시기에 내놓아도 울림을 줄 수 있다고 생각한 스무 사람의 이야기들을 골랐습니다. 책의 분량 때문에 부득이하게 빠진 사람들의 이야기도 많고, 또 어떤 것은 독자적인 책으로 만들어도 좋겠다는 생각에서 일부러 남겨두기도 했습니다. 책에 실린 대부분의 글은 이번 기회에 새로 인터뷰해서 대폭 보완하는 등 여러 심층적인 내용을 추가했습니다.

그동안 인터뷰 기사에 많은 지면을 할애하고 응원해준 한겨레 토요판의 역대 편집장과 팀장, 특히 '김종철의 여기'라는 고정 코너를 마련해준 신윤동욱 전 토요판 에디터와 정은주 전 팀장, 나이 든 선배를 친구처럼 대해준 동료들 모두 고맙습니다. 또 인터뷰를 책으로 만들자고 오랫동안 저를 추동해주고, 멋진 결과물을 빚어준 도서출판 사이드웨이 박성열 대표께도 감사의 뜻을 전합니다. 그 무엇보다 초면이거나 얼굴만 아는 관계인데도 마음 깊숙한 데 남겨뒀던 이야기들을 기자에게 들려준 스무 명의 각별한 당신에게 진심으로 감사드립니다. 이 책을 읽은 독자 여러분께도 따스한 감동이 오래 머물기를 바랍니다.

2022년 5월 8일
김종철

차례

"기갑의 돌파력으로 그런 차별 없애버릴 수 있습니다. 하하"

01

고故 변희수

최초의 성전환 커밍아웃 군인

+ ─────────────────────────────────

1998년 충북 청주에서 태어났다. 육군 하사로 복무하던 2019년 11월 소속 부대의 허가를 받아 남성에서 여성으로 전환했다. 2020년 1월, 군 수뇌부는 그에게 강제 전역 처분을 내렸다. 2021년 10월 법원은 군의 전역 조처가 부당하다고 판결했으나, 약 반년 전인 2021년 2월 변희수가 스스로 생을 마감한 뒤였다. 이 인터뷰는 그가 성전환 수술 후 남긴 처음이자 마지막 언론 인터뷰였다.

"네가 너인 것에 다른 사람을 납득시킬 필요 없어. 괜찮아."

JTBC 인기 드라마였던 〈이태원 클라쓰〉의 12회 마지막 장면에 나오는 대사 한 토막이다. '단밤'(식당 이름) 대표 박새로이(박서준)가 '최강포차'라는 요리 경연 방송의 결승전 촬영장을 뛰쳐나간 단밤 주방장 트랜스젠더 마현이(이주영)한테 한 말이다.

결승전을 앞두고 라이벌 진영 쪽에서 강력한 우승 후보였던 마현이를 꺾기 위해 그의 성정체성을 폭로하는 더티플레이를 한다. 마현이는 방송사 관계자들이 자신을 보고 수군거리는 등 예상치 못한 상황에 놀라 촬영장을 뛰쳐나간다. 구석진 자리에서 마현이를 찾아낸 박새로이는 "저따위 시선까지 감당해야 할 만큼 중요한 일이 아니야"라며 대회에 안 나가도 된다면서 이렇게 '대회보다 너를 지키는 게 더 중요하다'고 다독인다.

'잘못한 것도 없는데 왜 도망쳐. 당당히 맞서. 그래야 이기잖아'라고 하기 쉬운 대목에서 이 드라마는 '사람들 앞에 안 나서도 돼. 그들을 납득시킬 필요가 없어'라고 말한다. 섣부른 판단과 어설픈 해법을 제시하기보다는 따뜻한 공감과 든든한 편 돼주기로 다가간다. 마현이를 펑펑 울게 만들고, 시청자의 눈시울을 벌겋게 물들인 명장면이다.

변희수 씨도 마현이처럼 자기 자신에게 당당하고, 세상의 쓸데없는 관심과 호기심을 꿋꿋하게 물리치고 있을까. 그녀(성별 중립적인 3인칭 대명사는 '그'이지만, 변희수 씨의 성전환을 존중하기 위해 한 차례만 '그녀'라고 부름)를 만나러 가면서 마현이가 떠올랐다.

인터뷰 장소인 서울 마포구 노고산동 군인권센터 사무실에는 두 명이 미리 와서 기다리고 있었다. 한 명은 전부터 알고 있던 군인권센터 관계자였는데, 다른 한 명이 주인공일 줄은 예상하지 못했다. 마실 나온 듯 평범하고 수수한 옷차림에다가 꾸밈없는 얼굴은 군복 차림으로 기자회견을 할 때와는 완전히 다른 분위기를 풍겼다. 인사를 나누면서 놀라는 기자에게 그는 밝은 웃음으로 화답했다. 트랜스젠더 여성의 모습은 어떠어떠할 것이라는 편견과 통념에 물든 스스로를 반성하면서 그와 마주 앉았다.

20개국은 트랜스젠더 복무 허용

‖ 기자회견(2020년 1월 22일)을 한 지가 두 달가량 됐는데 그동안 어떻게 지냈어요?

지친 몸과 마음을 추스르느라 병원에 왔다 갔다 했는데, 얼마 전부터 일상으로 돌아왔어요. 이제 일자리를 구해보려 하지만 코로나19 때문에 사람을 잘 안 뽑아요. 군인연금 대상이 아니어서 빨리 돈을 벌어야 해요.

‖ 하루하루는 어떻게 보내고 있어요?

게임하고 쇼핑하고 평범하게 지내요. 저는 집 밖은 잘 안 나가는 집순이입니다. 컴퓨터랑 닌텐도만 있으면 혼자서도 잘 놀아요. 웹툰도 좋아해요. 하하.

‘남성에서 여성으로 성별을 바꿨다’(Male To Female Transgender)는 이유 하나로 군에서 갑자기 내쫓긴 변희수는 어떤 측면에서는 강제 해고를 당한 사회인보다 더 막막하다. 잠잘 곳 마련부터 모든 것을 새로 시작해야 한다. 가족으로부터 독립했기에 그들의 도움도 없다. 그는 서울의 한 동네에 월세 40만 원짜리 원룸을 구한 뒤 영외 숙소에서 쓰던 살림살이를 부랴부랴 가져와 보금자리를 꾸몄다.

‖ 육군 전역심사위원회에서 강제전역 결정이 나올 것이라고 예상했나요?

아니요. 당일 아침까지만 해도 복무하는 쪽으로 결론이 나오지 않을까 기대하고 있었어요. 그런 결론이 나오면 기자회견을 하지 않고 조용히 부대로 복귀하려고 마음먹고 있었죠. 그런데 강제전역 처분이라는 전역심사위원회 결과를 통보하는 전화를 기자회견 직전에 받았어요. 엄청나게 충격받은 상태에서 기자회견을 했어요.

‖ 그래서 기자회견문을 읽으면서 세 번이나 울먹였군요.

다시 복무할 수 있을 거라고 우리 부대가 약속을 했기 때문에 그것을 믿고 있었죠. 우리 부대에서도 제가 복귀할 줄로 알고 있었어요. 그래서 전역심사위 결과를 통보받고는 분노했죠. 배신감도 강하게 들었고요.

‖ 분노라면 무엇에 대한 분노였어요?

배신감에서 비롯된 분노였어요. 분명히 복무시켜준다고 했는데 군이 뒤통수를 쳤으니까요. 최상층 군 수뇌부에 대한 배신감이죠. 군단장까지는 괜찮다며 계속 복무할 수 있다고 분명히 사전에 얘기했어요. 여단장님과 대대장님도 제가 복무하는 것에 대해 동의한다는 의견을 전역심사위에 내셨고요. 그런 분위기로 볼 때 전역심사위를 통과할 거라고 기대했는데 깨졌던 거죠. 나중에 알고 보니 군 법무 쪽과 인사 쪽의 의견이 달랐다고 해요. 법무 쪽은 복무를 허용하자는 의견이었고, 인사 쪽은 전역을 시키자는 견해였대요.

변희수는 2019년 11월 여단장의 직인이 찍힌 '사적 국외여행 허가서'를 받고 태국으로 출국했다. '의료 목적의 해외여행'이라고 기재된 그 허가서는 일선 부대에서는 그의 성전환 수술을 승인했다는 것을 보여준다.

‖ 분노가 있더라도 트랜스젠더로서 커밍아웃을 하는 것은 또 다른 용기와 결단이 필요한 일이죠.

싸워야겠다고 생각했죠. 다른 나라 군대는 (트랜스젠더 군인이) 허용되는데 왜 우리나라만 허용이 안 될까 하는 그런 생각뿐이었어요.

현재 프랑스와 독일, 이스라엘, 오스트리아, 핀란드 등 20개 나라는 트랜스젠더의 군 복무를 허용한다. 미국은 도널드 트럼프 대통령이 2017년 트랜스젠더 복무 금지 행정지침을 발표했지만, 각 항소법원이 이 지침을 위헌이라고 잇따라 판정하면서 성별 정정이 완료된 트랜스젠더들의 입대와 복무가 이뤄진다.

이에 비해 우리나라는 아직도 트랜스젠더와 동성애자 등 성소수자 군인의 존재 자체를 인정하지 않는다. 2017년에는 육군, 2019년에는 해군에서 성소수자 군인 색출 작업이 벌어졌으며, '군형법 제92조의 6'은 이들을 성범죄자와 동일하게 취급한다. 또, 현역 군인 선발 기준인 '질병, 심신장애의 정도 및 평가기준'에서도 성소수자를 '성 주체성 장애'와 '성 선호 장애'라는 병명으로 규정한다.

그러나 세계보건기구(WHO)는 2018년 국제질병분류표(ICD-11)를 개정해 정신질환에서 '성 주체성 장애'(disorder)를 삭제하고, 대신 성 건강과 관련한 하위분류에 '성별 불일치'(incongruence)로 표기하기로 했다. 트랜스젠더를 정신질환이 아니라 하나의 정체성으로 인정한 것이다. 앞서 미국정신의학협회도 2013년에 '성 주체성 장애'라는 표현을 '성별 위화감'(dysphoria·디스포리아)으로 바꿨다.

사회운동에 일부러 빠진 중학생

‖ 기자회견 후에 주변의 반응은 어땠나요?

부대에서 격려하는 문자를 많이 보내줬어요. 'TV에서 보고 많이 놀랐다. 마음 잘 추슬러라. 고생했다'라거나 '누구보다 힘들었겠지만 잘 견뎌내라. 앞으로도 분명 잘될 거니까 다시 만나자' 등등의 문자를 상관들과 부대원들로부터 받았어요. 군 동기들과 고등학교 친구들도 보내왔고요.

> 변희수는 1998년 충북 청주에서 태어나 중학생 때까지 그곳에서 자랐다. 평범한 아이였지만, 근처 도서관에 자주 가서 손에 잡히는 대로 책을 읽었다. 그래서인지 일찍부터 세상사에 관심이 많았다. 중학생 때는 정치·사회적 이슈에 대해 시내에서 청소년 시위를 주도하기도 했다.

‖ 태어날 때 지정받은 성(남성)과 본래의 성(여성)이 일치하지 않는다는 위화감을 언제부터 느꼈나요?

아주 어릴 땐 조금 그런 거 같다고 느끼긴 했지만 심하진 않았고요. 초등학교 2~3학년쯤부터 본격적으로 느끼기 시작했죠. '난 왜 이렇게 태어났지?'라는 생각이 들곤 했어요. 놀 때도 여자 친구들이 더 편하기도 했고요. 자랄수록 그런 괴리감이 심해졌죠.

‖ 사춘기엔 고민이 더 깊어졌겠네요.

그때는 오히려 그런 고민과 문제를 피하기 위해 좀 더 터프하고 와일드하게 굴었어요. 그래서 군대도 일찍 가기로 결심했고요.

‖ 성별 위화감을 잊거나 바꾸기 위해 군대를 선택했던 거군요. 애국심도 있었지만요.

네. 중학생 때 처음 사회적 활동을 하면서 애국심을 갖게 되었어요. 그래서 박근혜 정부 때 국군의날 행사에 초청받기도 했고요. 그때 대통령이 참석한 행사장의 국민초청석에 앉아 있었어요.

‖ 무슨 일을 했길래 중학생이 그런 행사에 초청을 받았어요?

저도 이유는 잘 모르겠는데 청와대에서 편지가 왔어요. 아마, 독도 군인에게 편지 보내기와 북한인권법이나 독도 영유권과 관련된 활동 때문이 아닐까 싶어요. 일본의 독도 영유권 주장에 항의하기 위해서 청주 시내의 번화한 거리(성안길)에 나가 욱일승천기를 바닥에 깔아놓고 시민들에게 밟고 가도록 했어요. 처음에는 혼자 시작했는데 나중에 다른 청소년들이 찾아와서 단체를 만들어 활동하기도 했어요. 지금 생각하면 너무 국수주의적인 활동이었는데 당시에는 열심히 했어요. 훈방되기는 했지만, 경찰에 붙잡혀 가기도 할 만큼 세게 했어요. 제 속에서 생기는 성 정체성 고민을 다른 곳으로 돌리기 위해서 그랬던 게 아니었나 싶어요.

중학생 시절을 '뜨겁게' 보낸 변희수는 고교 진학도 독자적으로 결정했다. 부모나 담임선생님 등 주변에서는 청주의 인문계 고교로 가라고 권했지만, 그는 고향에서 멀리 떨어진 전남 장성군에 있는 부사관 양성 특성화고(삼계고교)를 선택했다. 어릴 때부터 꿈꿔왔던 국가에 헌신하는 군인이 되고픈 생각과 남자들의 세계 속으로 들어감으로써 때때로 찾아오는 성 정체성 혼란을 잊고 싶다는 마음에서였다.

‖ 장성에 있는 특성화고는 어떻게 알았어요?

군대를 좀 더 빨리 가는 방법을 인터넷에서 검색하다가 그런 학교가 있다는 것을 알았죠. 집에서 말리고 반대했지만, 제가 선택했어요.

‖ 고교 3년 생활도 힘들었을 것 같아요.

학교생활은 재미있었어요. 남녀공학이었는데 남녀 구별 없이 다 같이 잘 어울려 놀았어요. 가장 힘들었던 것은 체력이었어요. 같은 학년 친구들과 같이 먹고 자고 뛰는데 체력이 남들보다 안 됐어요. 온 힘을 다해 노력해서 겨우 친구들의 80% 정도 체력에 이르렀던 거 같아요. 오직 군인이 되겠다는 한 가지 목표만 갖고 노력하다 보니까 정체성의 문제를 느낄 틈이 없었던 거 같아요. 그런데도 친구들은 저에게 좀 위화감을 느꼈다고 해요. 제가 좀 여학생 같다, 이상하다는 식으로 느꼈다고 해요.

씻을 때마다 우울하고 불안

변희수는 2016년 9월에 입대해 훈련소와 육군부사관학교, 기계화학교를 마치고 2017년 3월 육군 하사관으로 꿈에 그리던 군인이 됐다. 40대 1이라는 높은 경쟁을 뚫었다. 탱크조종수로서도 변희수는 하사 중에서 유일하게 A등급을 받는 등 뛰어난 기량을 보였다. 참모부서로 자리를 옮긴 뒤에는 공군이 주최하는 UCC 공모전에 작품을 출품해 공군참모총장상을 받기도 했다. 그러나 군 생활에 잘 적응해갈수록 그의 마음은 힘들어졌다.

"군 적응에 비례하면서 제 마음 또한 무너져내렸고, 정신적으로 한계에 다다르기 시작했습니다. '젠더 디스포리아'(성별 위화감)로 인한 우울증 증세가 복무를 하는 동안 하루하루 심각해지기 시작했으며, 너무 간절한 꿈이었음에도 이대로라면 더 이상 군 복무를 할 수 없겠다는 생각이 계속 들게 되었습니다. 주변에서는 힘들어하는 저를 두고 '현역복무 부적합 심의를 받는 것은 어떠냐'는 권유를 할 정도였습니다." (2020년 1월 22일 기자회견문)

그는 현역 복무 부적합 심사를 신청하지 않았다. 그 경우 현역으로 복무하기에 적합하지 않다는 결정, 즉 중도 전역을 할 가능성이 크기 때문이다. 그는 어떡하든 좋아하는 군에 남고 싶었다.

‖ 국군수도병원에는 어떻게 해서 가게 됐던 거예요?

고된 훈련 때는 마음이 힘들지 않은데, 몸이 힘들지 않은 평소 일과 때에는 갑자기 '이렇게 사는 게 아닌데'라는 자괴감이 들곤 했어요. 부대에서 잘 케어해줘서 그나마 그 정도로 버티면서 군 생활을 잘할 수 있었는데, 조금씩 우울해지다가 더 이상 억누르지 못하는 한계상황에 어느 순간 이른 거죠.

변희수는 우울증을 치료하기 위해 2019년 5월 국군수도병원 정신과의 문을 두드렸다. 두 달간 입원 치료를 하며 그는 마음의 병이 왜 생겼는지 정확하게 알았으며, 자신의 본래 성을 찾기로 결심했다. 군 병원에서 호르몬 치료를 시작하면서 가족에게 자신의 상태와 결심을 알렸다. 퇴원 때는 부대 상관들에게도 있는 그대로를 보고했다. 부대 상관들은 수술을 위한 휴가 출국을 허가하는 등 변희수의 결정을 존중하고 받아들였다.

‖ 트랜스젠더 중에서도 성전환 수술을 하지 않고 사는 사람들도 있잖아요. 수술을 미루거나 하지 않고 트랜스 여성으로서 복무를 신청할 생각은 안 해 봤어요?

똑같이 성전환이라는 증상이 있어도 대책은 사람마다 달라요. 저는 제 몸에 대한 디스포리아가 너무 심했어요. 제 몸 자체가 스스로 용납이 안 될 정도였어요. 따라서 저의 치료법은 수술밖에 없는 거예요. 군 복무를 위해서라도 디스포리아부터 해결해야 돼요. 그래서 수술을 받았을 뿐이에요.

‖ 수술 후 디스포리아는 사라졌나요?

네. 디스포리아가 거의 사라졌어요. 이거 하나만으로도 충분한 거 같아요. 그 전에는 날마다 씻을 때마다 우울하고 불안하고 그랬거든요.

성전환 수술을 마치고 복귀한 변희수는 여군으로 복무를 계속하고 싶다는 뜻을 밝혔다. 그러나 군은 그에게 의무조사를 실시해 '심신장애 3급'(음경 훼손 5급, 고환 적출 5급을 종합한 등급) 판정을 내리고, 전역심사위원회에 회부했다. 군 인사법상 심신장애 1~9급인 군 간부는 전역 대상이다. 이에 변희수는 법원에 낸 성별 정정 허가 신청을 이유로 들어 전역심사 연기를 요청했다. 국가인권위원회도 "성전환 수술 행위를 신체장애로 판단해 전역심사위에 회부한 것은 차별 행위 개연성 등이 있다"며 인권위 조사 기한 3개월 이후로 심사를 연기할 것을 권고했지만, 군은 2020년 1월 22일 전역심사위원회를 강행했다.

하지만 군은 변희수가 민간인이 된 날(1월 23일) 군 인사법 시행령을 고쳐서 복무 중인 트랜스젠더에 대해서는 계속 근무할 수 있는 길을 열었다. 즉, "심신장애의 사유가 되는 질환 또는 장애가 해당 병과에서의 직무수행에 직접적인 제약을 주지 않는 경우"에는 "심신장애치유 가능성, 병과 특성에 따른 복무 가능성, 군에서의 활용성과 필요성 등에 관한 심의를 거쳐 남은 의무 복무 기간 동안 현역으로 복무할 수 있다"는 조항(시행규칙 제53조 4항)을 신설했다.

‖ 군 인사법 시행령 개정이라는 게 번갯불에 콩 볶아 먹듯 하루아침에 되는 일이 아니고, 오래 준비하고 여러 단계를 거쳐서 하는 거잖아요. 새 시행령에 따르면, 희수 씨 같은 트랜스젠더 군인도 심사 결과에 따라서는 군 복무를 계속할 수 있다는 뜻인데, 그럼 며칠 더 기다렸다가 개정된 시행령으로 전역심사를 하는 게 맞지 않나요? 굳이 시행령 개정 하루 전에 심사위를 열었다는 것은 쫓아내겠다는 뜻이잖아요.

제가 직접적으로 군에 반기를 들었으니까 저를 일부러 내친 게 아닌가 싶어요. 익명이기는 했지만, 정식 기자회견이 있기 전에 최초의 트랜스젠더 군인이 나왔다는 기사가 떴잖아요. 그것에 대해 군 상층부가 꽤 씸하게 생각한 게 아닐까 생각해요.

‖ 강제전역이 부당하다는 인사 소청을 육군본부에 냈는데, 결말은 언제 나요?

시일이 언제 잡힐지는 알 수 없어요. 소청에서 안 받아들여지면 행정소송을 하려고 해요. 성이 바뀐 것 외에는 신체적으로 결손된 게 아무것도 없는데 복무를 할 수 없다고 판정 내린 것은 정말 부당해요. 팔이 한쪽 날아간 것도 아니잖아요. 전차 조종하는 데 무슨 장애가 있다는 건지 이해가 안 돼요. 지금 여군들도 전차 조종을 많이 하고 있거든요.

‖ 소송에 시간이 오래 걸릴지도 모르는데요.

그래도 끝까지 싸울 겁니다. 성소수자의 인권과 자유를 쟁취하고, 차별 없는 군을 만들기 위해서 기갑부대의 모토인 '기갑 선봉'답게 선봉에 나가서 싸울 거예요.

숙명여대 트랜스젠더와 더불어

군인권센터에서는 그의 행정소송을 도울 자원봉사 변호인단을 모집했다. 지금까지 30여 명이 이름을 올렸다. 변희수와 군인권센터는 피우진(전 국가보훈처장)의 법적 투쟁을 살펴보고 있다. 피우진은 군에서 헬기 조종사로 근무하던 2002년 유방암이 생겨 유방 절제술을 받고 완치됐지만, 군은 신체 일부가 없다는 이유로 심신장애 2급 판정을 내리고 강제전역을 시켰다. 복무에 지장이 없는데도 군 인사법 시행규칙을 이유로 퇴역시킨 것은 재량권 남용이라며 국방부 장관을 상대로 제기한 소송에서 법원은 피우진의 손을 들어줬고, 그는 2008년 군에 복귀했다.

‖ 행정소송에서도 지면 여군으로 다시 입대를 지원하겠다는 각오도 밝힌 바 있는데요.

원래 그렇게 하려고 했는데 그것도 법적으로 불가능하다고 하더라고요. 난소가 없으면 입대가 안 되는 규정이 있대요.

2016년까지는 여군 입대 전 신체검사 항목 중에 임신반응 검사와 더불어 골반 초음파 검사가 있었다. 자궁과 난소 등을 검사하기 위한 것이었다. 심지어 육군3사관학교에서는 임신중절수술 여부 기록까지 제출할 것을 요구했다. 당시 이에 대한 비판이 거세 군은 임신반응 검사만 두고 나머지는 폐지했다. 그러나 변희수는 트랜스젠더를 '성 주체성 장애'로 분류하고 있는 군의 선발 기준에 따라 입대가 거부될 가능성이 크다. 그 벽을 깨고 넘으려면 또다시 소송이 필요하다.

▮ 희수 씨가 강제전역 조처를 당한 직후에 숙명여대에서도 유사한 일이 있었죠. 트랜스젠더 여성이 신입생으로 합격했는데 일부 학생들의 반대로 결국 입학을 포기했잖아요.

그와는 트위터 등을 통해 서로 아는 사이예요. 어제도 만나서 같이 밥을 먹었어요. 서로가 이렇게 될 줄은 전혀 몰랐죠. 저는 전역당하고, 그 친구는 입학을 사실상 거부당했고요. 그러나 우리는 좌절하지 않아요. 그 친구는 다시 다른 대학에 도전할 생각이더라고요. 외국 유학도 생각하는 것 같아요. 저도 제가 할 일을 찾아서 할 거고요.

▮ 군과 대학에서 보듯이 아직 우리 사회는 트랜스젠더 등 성소수자에 대한 편견과 차별이 많아요. 인식이 개선되려면 시간이 걸리겠지만, 때때로 혐오의 대상이 되기도 하는 당사자들로서는 속상하고 힘들 것 같아요.

그렇죠. 인식 개선을 위해 많은 노력이 필요한데 저 혼자로는 역부족이에요. 2000년대 초반에 하리수 씨가 트랜스젠더 여성으로 처음 커밍아웃을 한 이후로 그나마 온 게 이 정도죠. 아마 저 혼자의 싸움만으로는 안 될지도 몰라요. 저 다음에 또 누군가가 나와야 인권 신장이 되고, 그래야 저희 같은 사람들이 차별받지 않고 사회에 녹아들어 살아갈 수 있는 세상이 될 거라고 생각해요.

‖ 군 내부에 트랜스젠더분들이 꽤 있지 않나요? 그분들이 변희수 씨가 당당하게 싸우는 모습을 보고 힘을 얻을 거 같아요.

제가 알기로는 중사와 상사 중에도 트랜스젠더가 있어요. 장교 중에도 있고요. 그분들도 앞에 나오셔서 좀 더 얘기를 해주시면 좋을 것 같아요.

‖ 선두에서 혼자 싸우느라 힘들지 않나요?

저는 기갑의 돌파력으로 그런 차별을 없애버리고 살 수 있습니다. 하하.

‖ 군의 인권 개선을 위한 최전선의 싸움인데, 군 당국에 대해 하고 싶은 말이 있다면요.

소수자를 배척하지 않고 그들까지 포용한다면 더 나은, 전투력 있는 군으로 발전할 텐데 안타까워요. 단합이라는 것도 한두 사람만 하면 안 되는 거잖아요. 여러 사람이 단합해야 그만큼 시너지 효과가 발생할 텐데 이렇게 소수자를 배척하면 나중엔 배척된 사람들이 어떻게 될지도 모르는 거고요. 강한 전투력 있는 대한민국 국군이 만들어지는 것이 제 소망입니다.

‖ 기자회견을 후회하진 않았어요? 그냥 조용히 있을걸 하고요.

후회 안 했어요. 제가 원래 좀 낙관적인 편이에요. 하하.

‖ 하사 의무 복무 기간이 4년이잖아요. 그 뒤의 계획은 뭐였어요?

장기복무를 신청하려고 했어요. 군 생활이 처음 생각하고 기대했던 것만큼 그렇진 않았지만, 할 만했거든요.

‖ 탱크를 모는 기갑부대를 선택한 것은 의외로 보여요.

저는 정말 재미있었어요. 전차 조종할 때가 무엇보다 좋았고요. 아 참, 전차 안에 에어컨이 없는 거 빼고는 다 좋았어요. 전차에 에어컨이 없어서 여름에 너무 힘들어요. 에어컨은 전차조종수의 한이에요. 양압장치도 마찬가지고요. 꼭 부탁하고 싶은 것은 전차에 꼭 에어컨을 달아주라는 겁니다.

양압장치는 차량 내부의 공기압을 바깥보다 1기압 높여주는 것으로, 이 장치가 있으면 독가스나 방사능 등 화생방 물질이 전차 안으로 들어오지 못하게 된다. 미군 장갑차나 전차에는 양압장치와 에어컨이 있지만, 우리나라에는 100여 대 남짓한 K2전차에만 설치돼 있을 뿐 나머지 99% 전차에는 없다. 이런 장치가 없는 전차는 여름철에 조종실 안이 섭씨 40도를 웃돌며, 해치를 닫으면 50도를 넘어간다.

마현이처럼 당당하게

‖ 희수 씨의 싸움 결론이 어떻게 날지 모르지만, 그것과 관계없이 이제 자신의 정체성을 찾아서 남성이 아니라 여성으로 새로운 인생을 사는 기분이 어때요?

"2000년대 초반에 하리수 씨가
트랜스젠더 여성으로 처음 커밍아웃을
한 이후로 그나마 온 게 이 정도죠.
아마 저 혼자의 싸움만으로는 안 될지도
몰라요.
저 다음에 또 누군가가 나와야
인권 신장이 되고, 그래야 저희 같은 사람들이
차별받지 않고 사회에 녹아들어
살아갈 수 있는 세상이 될 거라고 생각해요."

이제 정상적으로 굴러가는 것 같아요. 그 이상, 그 이하도 아니고요. 살아가는 데 자신감도 생기고요.

‖ 다른 트랜스젠더나 성소수자에게 해주고 싶은 이야기는요.

자기 내면에 솔직해지면 좋겠어요. 쌓아두고 도피하려다가는 큰일 나니까요. 풀 수 있을 때 푸는 것이 좋습니다.

드라마 〈이태원 클라쓰〉에서 마현이는 '최강포차' 결승전이 시작되기 직전 대회장 문을 활짝 열고 들어온다. 마현이 대신 요리 경연을 준비하던 박새로이 등 모든 참가자와 방송 관계자들의 눈이 그에게로 향한다. 마현이는 그들의 시선을 정면으로 응시하면서 당당하게 선언한다.

"단밤 요리사 마현이, 저는 트랜스젠더입니다. 저는 오늘 우승하겠습니다."

변희수는 '충격과 배신감'에 울먹였던 기자회견 때와 확연히 달랐다. 마현이처럼 단단하면서도 맑고 밝았다. 마현이의 최강포차 우승처럼 변희수의 인권 투쟁도 결국 이기리라는 생각이 들었다. 성소수자 등 약자를 차별하고 혐오하는 사람들에게 변희수는 이렇게 말했다.

"다수라고 하는 사람들도 분명 소수자적인 측면이 있을 수 있습니다. 그 사람이 노동조합원이라든지, 다른 소수 종교라든지 그런 부분도 있을 수 있으니까요. 하지만 이럴 때 자기가 다수라고 생각하면서 소수자 차별에 눈감으면, 자신들이 소수자로 박해받을 때 결국 도와줄 사람이 아무도 남지 않게 될 것입니다."

※ 변희수 전 하사는 기자회견을 한 지 1년 2개월 만인 2021년 3월 3일 청주시 자신의 거처에서 숨진 채 발견됐다. 경찰은 2월 27일 숨진 것으

로 추정했다. 그날은 변 전 하사가 군에 남았더라면 전역을 하루 앞둔 날이었다. 육군본부에 낸 인사 소청은 기각됐으며, 2020년 8월에 낸 전역취소 소송은 그때까지 한 번도 열리지 않았다.

그가 숨진 뒤인 2021년 4월 15일에야 1차 공판이 열렸다. 원고가 사라졌으니 재판이 종결되어야 한다고 군은 주장했으나, 법원은 부모도 원고 자격이 있다고 판단했다. 그해 10월 7일 대전지방법원은 변 전 하사에 대한 군의 전역 조처가 부당했다고 판결했다. 국방부는 승복할 수 없다면서 항소하려 했으나, 정부의 최종 입장을 결정하는 법무부가 국방부에 1심 결과를 수용하도록 지휘함에 따라 마침내 변 전 하사의 승리로 끝났다. 그러나, 군은 한 번도 자신들의 잘못을 인정하거나 사과하지 않았다.

후기

2020년 1월 트랜스젠더 군인임을 밝히는 기자회견을 하면서 울먹이는 변희수 하사의 모습을 텔레비전 뉴스에서 보았습니다. 그를 울게 만드는 이 사회가 슬펐습니다. 그의 울음을 그치게 하려면 우선 그의 얘기를 들어야 한다는 생각에서 인터뷰 요청을 했습니다. "심신의 안정이 필요하다"는 답이 왔길래 "마음의 준비가 되면 언제든 만나고 싶다"고 답을 했지만, 인터뷰가 안 될 가능성이 더 높다고 봤습니다. 또다시 성소수자인 자기를 세상에 내보여야 하는 일이기 때문입니다.

하지만 한 달여가 지난 뒤 "인터뷰를 하겠다"는 연락이 왔습니다. 군인권센터 사무실에서 만난 그는 두 달 전 기자회견 때와 달리 맑고 쾌활했습니다. "기갑의 정신으로 돌파하겠다"며 자신감을 보이기도 했습니다.

그러면서도 그의 시선은 작고 여린 것들에 수시로 머물렀습니다. 사진 촬영을 위해 군인권센터에서 가까운 서울 신촌역 근처 경의선 공원에 나갔을 때였습니다. 강재훈 선임기자가 촬영을 막 시작하려고 할 즈음 침목이 깔린 옛 철길에 검은 색깔의 길고양이 한 마리가 나타났습니다. 그는 바로 무릎을 굽히고 앉아서 고양이와 눈을 맞추고는 이내 고양이의 목과 등을 쓰다듬었습니다. 고양이도 처음 보는 사람임에도 변 하사에게 선뜻 다가가더군요. 아마, 그가 자기들을 사랑하는 사람임을 느낌으로 알았을 겁니다.

군 하사관을 양성하는 특성화 고교 시절 그가 후배들을 딱 한 번 집합시켜 훈계한 일화를 그때 들었습니다. 1~2학년생 몇 명이 장난으로 길고양이를 괴롭히는 것을 보고는 불러 세운 뒤 그러지 말라고 말로 타일렀다고 했습니다. 선배들의 이른바 후배 집합교육이 하나의 문화처럼 된 집단에서 단 한 번의 집합 이유가 고양이 문제였다니 그가 얼마나 섬세하고 착한 심성의 소유자인지 알 수 있었습니다.

사진 촬영을 마치고, 사무실로 돌아오는 길에 주택가 골목길을 지날 때였습니다. 골목 안쪽 한옥집의 대문 밖에 화사한 꽃이 담긴 화분이 하나 놓여 있었습니다. 이른 초봄이어서 나무의 새싹도 아직 돋지 않을 때여서 누가 봐도 인조 꽃임이 분명했지만, 그는 발걸음을 멈추고 그것을 바라봤습니다. 그걸 놓칠 리 없는 사진기자가 "여기서도 한 장 찍을까요?"라고 묻자, 화분 앞으로 다가가 기꺼이 포즈를 취했습니다.

인터뷰 뒤에 그와 여러 차례 통화와 문자 메시지를 주고받았습니다. 응원의 마음을 전하기 위해 그와 관련된 언론 보도나 성소수자에 관한 기사 링크를 보내주면서 잘 있는지 안부를 물을 때마다 그는 밝게 응대했습니다. 숨지기 불과 한 달 전 국가인권위원회가 육군과 국방부에 전역 처분을 취소하라는 권고를 했다는 소식을 문자 메시지로 전했을 때도 그는 "앗… 넴넴, 잘 지내고 있습니다!! 감사합니다!"라고 답을 보내왔습니다.

그래서 일자리를 구하지 못해 서울 생활을 정리한 뒤 고향인 청주로 거처를 옮겼다는 얘기를 들었을 때는 그저 코로나 사태의 여파이려니 생각했지 그렇게 힘들어하는 줄 몰랐습니다. 그러나, 왜 아니었겠습니까. 군 인사소청위원회에 전역 처분을 취소해달라고 냈던 요구는 재빨리 기각됐던 반면, 법원에 제기했던 소송은 언제 열릴지 기약도 없었으니 말입니다.

　이런 막막한 상황은 변 하사에게 큰 좌절과 낙담이 됐던 것 같습니다. 그가 세상을 떠난 날은 4년 만기의 제대일을 하루 앞둔 2021년 2월 27일 저녁(경찰 추정)이었습니다. "처음의 생각만큼은 아니지만 그래도 군 생활이 괜찮아서 의무 복무 뒤에는 장기 복무를 신청할 계획"이었던 그로서는 제대일이 지난 뒤에는 소송에서 이기더라도 군에 현실적으로 복귀할 수는 없다는 생각에 막막했을지 모릅니다.

　그가 세상을 떠났다는 소식에 후회와 한탄이 밀려왔습니다. 진즉 만나서 변희수 당신을 지지하는 꼰대도 많다는 것을 알려줬더라면 좋았을 텐데, 하는 생각에 가슴을 여러 번 쳤습니다. "따뜻한 점심 한 끼나마 사겠다"고 약속해놓고는 '코로나가 좀 잠잠해지면 하지'라며 미루다가 끝내 다시 만나지 못했기 때문입니다.

　희수 씨, 트랜스젠더 등 소수자와 약자에 대한 차별을 없애기 위해 그대가 앞장서 보여준 용기는 남은 우리들의 마음을 움직이고 있어요. 혐오와 차별에 맞서 싸우는 사람들이 점점 많아지고 있는 것을 희수 씨도 그곳에서 보고 있겠죠. 그런 힘으로, 희수 씨가 꿈꾼 차별 없는 세상은 더디더라도 반드시 올 거예요. 약자와 소수자를 차별하는 세상을 만든 기성세대의 한 명인 저도 힘을 보탤 거고요. 그러니 이제 편히 쉬면서 늘 지켜봐주길 바라요.

(2020년 3월 11일 인터뷰)

"노동자도 목숨 걸고 일한 국가유공자입니다"

02

신순애

『전태일 평전』의 또 다른 주인공

1954년 전북 남원에서 태어났다. 열세 살의 나이부터 평화시장의 봉제공장서
미싱을 시작했고, 1974년 청계피복노동조합에서 노동운동에 뛰어들었다. 이후
마흔이 넘어 청소년 상담가로 활약했으며, 쉰세 살의 나이에 대학에 입학한 후
대학원에서 석사 논문까지 썼다. 2021년 대법원에서 국가폭력에 대한 손해배상
소송에 승소하여 받은 민사 배상금 8,300만 원을 전액 기부했다.

"드르륵, 드르륵."

『전태일 평전』에 나오는 불쌍한 시다(미싱 보조)였던 그를 만나러 청계천 평화시장으로 향하는 날, 서울 만리동 주택가의 마치코바(동네의 작은 공장)에서 흘러나오는 미싱 박음질 소리가 유난히 크게 들렸다. 좁은 공간을 흘러넘친 라디오 소리도 창밖으로 쏟아졌다. 50여 년 전 미싱 일을 할 때 밤늦게 라디오에서 흘러나오는 허망한 소리를 무척 싫어했던 그의 얘기가 떠올랐다. "밤 9시 55분만 되면 라디오 방송에서는 '청소년 여러분! 밤이 깊었습니다. 어서 빨리 부모님이 기다리는 가정으로 돌아갑시다'라는 소리가 나왔다. 그럴 때면 나는 '야! 누구는 가기 싫어서 안 가냐? 집에 보내줘야 가지' 하고 마음속으로 구시렁거렸다."(『열세 살 여공의 삶』, 신순애)

저 라디오 소리는 요즘 봉제공장 노동자들에게도 여전히 미움의 대상일까, 괜찮은 친구일까. 상념에 젖은 채로 청계6가 평화시장 앞 버들다리(전태일다리) 위 전태일 동상 앞에서 신순애 씨를 만났다. 2020년 11월의 전태일 50주기 문화제 준비로 바쁜 데다가 워낙 지나다니는 사람이 많아 그곳에서는 도저히 얘기를 나눌 수 있는 여건이 못 됐다. 그의 안내로 평화시장 2층의 한 다방으로 자리를 옮겼다. 전태일도 생전에 가끔 찾았다는 다방은 시간이 오래전에 정지돼 있는 듯했다.

노동교실에서 '이름'을 찾다

‖ 평화시장 노동자 출신으로서 여기에 오면 느낌이 남다를 것 같아요.

아직도 봉제공장 노동자들의 상황이 크게 변하지 않았다는 게 마음 아프죠. 저는 지금 미싱을 안 하지만, 그때 동료나 후배들 가운데는 아직도 미싱을 하는 사람이 있어요. 미싱 일을 한다는 자체가 아니라 그렇게 수십 년 동안 열심히 미싱을 밟는데도 불구하고 여전히 어렵게 산다는 점이 제일 마음 아파요. 나이가 들어 시력이 떨어져 미싱을 못 하게 되는 경우도 마찬가지입니다. 그런 사람들 중 상당수는 빌딩 청소하러 다니고 있어요. 평생을 일하고도 먹고사는 민생고를 아직도 벗어나지 못하고 있다는 게 가장 슬프죠. 예전에는 열심히 하면 개천에서 용이 날 수 있다는 그런 희망이라도 있었는데 지금은 그런 것도 없잖아요. 이걸 개인이 아니라 우리 문제로 보지 않고는 절대 해결할 수 없다고 봐요.

‖ 우리 문제라면요?

저는 70년대에 산업화의 첫 단추를 잘못 끼워서 이렇게 됐다고 봅니다. 파이가 골고루 분배되도록 그때서부터 복지정책을 폈어야 하는데 그러질 않았잖아요. 지금은 노무현 대통령이 말한 것처럼 이제 권력이 자본가에게 가버린 뒤여서 커진 파이를 지금 나누려니까 마치 재산을 뺏는 것처럼 되어버렸어요. 그래서 이제는 피를 흘리지 않고는 파이를 나누는 방법이 없는 단계까지 와버렸잖아요. 우리가 촛불로 평화적인 시위를 해서 정권과 대통령 하나를 바꾼 것일 뿐 구조를 바꾸진 못했죠.

‖ 잘못 끼운 첫 단추가 무엇인가요?

예를 들면 국민연금도 일용직이라든지 봉제 노동자는 처음에 다 제외됐어요. 그래서 저 같은 봉제 노동자는 노후에도 여전히 먹고살 걱정을 해야 합니다. 지금 각종 연금을 받는 분들은 젊었을 때는 안정적으로 직장 다니고, 노후에는 연금 타서 안정적으로 살잖아요. 이렇게 비교해도 되는지 모르겠는데, 전쟁 때 나라를 구했다고 해서 참전 군인들은 계속 국가유공자로 인정받잖아요. 물론 목숨 걸고 싸운 건 맞아요. 그렇지만 우리 노동자들도 목숨 걸고 일했잖아요. 결핵, 산재로 죽은 사람이 얼마나 많아요. 저희 오빠도 일하다가 손가락 하나 잘렸는데 그때 3만 원 받고 끝이었어요. 이제라도 공적 자금을 노동 부문에 투여하고, 보편적 복지정책이 펼쳐져야 해요. 이런 상황에서는 아무도 자기 자식을 노동자로 안 만들죠. 자식 등록금도 못 버는 노동자를 누가 권하겠어요.

신순애는 열세 살인 1966년부터 평화시장의 한 봉제공장에서 미싱 시다 일을 시작했다. 1965년 부모를 따라 고향인 전북 남원을 떠나 서울로 올라왔다. 아버지가 1919년 3·1운동(남원에서는 4월 3일에 거행)에 가담했다는 이유로 일제의 토지조사사업 때 농토를 다 빼앗기는 바람에 고향에서는 먹고살기가 너무 어려워 결단한 일가족 상경이었다. 중랑교 뚝방 아래 있는 무허가 판잣집 단칸방에 가족 8명이 간신히 거처는 마련했지만, 온 식구가 먹을거리를 구해야 했다. 초등학교 3학년을 중도에 그만둔 신순애도 학교가 아니라 일자리를 찾아 나섰다. 동대문구 휘경동에 있는 한 메리야스 회사에서 너무 어리다고 퇴짜를 맞았지만, 주인집 언니를 따라간 평화시장에서는 나이를 묻지도 않고 받아줬다. 그곳에서 그는 이름도 없이 '7번 시다', '1번 미싱사'로 불렸다. 허리도 펼 수 없는 다락방에서 아침 8시부터 밤 10시 넘어까지 '기계처럼' 일만 했다. 영양실조와 과로로 1971년 미싱 위에서 실신하기도 했다.

1970년 11월 13일, 숱한 신순애들을 위해 전태일이 "우리는 기계가 아니다" "근로기준법을 준수하라"고 외치면서 자기 몸을 불살랐지만, 그 사실조차 오랫동안 모르고 지냈다. 순종적이고 성실한 '근로자'였던 신순애는 1974년 청계피복노동조합(청계노조)이 운영하던 노동교실을 만나면서 당당한 '노동자'가 됐다. 1970년 11월 27일 결성된 청계노조는 전태일의 죽음으로 얻어낸 성과물이었다. 전태일의 어머니 이소선(2011년 작고)과 전태일의 평화시장 친구들이 중심이 된 청계노조는 70년대 민주 노동운동의 선봉이었으며, 대학생들과의 노학연대의 고리이기도 했다.

‖ 노동교실은 어떻게 알았어요?

일하던 공장 안으로 어느 날 중등 과정을 무료로 가르쳐준다는 유인물이 들어왔어요. 공부를 너무 하고 싶었는데 무료로 가르쳐준다니까 그걸 들고 찾아갔죠. 갔더니, 다니는 공장과 함께 제 이름을 지원서에 적으라고 해서 신순애라고 썼어요. 제가 평화시장 들어와서 8년 만에 처음으로 내 이름 석 자를 썼어요. 공장에서는 몇 년을 같이 일하는 사람끼리도 서로 이름을 모르는데, 노조에서는 순애 씨로 불렀어요. 그때야 사람이 보이는 거예요. 그동안에는 사람이 안 보였어요. 왜냐하면 하나라도 일을 더 해야 하고 빨리 기술을 배워야 하니까 옆에 친구가 기침을 하든 뭘 하든 나하고 상관이 없는 일이었거든요.

『전태일 평전』의 시다 실제 모델

‖ 전태일의 존재도 그때 알았군요?

네, 노동교실 오픈할 때 지부장이 "이 노동교실은 전태일 동지가 우리한테 물려준 유산이니까 열심히 일하고 공부해서 근로조건도 개선하자"라고 해서 속으로 '전태일이 누구지?' 했어요. 같이 갔던 친구에게 눈짓으로 물어보니까 그 애도 모르겠다고 해요. 그다음에 전태일 어머니라는 사람이 단상에 섰어요. 지금도 그때 들었던 말이 생생하게 기억이 나요. "여러분은 죽지 말고 열심히 공부해서 근로 개선을 해야 한다. 하루에 잠바를 열 장 만들려고 기를 쓰는 게 중요한 게 아니라 공부해서 이다음에 내 자녀를 어떻게 똑똑하게 잘 기를지를 고민해야 한다"는 소리가 절규처럼 들렸어요. 노동교실에서 전태일을 알고 나니까 그것도 모르고 지낸 스스로에 대해 자괴감과 자책감이 들었어요. 우리가 진즉에 함께 했더라면 전태일 동지가 죽지 않았을 거라는 생각에서 노조 활동을 열심히 했죠. 청계노조 선배들이나 저를 포함한 모두가 그런 마음이었기에 열심히 싸울 수 있었던 거죠. 두 번 다시 우리 동지가 죽게 하면 안 된다는 마음들이 있었죠.

신순애는 자기가 일하던 공장의 노동자 33명 중 32명을 노조에 가입시킬 정도로 노조 활동에 열성적이었다. 1976년 봄, 평화시장 봉제공장의 근무시간을 저녁 6시로 단축하는 투쟁을 할 때였다. 공장장이 정면에서 그를 노려보고 있었지만, 오야(최고 숙련) 미싱사인 신순애는 미싱을 세웠다. "나는 속으로 전태일 생각을 했다. '그래, 전태일 동지는 우리를 위해 목숨도 끊었는데 해고되면 또 다른 싸움을 해보지' 하면서 가장 먼저 미싱 모터 스위치를 껐다. 이어서 뚝, 뚜둑, 뚜둑 소리가 연발했다."(『열세 살 여공의 삶』)

그즈음 그는 이소선 어머니의 소개로 조영래 변호사(1990년 작고)를 만났다. 신순애가 조 변호사에게 들려준 얘기는 나이 어린 여성 노동자의 생생한 실태로 『전태일 평전』에 그대로 실렸다. 그러나 노동운동의 중심으로 떠오른 청계노조는 박정희 정권의 눈엣가시였다. 박 정권은 1977년 7월 장기표(청계노조의 후원자이자 동지였음) 재판 과정에서 소란을 피웠다는 이유로 이소선 어머니를 구속하고, 이어 노동교실을 폐쇄했다. 이에 청계노조원들은 건물 주인이 비워달라고 요구한 날짜 하루 전인 9월 9일 노동교실을 점거해 저항에 나섰다. 이른바 평화시장 9·9 투쟁이며, 그 싸움은 다큐멘터리 영화 〈미싱타는 여자들〉(감독 이혁래·김정영)에 잘 그려져 있다. 〈미싱타는 여자들〉의 주인공인 신순애, 이숙희, 임미경을 비롯해 모두 5명이 이때 구속됐다.

스물세 살의 신순애는 법정에서도 당당했다. 판사가 "피고인들은 북괴의 배후 조종을 받고 행동한 게 아니냐?"고 묻자, 신순애는 "노동자들의 권익을 찾겠다고 한 것인데 빨갱이로 몬다면, 판사님까지 그렇게 물으신다면 우리들은 누구에게 호소해야 합니까"라고 강하게 항의하다가 기절하기도 했다. 신순애는 징역 3년에 집행유예 5년을 최종 선고받았지만, 이미 약 1년 동안 옥살이했다.

‖ 청계노조에서 청춘을 뜨겁게 보내셨어요.

정말 그랬어요. 가장 보람을 느꼈던 것은 한글교실이었어요. 1977년 노동교실이 폐쇄된 뒤 모여서 공부할 장소가 없어졌잖아요. 다들 고민을 하고 있었는데 제가 돈 5만 원을 내서 방을 하나 구했어요. 버스비 10원도 아까워 출퇴근 때 두 시간 거리를 걸어 다녔던 저로서는 엄청난 일이었죠. 이건 얼마가 들더라도 써야 할 돈이라는 판단이 들더군요. 그 방에서 한글을 모르던 노동자 7~8명에게 제가 한글을 가르쳤어요. 처음에는 대학생 선생을 모시려고 했는데, 노동자들이 쑥스러워서인지 떨떠름하게 반응해서 제가 맡았지요. 저는 ㄱ, ㄴ, ㄷ을 가르친 게 아니라 각자 일하던 공장 이름과 주변 사람 이름을 익히는 방식으로 가르쳤어요. 빨리 익히고, 다들 좋아했어요. 근무시간 단축을 이뤄낸 것도 정말 큰 의미가 있었지만, 그보다 더 가슴 뿌듯했던 것은 1980년 퇴직금 투쟁이었어요. 당시 법으로는 근로자 16명 이상이어야 퇴직금을 받게 돼 있었는데 우리는 10명 이상이면 받도록 하는 투쟁을 해서 이겼어요. 전태일 씨가 지키라고 요구했던 근로기준법 규정 이상의 것을 최초로 쟁취했으니까

"우리 노동자들도 목숨 걸고 일했잖아요.
결핵, 산재로 죽은 사람이 얼마나 많아요.
저희 오빠도 일하다가 손가락 하나 잘렸는데
그때 3만 원 받고 끝이었어요.
이제라도 공적 자금을 노동 부문에 투여하고,
보편적 복지정책이 펼쳐져야 해요."

정말 큰 의미가 있었죠.

‖ 굉장한 성과였군요.

저는 전두환 정부가 1981년에 청계피복노조를 강제 해산만 시키지 않았으면 지금 평화시장 후배 노동자들의 생활이나 환경이 이렇게 나쁘지는 않았을 거라고 봐요. 그때 우리 목표가 뭐였냐면 평화시장 옆에 있는 동화시장 옥상에 기숙사를 만드는 거였어요. 아마 성공했을 것이고, 노조가 다른 복지사업도 잘했을 거예요. 그런데 정부가 노조를 강제로 해산해서 이 일대의 노동조건이 이렇게 열악한 상태가 계속되고 말았죠. 지금도 그때를 생각하면 우리에게 일을 과하게 시켰던 사업주보다 정부에 더 화가 나요. 내가 사업주라도 돈 덜 주고 일 많이 시키려고 할 거예요. 그러나 정부는 다르잖아요. 근로자가 너무 세면 근로자를 살짝 눌러주고, 사장이 너무 세면 사장을 눌러서 약한 쪽을 살짝살짝 도와주는 시소 역할을 해야 하잖아요. 그런데 무조건 다 사업주 편을 들었고, 심지어는 우리를 빨갱이로 몰면서 사람으로 안 봤잖아요. 저는 요즘 노조 같은 데 가서 강의하면 그렇게 말해요. '여러분을 종북으로 모는 것에 두려워하지 말라, 종북이 뭐가 두렵냐, 우리는 빨갱이로 몰리고도 끄떡없이 살았고 투쟁했다'고 말입니다.

'스타' 청소년 상담가

신순애는 1980년 전두환 세력이 쿠데타로 집권한 뒤 그해 말, 다른 청계노조 간부들과 함께 합동수사본부에 끌려가 고초를 당했다. 1981년 1월 노조가 강제로 해산된 뒤 이에 항의하는 투쟁을 준비하다가 주동자로 몰려 2년 넘게 수배 생활을 해야 했다. 1983년 청계노조 활동가 (박재익)와 만나 결혼했지만, 전두환 정권은 그와 남편의 취업을 철저하게 막았다. 형사가 따라다니며 감시하는 바람에 결혼 뒤 2년 동안 무려 18번이나 이사를 다녀야 했다.

‖ 노동자로서 노조를 하는 것은 당연한 권리여야 하는데 그때는 그렇게 감시까지 당했군요.

가는 데마다 해고를 당했어요. 사장들이 그러더라고요. '신순애가 그렇게 일을 잘해도 압력 때문에 일을 시킬 수 없다'고요. 그래서 집에 미싱을 차려 놓고 남편이랑 제가 아는 사람들한테 몰래 일거리를 받아와서 근근이 살았죠. 저희를 감시하는 형사가 자기 딴에는 측은해 보였는지 한번은 쌀 8kg을 사 왔더라고요. 그 쌀이 독약처럼 느껴지면서 너무 화가 나서 그 자리에서 '제발 좀 꺼지라'고 소리치면서 길바닥에 쌀을 다 버렸어요.

‖ 힘든 시간을 어떻게 견뎌냈어요?

배운 게 미싱뿐이어서 1988년까지는 집에서 남편과 함께 근근이 미싱 일을 했어요. 블랙리스트에 올라서 봉제공장 취직은 엄두도 못 내고, 아는 이들에게 일감을 받아서 했어요. 올림픽 할 때는 태극기를 만들어서 팔기도 했는데 올림픽 끝나고는 과감하게 미싱을 팔아버리고 관뒀어요. 아무리 계산을 해도 미싱으로는 두 아이를 도저히 대학에 못 보내겠더라고요. 이것저것 고민하다가 돈을 빌려서 김밥 가게를 시작했어요. 남편은 전기공 생활을 했고요. 새벽 3시부터 가게 문을 열고 휴일도 없이 김밥을 쌌어요. 동네 사람들은 저러다가 언젠가는 쓰러지지 하면서 늘 저를 쳐다봤다고 해요. 그러나 평화시장에서 고생한 것에 비하면 김밥집은 별로 힘든 것도 아니더라고요. 하하. 돈도 꽤 벌었어요.

김밥집이 어느 정도 자리를 잡은 뒤인 1997년 그는 아동·청소년 성폭력 치유 및 상담 센터인 '청소년을위한내일여성센터'(현 '청소년 탁틴내일')의 문을 두드렸다.

‖ 김밥 장사를 하다가 청소년 상담 센터에 가게 된 계기는 뭐였어요?

저나 남편이나 바쁘기도 했고, 공부는 네가 하고 싶으면 하는 거라는 생각에서 아이들이 클 때 모든 것을 방치했어요. 좋게 말하면 자율인데 어쨌든 그것 때문에 저희 딸들뿐만 아니라 딸 친구들에게도 인기가 있었어요. 영어 85점을 맞았다고 자기 엄마한테 혼나는 친구가 있는데 우리 딸은 30점 맞아도 그런 일이 없다는 얘기를 듣고 저를 좋아했대요. 그러던 어느 날 하루 중학교 1학년인 작은딸이 '엄마, 남자랑 자면 애기가 생긴다는데 왜 나는 애기가 안 생기냐'고 묻는 거예요. 그 소리에 너무 충격을 받았어요. 아, 내가 딸 둘을 키우는 엄마로서 너무 사춘기 교육 준비가 안 되어 있구나 하는 것을 깨달았죠. 신문에서 성교육 강사 프로그램 소식을 보고 무작정 찾아갔죠. 「내일신문」에서 하는 프로그램인데 갔더니 일반인 대상이 아니라 전문 강사를 위한 교육이라면서 저는 안 된대요. 그럼 나 같은 사람은 어디서 배우라는 말이냐고 따져 겨우 허락을 받았어요.

‖ 그 프로그램을 마치고 나서는 청소년 상담가로 일했다고요.

제가 어려운 일을 많이 겪어서인지 소년원생 등 이른바 문제 아이들하고 잘 통했어요. 한번은 소년원생보다 이른 나이의 아이들을 관리하는 서울의 한 청소년센터 아이들 49명하고 5박 6일 캠프를 갔어요. 이틀째 된 날 애네들이 뒤집혀서 캠프를 그만하겠다고 해서 난리가 났어요. 연세대 교수가 강의를 하는 중이었는데 아이들이 '당신은 부모 잘 만나서 그런 것 아니냐. 그런 얘기 그만 듣고 싶다'고 한 거예요. 저를 포함한 강사 21명이 회의를 했더니 모두 제가 쟤네들을 제압하지 못하면 방법이 없다고 해요. 제가 애들한테 갔죠. '내 얘기를 듣고 여러분이 이 프로그램을 마칠지 말지를 결정해라, 다만 나는 단 세 명만 들어도 얘기를 계속할 거다, 대신 너희들은 힘들면 누워도 좋다'고 한 뒤에 얘기를 시작했죠. 먼저 '여기 초등학교 졸업도 못 한 사람 있어요?' 하니까 세 명이 손을 들어요. 나도 들어서 네 명이 됐어요. 아이들이 '어, 저 여자 뭐야?'라며 웅성거리길래 '너희들만 별이냐. 나도 별이다'라고 했죠. 아이들이 더 놀라죠. 그렇게 얘기를 시작하는데 10분도 안 돼서 아이들 어깨 근육에 들어가 있던 힘이 쭉 빠지더니 금세 눈물이 줄줄 흐르고 난리가 났죠.

"전태일은 바보를 깨우쳐준 사람"

신순애는 2003년 검정고시 공부를 시작해 쉰세 살인 2006년 마침내 성공회대 사회과학부에 입학했다. 그는 대학 졸업 뒤 대학원에 진학해 평화시장 여공의 생애사 연구로 2012년 석사 논문을 썼다.

‖ 쉰세 살에 그야말로 늦깎이 대학생이 됐군요.

그 캠프 사건 이후로 위기의 아이들이 있는 여러 청소년센터와 소년원에 불려 다니기 시작했어요. 저도 앞으로 전국의 소년원을 다 찾아가야겠다고 결심했고요. 그러려면 내가 좀 더 공부를 해야겠다는 생각이 들었어요. 그렇게 해서 뒤늦게 공부를 시작하게 된 거예요. 그런 면에서 최대 수혜자는 저죠.

∥ 대학원까지 마치는 데 그 계기가 『전태일 평전』이었다고요?

2007년에 제가 김수행(2015년 작고) 교수님 수업을 들었는데 중간시험 리포트를 쓰면서 『전태일 평전』을 다시 읽었어요. 다른 학우들은 『전태일 평전』을 읽으면서 눈물이 나서 혼났다고 하는데 저는 눈물이 안 나는 거예요. 이유가 뭘까 생각해보니 평전의 내용보다 제가 훨씬 더 힘들게 산 거예요. 예를 들면 평전에는 생리대가 없어서 겪었던 고통 등에 대한 얘기가 전혀 없고, 불쌍한 여공으로만 나오잖아요. 정말 내가 불쌍하기만 했을까 하는 의문이 들었고, 그런 내용을 썼어요. 그 뒤 김 교수님의 적극적인 권유로 대학원까지 갔고, 생애사 논문을 썼죠. '100년 후를 생각해봐라, 『전태일 평전』과 함께 신 선생의 생애사가 같이 있다면 후세 사람들에게 큰 도움이 될 것이다'라는 교수님의 얘기에 공감이 갔거든요.

∥ 전태일의 죽음으로 탄생한 청계피복노조에 가입하면서 선생님의 삶이 달라졌는데 그만큼 선생님에게 전태일은 남다를 것 같아요.

아주 쉬운 말로 바보를 깨우치게 해준 사람이죠. 바보인 줄도 몰랐는데 바보인 줄 알게 해준 사람. 하하. 정의와 공정 등 그가 남긴 정신을 잊지 않으려고 저 스스로 늘 노력합니다.

‖ 노조 활동으로 고생을 참 많이 했는데 후회한 적은 없어요?

갈림길이 있었어요. 1974년도 12월 저녁 8시까지 1차로 노동시간을 단축하는 투쟁을 하고, 노조에 모였어요. 몇 명만 남아 밤을 지새웠는데 엄마가 걱정돼서 새벽 통행금지가 풀린 뒤 집에 갔다 오겠다고 이소선 어머니한테 말하고 농성장을 나왔어요. 집에 가서는 철야했다고 거짓말로 안심시켜 드리고 밥 먹고 출근길에 나섰죠. 평화시장 앞에 와서 이쪽으로 가면 노동교실, 저쪽으로 가면 회사였어요. 그때 이리 갈까 저리 갈까 잠깐 고민을 했어요. 그때까지 한 번도 공장에 결근을 한 적이 없었거든요. 그런데 내 몸이 노동교실로 가고 있더라고요. 갔더니 이소선 어머니가 '저기 까만 바바리(한여름만 빼고 입고 다닌 옷에서 얻은 별명) 온다'면서 엄청 반겼어요. 회사로 안 가고 설마 여기로 다시 올까 생각했다고 해요. 스물한 살 정도였는데 스스로 그 길을 택했다는 게 저한테도 너무 대단한 거예요. 그런 선택을 한 저 자신에 대해 지금도 자랑스럽게 생각해요. 덕분에 지금까지도 이렇게 당당한 나로서 살 수 있었고요.

그는 졸업 뒤에도 '탁틴내일'에서 청소년인권센터소장을 맡아서 오랫동안 일했다. 3년 전 무릎 수술로 건강이 안 좋아져 소장직을 내려놨지만, 특강 등 청소년 상담가로서의 활동은 계속하고 있다.

‖ 앞으로 하고픈 꿈이 있다면요?

꼭 하고픈 일이 두 가지 있어요. 하나는 청소년 상담 일을 하면서 느낀 건데 미혼모 단기쉼터를 만드는 일입니다. 지금 미혼 여성들이 쉼터에 들어가는 것은 로또에 당첨되는 거나 마찬가지예요. 단기쉼터를 만들어서 그들이 잠시라도 편안하게 머물 수 있도록 하고 싶어요. 다른 하나는 국가폭력 피해자 자녀를 위한 장학사업입니다. 저는 운 좋게 아이들을 그래도 대학에 보냈지만, 저랑 함께 싸웠던 청계노조 친구들이나 다른 국가폭력 피해자들의 경우에는 돈이 없어 아이들을 대학에 못 보내는 사람들이 꽤 있거든요. 그들을 제가 할 수 있는 만큼이라도 도우려고요.

※ 인터뷰 당시 신순애는 자신과 남편이 입은 피해에 대한 민사 배상금을 받게 되면 전액을 김근태재단에 낼 예정이라고 말했다. 국가폭력을 당한 사람들의 자녀들에게 줄 장학금의 종잣돈이 될 거라고 했다. 하지만, 그는 대법원 판결이 안 끝났기 때문에 기사에는 쓰지 말아 달라고 당부했었다. 2021년 7월 대법원에서 최종적으로 이긴 뒤 그는 자신과 남편이 받은 배상금 8,300만 원을 모두 김근태재단에 냈으며, 2022년 3월 대학생 4명과 중학생 1명에게 장학금을 주었다.

후기

2020년 가을 '혈기도'라는 수련 단체의 사범으로 일하는 퇴직 기자 선배로 부터 제보를 받았습니다. 『전태일 평전』의 열세 살 시다 모델이었던 분이 허리와 다리 등이 안 좋아 회원으로 나오고 있는데 부산 국제영화제에 출품했던 다큐멘터리 영화 〈미싱타는 여자들〉에 주인공으로 출연했다며 한번 만나보라고 했습니다. 마침 전태일 열사 분신 50주년을 앞둔 시점이어서 관심이 갔습니다.

다만, 1970년대라는 '과거'에 머물러 있는 분이면 어쩌나 싶어서 자료 등 기초 조사부터 착실히 했습니다. 그러나 그런 생각은 완전한 기우였습니다. 신순애 (68) 씨는 〈미싱타는 여자들〉에 잘 그려져 있듯 1977년 청계노조 노동교실 사수 투쟁에 앞장선 주역 중 한 명이었을 뿐 아니라 1980년대 초 평화시장을 떠나게 된 뒤에도 당당한 삶을 살아왔습니다. 또, 노동교실에서 배운 인간 사랑과 연대의 정신을 일상생활에서 실천해 왔습니다. 자기 집도 없는 등 살림살이가 결코 넉넉하지 않음에도, 민사 배상금 전액도 국가폭력 피해자 자녀들을 위한 장학금으로 내놓았습니다. 이 책을 준비하면서 연락했더니 그는 "남편 사업이 어려워 월세살이를 하고 있어서 8,300만 원은 저에게 큰돈이지만, 국가로부터 받은 돈은 저를 위해서 쓰지 않겠다는 스스로와의 약속을 지켰어요"라고 했습니다.

신 씨를 만난 뒤 참다운 배움은 무엇일까를 다시 생각하게 됐습니다. 초등학교 3학년 중퇴가 정규 학력의 전부였던 그에게 최고의 배움터는 노조가 운영한 노동교실이었습니다. 그가 쉰 살 늦은 나이에 검정고시 공부를 시작하고 쉰세 살에 대학에 입학해 대학원까지 마친 것은 학력을 높이기 위해서가 아니었습니다. 노동교실에서 배운 것을 더 깊이 알고, 청소년 상담을 더 잘하기 위해서였습니다. 신순애 선생님의 실천하는 삶이야말로 제겐 큰 배움이었습니다.

(2020년 11월 6일 인터뷰)

"이른바 엘리트 부모들이 더 마음의 환자입니다"

03

이준원

덕양중 전前 교장

1958년 강원도 횡성에서 태어났고, 36년 동안 경기도의 중·고등학교에서 아이들을 가르쳤다. 2012년 3월부터 2020년 2월까지 고양시 덕양중학교 교장으로 근무하며, 교사와 학생, 학부모와 마을 주민이 함께 성장하는 '행복한 학교 공동체 만들기', '회복적 생활교육'을 정착시키는 데 전념했다. 2020년 교직을 정년 퇴임한 후 지금은 충북 영동에 '교사마음지원센터'를 짓고 있다.

체벌이나 교내 폭력, 등교 때 복장 단속 등의 낡은 행태는 거의 사라졌지만, 학교는 여전히 학생들에게 재미없는 곳이다. 몇몇 특수학교나 대안학교를 빼고는 대부분의 초·중·고교에서는 선생님들이 가르쳐주는 지식을 외우고 익히는 데 급급하고, 친구들끼리도 치열하게 경쟁해야 한다. 선생님들은 아이들을 사무적으로 대하고, 부모들은 학교에 대한 불평불만을 쏟아내기 일쑤다.

이런 일반적인 모습과 너무나 다른 학교 하나가 있다. 이 학교의 학생들은 교무실뿐 아니라 교장실까지 수시로 드나들고, 선생님들과 스스럼없이 대화한다. 수업은 자체로 만든 교재를 이용해 토론식으로 이뤄지며, 시험도 5지선다형이 아니라 서술형이다. 선생님들은 수업만 끝나면 가방 챙겨 퇴근하는 대신에 학습공동체를 꾸려 아이들 교육을 위한 공부를 한다. 부모들도 모여 마음치유 공부 등을 하면서 소통하고, 학교 운영에 주체적으로 참가한다.

꿈같이 느껴지는 이 학교는 경기도 고양시에 있는 덕양중학교다. 2009년 경기도 혁신학교가 된 이후 조금씩 변해왔지만, 지금의 모습은 지난 8년간 재직했던 이준원 교장의 리더십을 빼고는 설명하기 힘들다.

‖ 2020년 2월에 퇴임한 뒤 어떻게 지내세요?

그동안 바빠서 못 했던 일들을 하고 지냅니다. 교사, 학부모 대상 강의가 코로나19 사태로 다 취소돼 시간이 생겨서요. 대신 새로운 경험도 많이 합니다. 컴퓨터를 이용한 실시간 화상 강의, 유튜브 제작 등을 배우고 있어요. 그동안 충실하지 못했던 가족과도 시간을 많이 보내고 있고요.

우연한 교장직 응모

이준원은 1984년 대학(충북대 체육학과)을 졸업한 뒤 곧바로 체육교사(경기도 광주동중)가 됐다. 수석교사(교수-학습법 연구와 동료 교사 지도 등의 업무를 하는 전문성이 높은 교사)와 파견교사(다른 기관에 나가서 일정 기간 가르치거나 연구에 종사하는 교사)를 거쳤으며, 내부 공모를 통해 2012년 2월 덕양중 교장이 됐다. 교장은 보통 교감 자격증을 가진 사람 중에서 승진하지만, '내부 공모' 때는 평교사도 지원할 수 있다.

‖ 최근 방송된 다큐(〈무엇이 학교를 바꾸는가〉 1부, EBS)를 보니까 졸업식 때 학생들이 교장 선생님 품에서 울더군요. 담임이 아니라 교장 선생님한테 그러는 모습은 참 인상적이었어요.

전임 교장 선생님들이 악역을 잘해주셔서요. 하하. 농담이고요. 요즘 아이들이 대부분 존재 자체로 인정받지 못하고, 성적으로만 인정받잖아요. 학교나 가정, 사회에서 있는 그대로 존중을 받아본 적이 없는데 저희 학교에서 그런 경험을 해서 그런 것 같아요. 덕양중에 가면서 굳게 맹세한 게 있어요. '감시하고 억압하고 질책하고, 자신의 잣대나 틀 안에 들어왔느냐 아니냐 하는 걸로 잔소리해서는 사람이 바뀌지 않는다. 엄격한 경계 세우기는 하되 교사와 학부모뿐 아니라 아이에 대해 한명 한명의 존재 자체를, 인간의 존엄을 존중하자. 교장 대 학생이 아니라 인간 대 인간으로 따뜻한 마음을 주고받자. 말이 아니라 행위로 사람을 변화시키는 것을 보여주자'고 말입니다.

‖ 그래서 아이들이 교장실을 제집처럼 드나드는군요.

제가 이해의 폭이 더 넓다고 생각했나 봐요. 자기 선생님들께 못 할 말
도 와서 저한테는 다 이야기했어요. 비밀이 지켜지고 공감받고 지지를
받으니까 엄마 아빠의 관계까지도 얘기하죠. 그런 애들이 졸업식 때 통
곡했던 거 같아요. 이번에는 좀 덜한데 2년 전 아이들은 식을 진행하지
못할 정도로 울어서 제가 '이제 그만 울자'고 진정시켜야 했어요. 교장이
어설프기도 하고 자신들과 세대 차이가 많이 나는데도 아이들이 그렇게
반응하는 것을 보고 요즘 아이들이 정말 사랑에 굶주려 있구나, 좋은 관
계에 목말라 있구나, 하는 것을 느꼈어요. 성적으로 줄 세우고 외모로 평
가하는 데 대해 아픔이 컸던 것 같아요.

경기도 고양시 덕양구 화전동에 있는 덕양중학교는 8개 학급의 학생
200명인 작은 학교다. 주변이 오랫동안 개발제한구역으로 묶여 있는
데다가 학교 옆에 군부대가 있다. 한때 18개나 됐던 학급 수가 2007년
에는 6개로 줄어들어 폐교 위기에 놓였다. 학생들은 점점 부적응자가
늘어났으며, 교사들은 기회만 되면 다른 학교로 떠나려고 했다. 돌파
구로 찾은 게 내부 공모를 통한 교장 선출이었으며, 평교사 출신의 김
삼진(68) 교장이 초빙됐다. 2008년 2월에 취임한 김 교장은 '지역사회
와의 네트워크', '재미있는 학습, 즐거운 학교', '교사 학습공동체 강화'
등을 내세워 대대적인 변화를 꾀했다. 이듬해 덕양중은 경기도 혁신학
교에 선정됨으로써 새 발전의 계기를 맞았다. 2012년 이준원이 교장으
로 오면서 변화가 가속화되고 깊어졌다.

‖ 어떻게 해서 덕양중 교장으로 가게 됐어요?

우연이었어요. 저는 90년대 후반부터 공교육에는 희망이 없고 기대할 것이 없다고 생각하고 대안학교 운동에 참여했어요. '붕어빵처럼 똑같이 찍어내는 교육은 가라!'고 외치면서 저희 아이들 둘 다 대안학교로 보냈고요. 2011년 서울대 사범대학에 1년 동안 파견교사로 나가 있을 때였는데 함께 공부하던 한 선생님이 덕양중에서 교장을 공모하는데 저한테 딱 맞을 것 같다고 얘기해서 알았어요. 학교경영계획서에 학부모와 학생, 교사의 내면을 치유하고, 소통하는 학교, 행복한 문화를 만들어가는 학교를 지향하겠다고 썼는데 그것을 높이 평가했던 것 같아요.

국어, 10명 중 9명이 보통 학력 이상

이준원은 약속대로 학교를 운영했다. 학칙 대신에 도입한 '생활협약서'를 학생들이 토론을 통해 교사, 학부모와 함께 만든다. 학생은 단순한 피교육자를 넘어 배움의 주체다. 학부모 역시 방관자가 아니라 '학부모 교실'과 '학부모 아카데미' 등을 통해 학교 운영에 주도적으로 참여하고 있다. 교사들은 지식 전달자가 아니라 토론식 수업의 진행자이자, 내면이 치유된 본래 의미의 '교육자'다. 학생, 교사, 학부모 3자의 유기적인 협력은 학력 향상으로도 나타났다. 2009년만 해도 국가 수준 학업성취도 평가(일제고사)에서 보통 학력 이상의 학생이 국어는 32%, 수학은 23%, 영어는 30%에 불과했다. 10명 중 2~3명꼴이었다. 그러나 2015년의 같은 평가에서는 보통 학력 이상이 국어 90%, 수학 72%, 영어 71%였을 정도로 크게 늘었다.

‖ 덕양중의 현재 모습은 혁신학교를 넘어 전체 교육 현장의 모델이 아닐까 싶어요.

제가 젊었을 때 꿈꿨던 대안학교 이상의 교육과정이 덕양중에서 운영되고 있고, 교사 공동체가 만들어졌어요. 다큐에서 한 선생님이 '내가 있던 학교 중에 가장 힘든 학교, 하지만 가장 행복한 학교'라고 말했던 것처럼 저도 몸은 힘들고 바빴지만 참 행복했어요. 아파트 모델하우스처럼 교육에서 덕양중이 그런 역할을 하면 좋겠다, 이렇게 하면 학교가 회복될 수 있다는 것을 보여주면 좋겠다는 꿈을 가지고 왔었는데 어느 정도 이룬 것 같아요.

이준원은 첫 임기 4년을 마치고 다른 데로 옮겨 가기로 돼 있었다. 그러나 덕양중 학부모와 교사들이 극구 만류해서 덕양중에서 정년을 마치기로 마음을 돌렸다.

‖ 학생들의 변화에 대한 얘기부터 듣고 싶어요. 미성숙한 중학생들을 존중하고 경청한다는 게 말이 쉽지 실제로는 어려운 일일 텐데 어떻게 가능했어요?

제가 내면 치유를 꾸준히 공부했으니 그 부분은 전문가라고도 할 수 있겠죠. 하하. 그래서 알게 된 것이 중학생들이 성품이 나쁘거나, 선생님이나 학부모를 골탕 먹이려고 일부러 그러거나, 안 좋은 감정을 가지고 보복하려는 게 아니라는 거죠. 그들은 성장기에 있는 '땡감'(홍시나 곶감이 아닌 떫은 감)이거든요. 아직 덜 익고 떫은맛을 낼 수밖에 없는 시기의 아이에게 달콤한 홍시이기를 기대하는 사람들이 잘못된 거죠. 땡감이 하루아침에 홍시가 되는 것이 아니라 주변 어른들이 기다려주고 존중해주고 공감해주고 때로는 엄격한 훈계를 해주면서 그 시기를 잘 견뎌야 되는데, 대한민국은 그들을 존중하고 공감해주어야 할 인간이나 교육의 주체로 봐주지 않고 그냥 가르쳐서 버르장머리를 고치려 하죠. 그러니까 더 튀는 거예요. 싸움이 일어나고요. 그래서 저는 선생님들과 부모님들께 계속 강조했어요. 먼저 좋은 관계를 만들어야 아이의 행동이 변하는 거다, 심한 갈등 상황을 만들어놓은 상태에서 배움이 일어나고 아이의 성장과 변화를 기대하는 것은 무리라고요. 아이의 인격을 존중하고 인간의 존엄을 지켜주면서 좋은 관계를 만든 다음에 교육을 해야 해요.

‖ 늘 온화하게만 대하지는 않겠죠? 하하.

물론이죠. 존중하고 경청하되 경계 세우기를 하는 게 매우 중요해요. 저는 한번 결정적인 순간에 꾸짖기 위해 사소한 건 그냥 넘어가요. 그랬다가 이때다 싶으면 교장실로 불러 파티션 뒤에서 단호하고 엄격한 표정을 짓고 말하죠. 그러면 아이들이 깜짝 놀라면서 진지하게 받아들이죠. 그걸 위해서 평소에는 아끼는 겁니다. 이때 주의해야 할 사항은 혼낼 때 그 아이의 히스토리나 인격을 들먹이지 않고 딱 그 문제에 대해서만 이야기해야 해요. 한번은 전혀 그럴 것 같지 않은 아이가 흡연한다는 이야기를 듣고 교장실로 불렀어요. 그 아이를 교장실 파티션 뒤로 데리고 가서 엄격하게 '왜 부른 거 같아?' 하고 물었더니 '담배요'라고 대답하더라고요. 그래서 단호하게 '넌 아직 어리고 성장기인데 깨끗한 폐 속에 담배 연기가 들어간다고 생각하면 교장 선생님 마음이 찢어지게 아파'라고 꾸짖으면서 '담배 끊을래, 교장 선생님과 관계를 끊을래? 관계를 끊는다는 건 이 학교를 떠나야 한다는 거야' 그랬더니 담배를 끊겠다고 하더라고요. 그래서 매일 점심시간마다 생수 한 통 가져와서 앞에서 같이 마시곤 했어요. '저 선생님은 나를 정말 사랑하셔. 나를 위해서 목숨도 내어주실 것 같아'라는 느낌이 전달되면 엄하게 꾸짖어도 집에 갈 때 헤헤 웃으며 '고맙습니다, 노력해보겠습니다'라고 인사하고 가요. 아이와 그런 관계가 형성되지 않은 상태에서 섣불리 꾸짖었다가는 교육이 안 되죠. 그걸 잘 조정해야 하는데 한국의 선생님이나 부모들은 한쪽으로 치우쳐요. 사랑이란 이름으로 방치하든지, 교육이란 이름으로 너무 훈계하고 잔소리하고 누르죠. 그렇게 극단으로 가면 아이들은 막 나갑니다. 그러면 버릇없이 크고, 그렇게 자란 아이들은 공부 잘해서 출세를 해도 사회를 힘들게 하고요.

‖ 덕양중의 학생 생활지도도 다른 학교와 다르던데요.

덕양중에 가면서 처벌보다는 회복에 중점을 두는 '회복적 생활교육'이라는 것을 가지고 갔어요. 회복적 대화하기, 담임과 부모와 아이가 함께 서클 참석하기, 최종적으로는 교장과 면담하기 등 여러 단계로 이뤄집니다. 재밌는 에피소드가 있어요. 지금은 대학생이 된 아이들이 1학년 때 학교 인근 군인 아파트에서 '벨튀'(벨을 누르고 튀어 도망가는 것)를 하다가 적발됐어요. 그런 경우 저희는 학교폭력위원회 이전에 '서클'을 합니다. 학폭위에서 '넌 나쁜 짓을 했어. 그러니 덕양중을 떠나'라고 하는 게 아니라 학생과 교사, 부모, 관계자 등이 둥글게 앉아서 대화를 합니다. 피해 주민을 바로 부르기 힘드니까 선생님들이 피해 주민 역을 맡았어요. 참석자들이 돌아가면서 이 사건으로 인한 자신의 마음을 얘기합니다. 담임들은 '우리 학급의 평화가 깨져서 담임으로서 안 좋아'라고 하고, 피해 주민(대역 선생님)은 '벨이 울려서 나갔는데 아무도 없으면 불안하고, 화날 것 같아요'라고 얘기했어요. 아이들은 '그게 그렇게 큰 잘못인 줄 몰랐다. 어떻게 하면 좋겠냐'고 말했죠. 그래서 다 같이 사과문을 쓰는 쪽으로 하고, 교장과 담임, 벨튀 학생 4명이 사과 편지를 써서 그

집으로 같이 걸어가는데 아이들이 후회하면서 한숨을 푹푹 쉬는 거예요. 피해자 집 벨을 눌렀더니 굉장히 긴장한 얼굴의 할머니가 나오셨어요. '아이들이 사과드리러 왔다'고 하니까 '그런 일로 교장까지 오시냐'며 깜짝 놀라더군요. '벨튀 일로 어떠셨냐'고 여쭤보니까 '이웃집 어린애들을 돌보고 있어서 더 걱정스럽고 불안했다'고 하셨죠. 그러니까 아이들이 스스로 죄송하다며 무릎을 꿇더라고요. 할머니는 '앞으로 안 그러면 되지, 일어나라'고 말씀하셨고요. 교장과 담임 선생님도 거듭 죄송하다고 하니까 아이들은 울기 시작했어요. 할머니가 '앞으로 안 그러면 된다'고 아이들 등을 두들겨주시더라고요. 그 사건 이후로는 덕양중에서 벨튀 사건은 없어졌죠. 만약에 그때 반성문만 쓰고 끝났으면 처절한 반성이 없었을 거예요. 아이들 간에 싸움이 일어났을 때 '너희들 이리 와! 왜 싸워, 또 싸우면 혼난다!'고 야단치고 끝내면 10초면 끝나요. 반면에 서클을 통한 해결 방식은 왜 싸웠는지 다 이야기를 듣고 하다 보면 시간이 오래 걸려요. 어떤 경우는 아이들이 진실된 자기 내면을 직면하기까지 3~4개월도 걸려요. 가부장적이고 권위주의적으로 누르는 문화에서는 자녀와 부모, 어른과 아이가 대화한다는 것이 굉장히 어렵지만, 저희는 전문가를 불러 공부해가면서 실천해왔어요.

‖ **선생님이 평소 '중2병은 없다'고 강조하시는 게 이런 경험에서 나온 거군요.**

네. 이른바 사춘기인 '중2병'을 병이라고 한다면 제 흰머리도 병이죠. 사춘기 아이들이 보이는 특성은 성장하는 시기에 꼭 거쳐야 할 과정일 뿐이죠. 즉, 땡감인 거지 병이 아닙니다. 사춘기에 아이들이 정서적 표현을 더욱 심하게 하는 원인은 부모나 선생님 등 기성세대에 있어요. 어릴 때부터 인격적으로 대해주고 다독여주면서 소통하고 아이의 이야기에 귀 기울이면서 적절히 경계 세우기를 했으면 중학생이 되어도 그렇게 심각하게 나타나지 않거든요. 억압하고 권위적인 환경에서 큰 아이일수록 중학교 때 반항적인 태도가 심해요. 생존 본능이 있어서 그런 거죠.

강원도 횡성에서 태어나 어린 시절을 보낸 이준원은 초등학교 3학년 때 가족을 따라 원주로 이사 갔다. 아버지의 사업 실패로 가세가 기울면서 장학금을 받는 체조선수가 돼 고교 2학년까지 활약했다. 연습 도중 다치는 바람에 선수 생활을 접었다. 교사가 된 뒤 그는 학생들의 체육 수업뿐 아니라 내면 치유에 관심을 두고, 1996년 대학원에 진학해 상담 분야 공부를 했다.

‖ 학생들의 고민이나 상처를 치유하는 데 관심을 갖게 된 계기가 뭔가요?

학교 현장에서 아이들을 만나면서 여러 아픈 경우를 많이 봤죠. 가출하고, 일탈하는 학생들의 마음속 깊은 상처를 보면서 근본적인 접근이 필요하다고 느꼈어요. 또 교장 등 동료 선생님들 가운데에도 내면에 문제가 있는 경우를 많이 봤고요. 개인적 계기도 있었어요. 사실 저희 집에 고부 갈등이 굉장히 심했거든요. 제가 엄청나게 효자여서(웃음) 집사람이 부모님에게 자신의 의견을 이야기하는 것조차 허락하지 않았어요. 그러니 집사람이 갑갑해서 죽을 지경이었죠. 이대로는 안 되겠다 싶어 대학원에서 공부했고, 학교를 마친 뒤에는 서울 서초구에 있는 치유상담연구원(원장 정태기, 현 치유상담대학원대학교)에 가서 5~6년 동안 임상 공부를 계속했죠. 그제야 14년 고부 갈등의 주범은 저였다는 것을 깨달았어요. 고3 부장교사 시절에 동료 선생님들을 대상으로 교사 내면 치유를 시도했죠. 아이들과 의외로 갈등을 겪는 선생님들이 많거든요. 저의 고백으로부터 시작해서 각자의 내면에 있는 상처를 얘기하니까 선생님

"아직 덜 익고 떫은맛을 낼 수밖에 없는
시기의 아이에게 달콤한 홍시이기를
기대하는 사람들이 잘못된 거죠. 대한민국은
그들을 존중하고 공감해주어야 할
인간이나 교육의 주체로 봐주지 않고
그냥 가르쳐서 버르장머리를 고치려 하죠."

들 반응이 아주 뜨거웠어요. 그 뒤 다른 학교에도 불려다니기 시작했죠.

"미안하다" 편지 써 아이와 화해

∥ 가정 문제 해결에 물론 도움이 됐겠죠?

고부 갈등이 해결되고 집사람도 숨을 쉬게 됐죠. 어머니가 뭐라고 하시면 제가 '아들을 행복하게 해주시려면 이 가정을 침범하시면 안 됩니다'라고 말했죠. 아들의 그런 태도에 어머니가 많이 놀라셨지만 계속 설득하고 간곡히 부탁드렸어요. 일종의 경계 세우기를 했죠.

∥ 자녀들과의 갈등은 없었나요?

애들을 키울 때는 저도 실패했어요. 초등학교 때까진 너무 좋은 아빠였는데 아이가 중학생이 된 뒤에는 공부만 강조했거든요. 아이들이 전교 1등을 못 하면 무척 창피하게 생각해서 엄격하게만 대했죠. 집사람은 집에서 영어, 수학, 과학을 가르치고, 저는 국어 등을 담당해서 놀 틈도 없이 잠잘 때까지 시간표를 짜서 돌렸어요. 아이가 좋아했던 가수의 포스터만 방에 붙어 있어도 엄청나게 혼을 냈고요. 두 달도 안 지나 엄마에게 죽고 싶다고 얘기했다는 말을 듣고 충격을 받았죠. 제가 더 데리고 있다가는 아이들이 망가질 것 같아서 전북 완주의 한 대안학교로 보냈어요. 저한테 문제가 있다는 것을 나중에 알고는 미안하다고 아이들에게 편지를 썼어요. 첫째 아이는 빨리 회복됐는데 둘째는 늦게 회복됐어요. 이런 경험 때문에 학교에서 내면 치유를 교육에 접목할 수 있었던 거 같아요.

학생들보다 교사 자신이 먼저 바뀌어야 한다는 생각은 이런 그의 과거와 무관치 않았으리라. 교장이 된 뒤 그는 교사들과 학부모들의 마음을 보살피는 데도 공을 들였다. 그래서였을까. 2020년 1월 덕양중의 졸업식에서 교장 이준원을 끌어안고 운 건 아이들만이 아니었다. 교사들도 졸업장 수여식을 마친 교장을 껴안고 흐느꼈다. 교장 퇴임식이 따로 예정돼 있는데도 교사들은 이별을 앞두고 슬픔을 감추지 못했다. 코로나19 사태로 퇴임식이 취소되자, 그를 그냥 보낼 수 없었던 교직원들은 그날 저녁 마스크 착용 등 방역 규정을 준수한 채 학교 도서실에서 조촐한 송별식을 가졌다. 이준원이 남긴 덕양 공동체 문화인 '서클'로 진행된 송별 모임에는 교사와 행정실 직원, 당직 기사(숙직 담당) 등 덕양중 식구 모두가 왔다. 이들은 둥글게 둘러앉아 각자 교장과의 추억이 담긴 사진을 스크린에 띄워놓고 얘기하고, 준비해 온 작은 선물을 주고받으면서 석별의 정을 나눴다. "당직 기사님이 교장 선생님께 편지를 써 와서 읽을 때 모두 울었어요. 추억의 사진을 보면서도 울고요. 보내드리기가 너무 아쉬워서 오후 5시 반에 시작한 행사가 밤 11시 반이 돼서야 끝났어요."(이병환 덕양중 교무기획부장)

‖ 졸업식 때 아이들뿐 아니라 선생님들도 교장 선생님을 끌어안고 울더군요.

그동안 사막 같은 교직 생활을 해오셨던 분들이 특히 그러셨죠. 교장과 교감, 관리자, 선배 선생님들에게 인간 대접을 받지 못하고, 입시학원 같은 학교에서 일하면서 이게 내가 꿈꾼 교사가 아닌데, 하면서 염증을 느꼈던 분들은 덕양중학교에 와서 깜짝 놀라요. 행정실 직원이나 청소하는 분들, 급식하는 분들에 이르기까지 모든 분을 존중해야 할 동료 교사로 인정하는 모습을 보고 충격적이라고 말하는 분들이 있었어요. 그만큼 대한민국의 학교 문화가 경직되어 있어요. 사실 덕양중 같은 모습이 당연한 건데 말이죠.

교사 만나러 교무실로 가는 교장

Ⅱ 새로 온 선생님들은 어떤 면에서 충격을 받던가요?

권위적이거나 계급으로 눌러서 지시하지 않고 정말 똑같은 인간 대 인간의 소통을 하는 것에서 그런 것 같아요. 예를 들면, 저는 할 얘기가 있으면 선생님이나 행정실무 선생님들을 인터폰으로 교장실로 부르지 않아요. 가능하면 제가 교무실로 찾아갔어요. 아니면 메신저로 얘기하고요. 수업 사이 10분 쉬는 시간에 오라 가라 하는 게 선생님들에 대한 예의가 아니잖아요.

덕양중 교사들의 업무 몰입도는 놀라울 정도다. 미국의 교육 전문가인 서지오바니가 고안한 교사 몰입도 평가 설문을 자체적으로 실시(2019년 11월)한 결과, 덕양중은 4단 척도에서 평균 3.81점을 얻었다. 서지오바니는 이 척도에서 평균 3.0 이상이 나오면 '일 자체에 대한 몰입'이 이뤄진 학교로 봤다. 덕양중만의 독특한 교원공동체 문화 덕분이다.

"교사도 상처를 받는다. 자기를 무시하고 권위적인 자세로 일방적으로 명령하는 교장에게 상처를 받기도 하고, 터무니없는 민원을 제기하는 학부모에게 상처를 받고, 서로 마음이 맞지 않는 동료 교사에게도 상처를 받는다. 이보다 더 큰 상처는 학생들에게 받는 상처이다. 그래서 학생과 교사의 내면의 아픔을 치유하는 훈련도 함께 했다. 학생들의 삶을 잘 이해하기 위해 '에니어그램을 통한 학생 이해', '교사역할 훈련', '비폭력 대화', '셀프파워 인간관계 훈련' 연수를 진행했다. 이런 모임을 통해 교사들은 서로의 삶을 개방하고 나누는 경험을 하고, 그 과정을 통해 동료의 마음과 삶을 좀 더 깊이 이해하게 되었다. 아이들을 만나면서 겪었던 아픔을 들으면서 서로 위로했고, 업무 추진 과정에서 서로에게 미쳤던 영향들을 나누면서 자발적인 사과와 용서의 모습을 보여주기도 했다. 업무 중심이었던 학교에서 서로의 마음을 위로하고 지지하는 생활공동체로 거듭나면서 교사들은 학생들을 넉넉하게 품을 수 있는 자생력을 갖게 되었다."(『평화의 교육과정 섬김의 리더십』, 이준원·이형빈)

‖ 선생님들하고 '비폭력 대화'(마음속의 화나 폭력을 가라앉히는 대화법) 공부까지 하셨잖아요. 제안했을 때 선생님들이 흔쾌히 좋다고 하셨나요?

물론 다 그러지는 않았어요. 저의 교육철학이나 학교경영 철학에 완전히 공감하는 선생님들에게 먼저 충분히 설명하고, 그분들이 중간 리더가 되어 또 전달하는 형태로 했어요. 톱다운 식으로 내려보내는 게 아니라 아무리 좋은 것이더라도 선생님들이 반대하면 기다리고 늦추거나 안 하는 걸로 하고요. 그러나 정말 의미 있고 충분히 가치 있는 일이라면 선생님들은 합니다. 해보라고 지시만 하고 교장이 뒤로 물러서 있으면 안 되죠. 같이 계속해야 하죠. 존중과 경청을 아이들에만 하는 것이 아니라 선생님들에게는 더 충분히 들어주고, 그들이 가진 자율권을 행사할 수 있도록 했어요. 자신들이 꿈꿨던 교육과정을 실천해서 그것이 현실화되는 모습을 본 선생님들은 굉장히 성장하고, 주인의식과 자발성이 생깁니다.

'공부하자'고 부모들에게 일일이 전화

덕양중이 또 하나 특별한 부분은 학부모들이 동원의 대상이 아니라 학교 운영의 주체라는 점이다. 공식적인 기구인 학부모회는 형식이 아니라 매월 한 번씩 '학부모 아카데미'를 스스로 조직해 공부할 정도로 활동이 활발하다. 한부모 가정 아이 등을 위한 '이모 되어주기 프로젝트', 엄마처럼 아이들의 고민을 들어주는 '갈등 부엌', 건강한 간식을 제공하는 '휴 카페' 등을 학부모들이 직접 운영한다. 학부모들의 이런 자발적 참여는 '이슬비 사랑 학부모 교실'의 열매이자 뿌리다. 이준원은 교장 첫해인 2012년 봄부터 퇴임 때까지 매주 목요일 저녁 '학부모 교실'에서 아이들을 진정으로 사랑하는 법을 함께 고민했다.

∎ 학부모들이 학교에 와서 교장 선생님과 내면 치유 공부를 한다는 게 쉽게 상상이 잘 안 가요.

부임한 뒤에 선생님들한테 그런 계획을 얘기했더니 학부모 총회나 입학식에도 몇 명 안 오는데 교장이 매주 한 번 강의한다고 하면 몇 명이 오겠냐고 부정적으로 대답하더군요. 저는 단 몇 명만 와도 하겠다고 했어요. 그러곤 학부모 총회 때 설명한 뒤에 신입생 학부모 중심으로 제가 직접 전화를 걸어 '새 교장인데 이렇게 하고 싶다'고 말씀드렸죠. 그러면 '마트에서 일한다. 빨라야 8시 퇴근이다'라고 답하는 분이 많았어요. 이에 저는 '자녀교육을 위한 건데 그럼 9시에 시작하면 괜찮겠냐'는 식으로 얘기했죠. 교장 전화를 받아본 적이 없어서 마음에 감동이 왔나 봐요. 폐교 직전이어서 전교생이 140명밖에 안 되던 때인데 첫해에 40명이 신청했어요. 1년간 끝까지 수료한 분이 18명 정도였고요. 그분들이 새 학부모들한테 꼭 들으라고 입소문을 내서 그다음부터는 쉬웠어요.

‖ 어떤 점이 좋아서 추천했다고 해요?

자기 내면의 아픔, 성장 과정부터 지금까지 살아오면서 자존감이 낮았던 것, 남편과의 관계, 자녀와의 관계에서 상처받은 내면의 자존감이 많이 회복된 것을 좋아했어요. 그리고 그룹으로 모여서 이야기하는 과정에서 중학생 자녀를 키우는 부모는 다 힘들구나 하는 것을 알고 서로 친구가 됐죠. 같은 학년 학부모지만 나이 차이가 많게는 열 살인 사람들이 수료식 때 이런 얘기를 하더군요. '언니한테 한 이야기는 20년 된 친구에게도 얘기 안 한 거야'라고요.

‖ 그야말로 마음의 상처를 치유하고 성장하는 거네요.

학부모 교실의 첫 시간은 '우리 아이 자존감 높이기'를 주제로 특강 형식으로 시작해요. 그러면 다들 '어떻게 하면 우리 아이 좋은 대학 보낼까'에 대한 내용이구나 생각하면서 오죠. 하하. 그러다 서서히 우리 아이 자존감을 방해하는 가장 큰 게 있다고 하면 깜짝 놀라죠. 그건 바로 나, 나의 마음이구나, 라는 것을 직면하게 되면 대략 5회 차부터는 많이 울죠. 혼자 간직했던 나만의 비밀, 나만의 아픔을 말하고 서로 듣고 하면 끊을 수 없는 동질감이 생기고 친구가 되죠. 다큐 〈무엇이 학교를 바꾸는가〉 영상에 나온 교장실 테이블을 만들어준 엄마들 중 2012년부터 2014년도까지의 학부모가 많았어요. 공통점은 '저 녀석 어떻게 하지? 큰일났다'며 자식을 걱정했던 분들이었어요.

‖ 아이들 챙기고, 교사 열정 불러일으키는 일도 힘들 텐데 학부모들한테 시간을 할애해야겠다는 생각은 어떻게 하게 됐나요?

제가 1980년대 후반 중학교 2학년 담임을 할 때 정말 마음 아픈 사건이 있었어요. 한 여자아이가 공장에 다니는 스무 살짜리 남자가 맛있는 것과 신발 등을 사주는 데에 넘어가서 그 남자가 원하는 대로 성적 노리개가 됐고, 결국 가출한 뒤 학교로 안 돌아왔어요. 이 여학생은 엄마 아빠로부터 단 한 번도 따뜻한 사랑을 받아본 적이 없었어요. 그런데도 부모는 자식을 잘못 둬서 그렇다고 푸념했어요. 저는 속으로 '당신들 잘못이야. 이 아이가 얼마나 사랑에 굶주렸으면 그런 거에 넘어가겠냐'라고 생각했어요. 너무 가슴 아팠는데 해마다 그런 부모를 꼭 만나는 거예요. 그래서 부모가 제대로 바뀌지 않으면 학교에서 아무리 해도 소용이 없겠다는 것을 알았어요. 그리고 교장이 돼서 학교 경영을 해보니까 학부모의 신뢰를 얻지 못하면 교육과정 재구성 등 아무것도 할 수가 없더군요. 결국 근원적인 아이의 변화를 위해선 교사 이전의 교사인 학부모의 역할이 더 중요하고, 학교가 바르게 가려면 부모가 교육철학을 같이 공유해야 해요.

학교 앞에서 8년간 혼자 자취한 까닭

‖ 그런 교육이 더 필요한 부모들은 오고 싶어도 바빠서 못 오고, 상대적으로 여유 있는 분들이 참석하는 건 아닌가요?

많은 분들이 올 수 있도록 저녁 7시 반에 학부모 교실을 시작했는데, 사실 어떤 분이 와도 괜찮아요. 누구나 다 상처가 있거든요. 어떤 면에서는 이른바 엘리트 부모들이 더 마음의 환자입니다. 하루하루 먹고살기 힘든 가난한 부모들보다 소위 일류대를 나오고 유학을 다녀온, 가문의 자랑인 분들이 자녀를 더 힘들게 합니다. 그 아이들한테 우울증이나 자살 충동도 많고요. 그분들이 받아온 교육이, 성적 잘 나오고 집안이 좋으면 특권의식을 느끼도록 부추겼기 때문이죠. 지금도 서울대 붙으면 동네에 이름 적은 플래카드가 붙잖아요. 제가 고등학교 다닐 때도 월말고사 성적 1등부터 100등까지의 이름이 중앙 현관에 붙었죠. 특권의식과 우월감을 심어주는 굉장히 위험한 교육이에요. 그렇게 자란 사람들이 정치나 고위 공직자가 되면 성적이 안 좋은 사람은 사람도 아니게 되죠. 자기 아이가 성적이 안 나오면 창피하다면서 아이들을 더 억압하고요. 차라리 먹고살기 바빠서 방학을 했는지, 개학을 했는지, 숙제가 있는지도 모르는 부모 밑의 아이들은 좀 더 자율적으로 건강하게 자랄 수도 있어요. 그래서 형편이 좋고 안 좋고 상관없이 학부모 교실에 누가 와도 된다고 생각했죠. 학부모 교실에서 교육철학을 공유하며 함께 공부한 부모들이 결국 저의 학교 경영에 큰 지원군이 되었죠. 예를 들면 덕양중에는 왜 영어 교과서가 없냐고 누가 항의하듯 얘기하면 진짜 영어 교과서는 덕양중 선생님이 아이들에게 맞도록 재구성한 책이라고 다른 부모들을 설득하더군요.

헌신적인 태도에 미뤄 볼 때 전교조 선생님일 거라고 지레짐작하고, 인터뷰 말미에 물었다. "아니요. 저는 현재 '좋은교사운동' 회원이고, 퇴임 전까지는 교총에도 소속되어 있었어요. 그러나 전교조 선생님들도 좋아해요. 교육자로서의 헌신성이나 전문성이 대부분 뛰어나거든요. 덕양중에는 여러 교원단체 소속의 선생님들이 계시지만, 서로 존중하고 협력합니다." 이준원은 교장으로 재직한 8년 동안 학교 근처에 방을 구해 혼자 자취 생활을 했다. 학교 일에 온 정성을 쏟기 위해서였다. 아이들에 대한 가없는 사랑, 교육에 대한 높은 열정을 보여주는 참스승을 아주 오랜만에 만났다.

후기

초·중·고교 시절 학년 초에 학생들의 가정환경 조사를 하면서 장래 희망을 꼭 물었습니다. 친구들이 공무원, 과학자, 탐험가 등 근사한 직업을 써낼 때 저는 항상 교사라고 적었습니다. 고교 때도 그랬더니 다들 저를 이상한 아이 보듯 했습니다. 저는 대학 때도 교직 과목을 3학년 때까지 이수했습니다. 4학년 1학기 교생 실습만 나가면 교사 자격증을 얻게 되는데 난데없이 단과대 학생회장을 맡는 바람에 실습을 못 하게 됐고, 결국 교사의 꿈도 물 건너갔습니다.

제가 교사가 되려고 했던 것은 학창 시절에 만났던 선생님들 때문이었습니다. 영어 단어와 문장을 못 외웠다고 아이들을 마구잡이로 매질했던 영어 선생님, 쉬는 시간에 복도에서 여학생들의 브래지어 끈을 잡아당겼다 놓는 등의 추행을 일삼았던 국어 선생님 등등 눈살을 찌푸리게 하는 교사들을 보면서 이다음에 저런 교사 말고 존경받는 선생이 되어야겠다고 결심하곤 했었죠.

경기도 덕양중의 교장이었던 이준원(64) 선생님을 만나면서 제가 교사가 안 되었기에 망정이지 그때 제가 바란 대로 선생의 길로 나아갔다면 지금 부끄러워서 어쩔 뻔했나 하는 생각이 들었습니다. 혹시 교직에서 운 좋게 이 선생님을 만났다면 또 모르겠습니다만.

책을 준비하면서 다시 연락했더니, 그는 코로나 사태 속에서도 교사들을 상대로 한 줌 강의 등 여전히 바쁘고 보람되게 살고 있었습니다. 또, 교육 인생 제2막도 준비 중이더군요. 그는 지난해 경기도 용인 수지에 있던 아파트를 처분한 돈과 퇴직금 등 사비를 털어 충북 영동읍에 '교사마음지원센터'를 짓고 있습니다. 교사와 학부모의 마음 치유를 위한 이 센터는 올가을에 문을 열 예정이라고 합니다. 센터가 문을 열면 저도 한번 찾아가서 제 마음을 살펴볼까 합니다.

(2020년 4월 6일 인터뷰)

"음악은 경쟁이 아니라 자유잖아요"

04

임현정

'자유 영혼'의 피아니스트

+

1986년 경기도 안양에서 태어났다. 2003년 파리 국립음악원에 최연소로 입학해서 4년 과정의 피아노과를 3년 만에 수석으로 졸업했다. 스물여섯의 나이에 EMI에서 베토벤 소나타 전곡을 담은 음반을 발표했다. 이 음반은 한국인 최초로 빌보드 클래식 차트 1위를 기록했다. 2018년, 유명 국제 콩쿠르의 불공정한 심사 행위를 공개적으로 비판하고 심사위원직을 사퇴해 주목받기도 했다.

자유에 도달한 삶이 이럴까. 피아니스트 임현정에게선 마음의 경계나 벽을 조금도 느낄 수 없었다. 답변에 주저함이 없었으며, 웃을 때는 폭소를 터뜨렸다. 행동에도 가식이나 거리낌이 없었다. 원피스에 카디건을 걸친 편안한 옷차림에 선머슴처럼 스튜디오 안팎을 맨발로 오갔다. 스물여섯 살 때 베토벤 소나타 전곡을 EMI에서 첫 앨범으로 냈던 세계적 스타가 아니라 이웃집 누나 같았다. 그러나 배려심과 겸허는 몸에 밴 듯 자연스러웠다. 질문 도중에 답을 할 때는 "중도에 말을 끊어 죄송하다"고 사과했으며, 인터뷰어인 상대방의 물컵이 비면 재빨리 물병을 들어 채웠다.

‖ 경기도 고양 아람누리극장에서 오케스트라 공연(6월)을 끝으로 2021년 상반기 일정을 마무리했죠?

네. 친한 언니와 인터스텔라 챔버 오케스트라를 만들어 창단 공연을 열었어요. 제가 직접 지휘하면서 피아노 연주까지 했는데 아주 힘들었지만, 재미있었어요.

‖ 하반기 일정은 어떻게 돼요?

코로나 상황이 허락하는 한 인터스텔라 공연을 계속하려고 해요. 독주회도 계획하고 있는데 이번에는 바흐 〈평균율 클라비어곡집〉 1, 2권 48곡 모두를 연주할 거예요.

임현정은 연주회마다 새 프로그램을 내놓는 것으로 유명하다. 2021년 상반기에만도 쇼팽(스케르초 1~4번)과 슈베르트(즉흥곡)뿐 아니라 피아노곡 중에서 가장 난해한 것으로 유명한 리스트의 '초절기교 연습

곡' 전곡을 무대에 올렸다.

∥ 레퍼토리를 새로 만든다는 것은 곡을 완벽하게 마스터한다는 것일 텐데요, 한두 개도 아니고 올 상반기에만 모두 5개의 프로그램을 진행했는데, 어떻게 다 했어요?

하하. 뭐 그러니까 최대한 최선을 다해야죠. 저의 첫째 기준은 새벽 3시에 누가 나를 갑자기 흔들어 깨워도 눈 감고 바로 연주할 수 있느냐는 겁니다. 두 번째 기준은 그 작곡가나 곡에 대한 역사적인 배경 등 그 곡을 둘러싼 모든 요소를 탐구하는 것이죠. 음악에는 작곡가의 영혼이 녹아 있거든요. 프로그램을 완성할 때 저한테는 이 두 가지가 굉장히 중요해요.

∥ 한 프로그램 만들 때는 작곡가의 영혼까지 탐구하는군요.

네, 음악에 그 사람의 영혼이 녹아 있는 거잖아요. 그러니까 그렇게 해야죠.

∥ 그렇게 상반기에만 5개의 프로그램을 했다니 초인적인 것 아닌가요?

리스트의 초절기교 전곡 프로그램의 타이틀이 '초월'이었습니다. 하하. 리스트 초절기교는 진짜 하나의 챌린지였어요. 5개의 프로그램 중에서 하나는 청중이 질문을 하면 그 질문에 대해 제가 즉석에서 음악으로 대답을 하는 거였어요. 제가 갖고 있는 모든 거를 다 동원해서 즉흥곡이 나올 수도 있고, 아니면 익힌 곡이 나올 수도 있는 거죠. 청중과 자유롭게 대화하는 식으로 진행한 공연이었어요.

‖ 프로그램을 새로 늘리면 이전 것도 다 기억할 것 아니에요? 지금까지 도대체 몇 곡이 머릿속에 들어 있어요?

셀 수가 없고, 세는 거는 옛날에 포기했죠. 하하.

‖ 요즘은 하루에 피아노 연습을 얼마나 하세요?

그때그때 다르죠. 어떨 때는 3시간만 하기도 하고, 어떨 때는 하루에 16시간을 하기도 해요. 근데 피아노에 붙어서 건반을 치면서 하는 것도 있지만, 요즘은 피아노 밖에서 하는 연습도 굉장히 많아요. 즉, 어떤 곡에 대한 탐구를 하기 위해서는 문학적으로 활동을 많이 해야 돼요. 책을 많이 읽고, 명상을 하면서 그 음악에 대해서 계속 생각합니다. 음악을 머릿속으로 시뮬레이션하는 건데 그 시간이 되게 중요해요. 시뮬레이션하는 시간은 직접 손으로 치는 것만큼 중요해요.

‖ 그렇게 탐구하니까 베토벤에 대한 책(『당신에게 베토벤을 선물합니다』)까지 쓸 수 있었군요.

그동안에는 베토벤 스토커였는데 이제는 바흐 스토커가 됐어요. 『당신에게 바흐를 선물합니다』가 곧 나올 거예요. 하하.

'왕벌의 비행'보다 대단했던 것

임현정의 이름이 널리 알려진 것은 2012년 베토벤 소나타 전곡을 담은 음반을 유서 깊은 음반회사인 'EMI'에서 내면서부터였다. 이 음반은 당시 빌보드 차트와 아이튠즈 차트의 클래식 분야 1위를 차지했다. 대부분의 신인 음악가들이 국제 콩쿠르나 유명 음악가의 전폭적인 지원으로 등장하는 것과는 데뷔 경로가 달랐다. 더구나 그는 연주만 한 게 아니라 앨범 프로듀서까지 겸했으며, 음반에 실린 곡 해설도 직접 썼다. 앨범을 번호 순서가 아니라 8개 주제별로 분류한 것도 그였다. 신예 아티스트 임현정의 독창적인 색깔을 EMI는 오롯이 존중했다.

‖ 무명작가가 세계적 명문 출판사에서 장편소설을 낸 거나 마찬가지인데 어떻게 가능했어요?

2009년쯤부터 시작한 유튜브 활동으로 제 이름이 좀 알려졌어요. 그때 유튜브는 개나 고양이 등 펫 영상이 대부분이었는데, 클래식 연주 실황을 올린 것은 제가 최초이다시피 했을 거예요. 2011년 EMI의 부사장인 앤드루 코널이 휴가차 리스본에 왔다가 마침 리스본 페스티벌의 제 연주회를 찾아온 게 계기였죠. 되게 웃긴 게 그때 원래 예정돼 있던 연주자가 갑자기 펑크를 내는 바람에 제가 무대에 섰어요. 이 이야기는 처음 합니다. 하하.

‖ 대타로 나서 홈런을 날렸군요.

네. 신예였으니까 어디든 자리가 생기면 '나는 간다'였죠. 하하. 페스티벌 2~3주 전에 연락을 받았지만, 페스티벌 주제였던 라벨과 스크랴빈은 제가 좋아하는 곡들이어서 어려움이 없었어요. 근데 연주가 끝나고 깜짝 놀랄 일이 일어났어요. 제가 방금 했던 라벨과 스크랴빈 프로그램 그대로 데뷔 앨범을 내자는 연락이 EMI에서 왔다고, 제 매니저가 택시를 같이 타고 가면서 얘기하는 거예요. 그때 장면이 아직도 기억나요. 매니저가 저보다 더 좋아했어요.

그런데 저는 제 이름이 세상에 처음 알려지는데, 그건 아니라는 생각이 들었어요. 그 전에 이미 파리에서 8일 동안 베토벤 소나타 전곡 연주를 완주하는 등 베토벤에 완전히 빠져 있었거든요. 연주만 했던 게 아니라 베토벤에 대한 에세이도 다 적어놓았죠. 그렇게 준비된 걸 놔두고 2~3주 만에 연습한 것으로 앨범을 내는 것은, 솔직히 아니잖아요.

그래서 매니저한테 베토벤 소나타 전곡으로 하자고 역제안을 하라고 했죠. 그랬더니 매니저가 '그렇게는 안 될 거다. 이렇게 귀중한 제안이 왔는데 왜 안 받느냐'며 저한테 되게 화를 냈어요. 하하. 저는 거절당하는 일이 있더라도 제안해달라고 설득했죠. 대신 베토벤 소나타 연주 테이프와 베토벤에 대한 에세이 등을 다 보내주라고 했어요. 며칠 뒤 EMI에서 이메일이 왔는데 제 제안을 다 받아줬어요. 참 운이 좋았어요.

임현정의 연주 영상 가운데 유명한 것은 림스키코르사코프의 '왕벌의 비행'이다. 손가락이 보이지 않을 정도로 빠르게 건반을 두드리는 이 영상은 현재까지 120여만 명이 봤다. 2009년 벨기에 겐트 페스티벌 때 친 앙코르 연주곡이었다.

‖ '왕벌의 비행' 영상 때문에 일약 스타가 됐다고 많은 사람이 생각하고 있는데요.

한국에서는 '왕벌의 비행'으로 저를 많이 알아주셔서 감사드립니다만, 그건 아니에요. 음악성 있는 곡이 아니고, 저도 재미 삼아 쳤기에 외국에서는 아무도 그것을 언급 안 해요. 대신 2009년 3월 겐트 페스티벌과 몇 달 뒤 스위스 바젤 페스티벌에서 했던 프로그램이 진짜죠. 그때 1부에서는 라흐마니노프 에튀드 전곡(18곡)을 연주하고, 2부에서는 쇼팽 에튀드 전곡(24곡)을 연주했거든요. 그거야말로 아마 전무후무할 겁니다. 에튀드는 기교적으로 어려운데, 특히 쇼팽 에튀드는 가장 어렵거든요. 그래서 쇼팽 에튀드 전곡을 한 리사이틀에서 연주하는 분들도 굉장히 드물어요. 저는 누구도 반박할 수 없는 실력으로 음악계에 도전장을 내밀자는 생각에서 두 프로그램을 한 연주회에 올렸죠. 그게 출발점이었죠.

마음의 안식처는 샹젤리제 서점

그 도전의 길은 그의 선택이었다. 임현정은 파리 국립음악원을 졸업한 직후인 2007년, 규모가 작은 '플람 콩쿠르'에 나가서 대상을 받고는 콩쿠르에는 발을 끊었다. 경쟁은 비예술적이라는 생각에서였다. 그해에 벨기에의 왕립 '퀸 엘리자베스 뮤직 채플'의 신입 피아니스트로 뽑혔지만, 두 달 만에 그곳도 박차고 나왔다. 벨기에의 뮤직 채플은 선발된 젊은 음악가들이 좋은 환경에서 맘껏 음악을 할 수 있도록 일정 기간 숙식과 생활비 등을 제공한다.

‖ 뮤직 채플은 대부분의 음악가들이 부러워할 정도로 안락한 생활을 제공하는 곳이잖아요. 안정된 미래가 보장되기도 하고요.

다들 저보고 미쳤다고 그랬죠. 파리 음악원의 교수님도 '너, 미쳤냐. 거기 있으면 다 잘될 텐데 왜 관두냐'고 하시더라고요. 하하.

‖ 그런데도 왜 관뒀어요?

거기가 나빠서가 아니라 제가 지향하는 음악과는 너무 맞지 않았어요. 무엇보다 음악적으로 갑갑했고, 금으로 만든 철창에 갇힌 새처럼 느껴졌어요. 왜냐면 다음에 저 콩쿠르에 나가면 우승할 수 있고, 그다음에는 여길 나가면 된다는 식으로 음악적 여정이 다 정해져 있었거든요. 그런 식으로 뻔한 게 너무 싫었고, 제 음악을 추구하고 싶었어요.

그때가 제가 스무 살 때였는데 저 자신한테 10년의 시간을 줬어요. 음악을 어떤 부귀영화의 도구로 쓰는 게 아니라, 굶어 죽는 한이 있더라도 정말 진정한 음악가로서 나를 성장시키자고 결심했어요. 그러려면 클래식 음악의 가장 기본적이고 기둥이 되는, 모든 레퍼토리를 내 머리와 심장과 마음, 영혼에 담는 게 필요하다고 생각했어요. 그 첫출발이 쇼팽 에튀드 전곡과 라흐마니노프 에튀드 전곡이고, 그다음이 베토벤 소나타 전곡이었어요. 그렇게 시작한 지 얼마 안 됐는데 갑자기 첫 음반을 베토벤 소나타로 내면서 유명해진 거예요. 하하.

‖ 그런 것을 보면 확실히 도전적이면서도 반항아 기질이 있는 것 같아요.

네, 제가 반역자 기질을 가지고 있어요. 그래서 되게 위험한 인물이에요, 저는. 하하.

1986년 경기도 안양에서 3남 1녀의 늦둥이로 태어난 임현정은 세 살 때 피아노를 시작했다. 피아노를 치면 좌뇌와 우뇌가 발달한다는 친척의 말에 어머니가 동네 음악학원에 등록해주었다. 학원에서 자로 손바닥을 맞고 울고 오는 어린 딸에게 "더 커서 해도 되니까 힘들면 관두자"고 어머니가 권했지만, 그는 "선생님이 나 잘되라고 그러는 거야"

라면서 포기하지 않았다.(『침묵의 소리』, 임현정) 중학교 1학년 1학기를 마치고, 임현정은 파리 국립음악원을 목표로 혼자 프랑스로 떠났다. 열세 살 때였다. 콩피에뉴의 한 사립중학교와 음악원을 한 학기 만에 마치고, 보통 4년 이상 걸리는 루앙 음악원도 2년 만에 마쳤다. 2003년 파리 국립음악원에 최연소로 입학해서 4년 과정의 피아노과를 3년 만에 수석으로 졸업했다.

최상의 길로 승승장구한 것 같지만, 실제로는 기존 틀을 부수면서 헤쳐 나간 험난한 길이었다. 파리 음악원 입시 준비를 앞두고 그는 자신을 지도해온 루앙 음악원의 피아노 선생과 과감하게 결별하는 결단을 했다. 그의 지도를 벗어나기 위해 학교에 휴학을 신청하자, 격노한 피아노 선생은 임현정의 퇴학 및 국외 추방을 학교에 요구했다. 학장의 보호로 퇴학 조처는 면했지만, 그는 학교에서 왕따가 됐다.

‖ 만 열다섯 살에 지도교사에게 반기를 들다니, 대단해요!

파리 음악원 입시 준비를 그 선생님이랑 했다가는 1년이 지옥이 될 것 같은 거예요. 음악적인 게 저랑 너무 안 맞았거든요. 제가 열세 살 때 리스트 소나타를 너무 연주하고 싶었는데 선생님은 열여섯 살은 되어야 이걸 연주할 수 있다면서 못 하게 했어요. 저는 '어떻게 검열을 하지? 리스트 소나타가 19금이 아닌데, 왜 안 된다고 하지?'라고 생각해서 혼자서 몰래 연습을 했어요. 연습을 다 한 뒤에 선생님을 찾아가 '저 이거 다 외웠습니다' 하고 말씀드리고 리스트를 연주했어요. 굉장히 기뻐하실 줄 알았는데 되게 싫어하시는 거예요. 자기 말을 거역했다는 게 이유였어요. 그래서 음악적으로 자유롭지 못한 게 너무 답답하더라고요. 예술은 영혼의 표현이고, 음악이야말로 자유의 언어 그 자체인데 검열을 당한다고 생각하니까 너무 힘들었어요. 진정한 내가 음악을 연주해야 되는데, 이 선생님과 함께 있다가는 내 손을 통해 선생님이 연주하는 것밖에 안 될 것 같았어요. 그래서 휴학 신청을 했죠.

‖ 대부분의 학생들은 그런 상황에서 불만이 있더라도 선생님이 하라는 대로 하면서 수용하고 가잖아요.

저는 이렇게 생각해요. 제가 음악인이기 때문에 무조건 음악이 첫째여야 한다고요. 다른 무엇보다 음악이 첫째라면 최상의 음악이 나오는 게 중요하죠. 그다음은 모든 게 따라온다고 생각해요. 제가 파리 음악원에 합격하고 나서 한 신문과 인터뷰를 했는데 얼마 전에 그 기사를 보고 웃었어요. 그때 제가 열여섯 살이었는데, 기자가 '나중에 콩쿠르에 나가고 싶냐?'라고 물으니까 '음악이 저에게는 1번이고요, 콩쿠르 1등이나 다른 상은 덤으로 오는 거예요'라고 답했더라고요. 열여섯 살 때 말이죠. 하하. 그 생각에 아직도 변함이 없어요.

‖ 그 뒤 다른 선생님들에게도 철저히 외면당했다면서요?

원래부터 반에서는 왕따였어요. 가장 나이 어린 아이가 잘난 척한다고요. 하하. 그런데 그 사건 이후에는 전교에서 왕따가 됐어요. 바이올린 선생님이 한 분 계셨는데 왔다 갔다 하면서 저를 만나면 늘 '봉주르'라고 인사하면서 반겨주셨는데 그 사건 이후로는 그분마저 외면하는 등 모든 사람들이 나를 봐도 모른 척하는 거예요.

‖ 어린 나이에 어떻게 견뎌냈어요?

이렇게 얘기하면 좀 그럴 수도 있는데, 그때 '내가 생각하는 음악이 맞다. 선생님이 나한테 하라는 것이 틀렸다'라는 생각이 더 확고해졌어요. 음악적으로도 내가 자유롭게 치고 싶은 곡을 치니까 너무 좋았고요. 당시 저에게 가장 큰 스승은 녹음기였어요. 내가 나를 녹음하고 듣는 것만큼 화들짝 놀랄 일이 없었거든요. 이 세상에서 아무리 사람들이 나를 욕하고 비난하더라도 제 안에 있는 심판자보다 더 가혹할 수는 없잖아요.

저는 제가 뭐가 부족한지 뼈저리게 아는데 그 교수님은 그걸 모르는 거예요. 제가 지향하는 길이 있고 어떻게 하면 그렇게 할 수 있는지를 저는 아는데 그 교수님은 그렇게 안 이끌어주는 거예요. 그래서 그 교수한테 배울 때는 이중생활을 했어요. 하나는 교수님이 치라는 것을 치는 생활을 했고, 다른 한편으로는 내가 하고 싶은 것을 했는데 시간이 지나다 보니까 서로 충돌하면서 내가 돌아버릴 지경이 됐어요. 마침내 하나는 포기해야 하는 상황이 됐죠. 그 교수님과 결별한 뒤 전교 왕따가 됐지만 한편으로는 이제 자유인이라는 생각에 너무나 좋았죠. 제가 하고 싶은 대로 하는 게 쾌감이 있었고 정말 행복했어요. 제 인생을 통틀어 그 1년이 음악적으로는 가장 행복했어요.

선생의 보호 대신 자유의 길을 택해 홀로 공부한 그는 이듬해 루앙 음악원 출신으로는 유일하게 파리 음악원에 합격했다.

‖ 파리 음악원에서는 어땠어요?

거기에 있는 거의 모든 사람이 가고자 하는 길이 콩쿠르인데, 저는 달라서 좀 고독했죠. 게다가 지리적으로도 너무 고립돼 있었어요. 당시 제 희망 중 하나가 24시간 누구한테도 관여받지 않고 피아노를 연습할 수 있는 환경을 갖는 거여서, 파리 외곽의 한 차고를 빌려 살았거든요. 생활

"제가 스무 살 때였는데 저 자신한테
10년의 시간을 줬어요. 음악을 어떤
부귀영화의 도구로 쓰는 게 아니라,
굶어 죽는 한이 있더라도 정말 진정한
음악가로서 나를 성장시키자고 결심했어요.
그러려면 클래식 음악의 가장 기본적이고
기둥이 되는, 모든 레퍼토리를
내 머리와 심장과 마음, 영혼에 담는 게
필요하다고 생각했어요."

환경은 열악했지만 피아노를 맘껏 칠 수 있어서 행복했어요. 피아노 치다가 힘들면 샹젤리제 거리의 서점에 자주 갔어요. 거기 가면 밤 12시까지 문 여는 곳이 있어서 책을 엄청 읽었죠. 철학책과 예술책을 주로 읽으면서 제 생각을 익혔던 3년 같아요.

"가장 정직한 음악인데 혁명적이래요, 하하"

임현정은 독창적으로 곡 해석을 하는 것으로 유명하다. 연주 속도도 다른 연주자들보다 대부분 빠르다. '베토벤의 9번 교향곡'(합창)의 느린 3악장의 경우 대개는 19분 동안 연주하는데, 그는 베토벤이 지정한 속도대로 11분에 마친다. "표현이 먼저다. 진실되게 열광하고 곡에 빠져 자신의 마음을 표현하면 '열광'이 속도가 된다. 음악은 템포 속에 갇혀 있지 않다. 오히려 반대로 음악에서 흘러나오는 '표현'이 템포를 창조하는 것이다."(『당신에게 베토벤을 선물합니다』, 임현정)라고 그는 말한다.

∥ 연주 스타일도 전통과 관행을 과감히 깨는 것 같아요.

일부러 그렇게 하려고 한 건 아니에요. 저는 작곡가가 의도한 원천으로 돌아가려고 노력해요. 예를 들면 베토벤이 원했던 그 템포를 그대로 받아들여서 연주한 것뿐이거든요. 그것이 베토벤 이후의 음악인들이 만들어놓은 전통이나 유행과 다른 것이고요. 제가 생각하는 가장 솔직하고 정직한 음악을 한 것뿐인데, 남들과 다르다 보니까 갑자기 혁명적인 음악가가 된 거예요. 하하.

‖ 동료들한테 '혼자 잘났다'고 손가락질 받지는 않나요?

그런 덴 전혀 관심이 없습니다. 하하.

‖ 음악에 대해 확고한 자신감이 있군요.

음악인으로서 음악에 대한 확신이 있어야죠. 물론 제 속에서는 늘 확신과 불확신이 공존해요. 이게 뿌리이고 맞는다는 확신이 있지만, 공부하는 과정에서는 '이게 맞나?' 하고 끝없이 의심하죠.

임현정은 2018년 전 한 국제 콩쿠르에서, 심사위원장의 제자가 준비가 덜 됐음에도 음악성이 뛰어난 다른 참가자들을 제치고 결선에 진출하는 것을 목도한 뒤 심사위원직을 중도에 사퇴했다. 그러고는 불공정한 행위를 고발하는 내용을 담은 사퇴 이유서를 페이스북에 올렸다.

‖ 국제 콩쿠르 심사위원직은 영광스러운 자리라서 웬만하면 중도에 관두지 않잖아요.

너무 열을 받았어요, 그때. 부정행위 자체에도 열을 받았지만, 진짜로 재능이 많은 참가자들을 떨어뜨린 데 대해 정말 치를 떨었어요. 그중에 러시아 학생이랑 콜롬비아에서 온 여학생 등 두 명은 아직도 기억이 생생해요. 러시아 피아니스트는 쇼팽의 에튀드를 연주했는데 정말 듣도 보도 못한 색감을 표현했어요. 콜롬비아 피아니스트도 감수성과 표현력이 어떻게 이럴 수 있을까 할 정도로 뛰어났어요. 그런데 그 둘이 탈락한 거예요. 그런 꼴을 보고 도저히 참을 수가 없었어요.

‖ 보통은 조용히 사표만 내지 그렇게 사퇴 이유를 공개하지는 않잖아요.

그날 심사가 끝나고 심사위원들과 참가자들이 담소를 나누는데 그 두 피아니스트가 울면서 '저는 안 되나 봐요. 저는 연습 부족, 재능 부족인가 봐요'라고 하면서 스스로를 책망하는 거예요. 그들이 좌절하는 모습을 보면서 제 억장이 무너졌어요. 이렇게 훌륭한 피아니스트들에게 용기를 주기는커녕 바닥에 내팽개친 거잖아요. 그런데 콩쿠르 참가자들은 자기 연주 준비하느라 다른 참가자들의 연주는 전혀 듣지 않아요. 그러니 그들 두 명은 심사위원장의 제자가 상을 탔지만 그가 무대에서 얼마나 깽판을 쳤는지를 전혀 모르는 거예요. 제가 심사위원으로서 그 자리에서 그런 얘기를 할 수가 없잖아요. 그래서 탈락된 그 아이들이 좌절하지 말라고 페이스북에 사퇴 이유를 올린 건데 후폭풍이 정말 컸어요. 저도 너무 놀랐죠. 이제 그 어떤 콩쿠르에서도 절 심사위원으로 불러주지 않겠죠. 하하.

‖ 그런 각오를 하고 폭탄을 던진 거 아니에요?

아니요, 그때 기사만 안 났어도 또 초대받을 수 있었는데 말이죠. 하하. 아, 너무 웃겨.

‖ 어쨌든 그동안 늘 음악계 주류와는 불화를 겪고 있는데 힘들지 않아요?

그런 것은 전혀 신경을 쓰지 않아요. 그런 반응에 대해서는 아무 관심이 없어요.

‖ 클래식 말고 대중음악도 즐겨 듣나요?

그럼요. 제가 좋아하는 우리나라 작곡가가 한 명 있어요. 드라마 주제
곡을 주로 쓰는 헨(Hen)이라는 분이에요. 〈흔들흔들〉 등 여러 노래를 작
사, 작곡했는데 이분은 천성적으로 멜로디스트인 것 같아요. 멜로디가
자연스럽게 나오고, 감수성이 저랑 맞아서 즐겨 들어요.

'HJ Lim'(국제적으로 쓰이는 임현정의 이름)은 스위스 레만 호숫가에 있
는 뇌샤텔의 집을 2021년 초에 정리하고, 경기도 안산에 거처를 마련
했다. 코로나가 종식되더라도 한국을 베이스로 국제 연주 활동을 할
계획이다. 그는 "한국에 있으면 마음이 편한 것도 있지만, 어린 후배들
에게 제가 가진 모든 걸 다 뿌려주고 싶어요"라고 말했다. 실제로 그는
연주회로 방문하는 도시마다 음악도를 상대로 마스터 클래스나 렉처
(Lecture) 클래스를 연다. '유쾌한 파괴자'이자 '고독한 창조자'가 이 땅
에 머물면서 펼쳐나갈 음악 세계와 활동을 기대해봐도 좋지 않을까.

후기

　서너 시간 한 사람과 인터뷰를 하고 나면 보통 기진맥진하기 일쑤인데 피아니스트 임현정(36) 씨를 만나고 나서는 오히려 에너지가 충만해지는 느낌이었습니다. 그는 어떤 질문이든 일 초의 주저함도 없이 명쾌하게 답했으며, 가식이나 꾸밈 없이 밝고 유쾌했습니다.

　첫 음반을 베토벤 소나타 전곡집으로, 그것도 세계적인 음반회사인 영국의 EMI에서 낸 것을 얘기하면서 "세계 음악계에 갑툭튀(갑자기 툭 튀어나온 사람)처럼 나타났던 셈"이라고 말하자, 그는 기분 나쁘게 반응하기는커녕 "혜성이 아니고 갑툭튀라고요? 아, 정말 재밌어"라며 배꼽을 잡고 웃는 식이었습니다. 철학적 바탕이 확고하고, 자신의 음악 세계를 구축한 사람만이 가질 수 있는 자신감이 아닐까 싶었습니다.

　실제로 임 씨는 피아니스트로서 '유니크(unique)' 자체입니다. 성장 과정도 독립적이고 자율적이었지만, 베토벤 곡을 다른 피아니스트들보다 훨씬 빠르게 연주하는 등 음악적 해석에서도 기존 틀이나 룰을 과감하게 탈피합니다. 물론 자기 마음대로는 절대 아닙니다. 그에 따르면, 베토벤이 원래 지정했던 속도라니까 작곡가의 본래 의도에 더 다가가는 셈이죠.

　이런 임현정 씨의 음악 세계를 먼저 알아본 사람들은 국제적인 음반사(EMI)와 프랑스의 유명 출판사(알뱅 미셸), 다큐 감독(스테판 하스켈) 등입니다. 첫 앨범은 영국에서 나왔으며, 자서전인 『침묵의 소리』는 2016년 프랑스에서 출간돼 인기를 끈 뒤 국내에서 번역돼 나왔습니다. 3년 전에 시작한 임현정 씨에 관한 다큐멘터리 작업은 코로나 때문에 한참 중단돼 있다가 지난해 말부터 촬영이 재개됐습니다. 전신마비를 딛고 일어선 하스켈 감독의 선구안을 감안하면 '임현정 다큐'를 기대해도 좋지 않을까 싶습니다.

(2021년 7월 13일 인터뷰)

"꿈 실현하며 유익하게 사는 '일류인생'엔 인원 제한이 없죠"

05

강수돌

'대안적 삶 실천' 교수

1961년 경남 마산에서 태어났다. 1997년부터 고려대 세종캠퍼스 경영학부 교수로 있으면서 5년간 마을이장(조치원읍 신안1리)을 맡기도 했다. 친환경적인 귀틀집을 직접 만들어 살면서 텃밭 농사를 짓는 등 생태순환적인 삶을 살고 있다. 2021년 2월, 대학교수 정년보다 6년 일찍 교수를 퇴직했다.

세상을 바꿔야 한다고 말하거나 새로운 세상에 대한 구상과 그림을 펼쳐놓는 사람들은 많다. 하지만 그런 세상으로 가는 길을 '나부터' 타박타박 걸어가는 실천가는 그리 많지 않다. 강수돌 교수는 일상의 삶이 자신의 말과 다르지 않은 사람 중 한 명이다. 그는 경쟁 위주의 자본주의보다는 더불어 사는 공동체 사회를 꿈꾸고 역설해왔으며, 사람을 능력이나 자질에 따라 평가하지 말고 존재 자체로서 사랑하고 존중해야 한다고 강조해왔다. 말에 그치지 않고, 그는 마을 이장을 맡아 동네일에 앞장서는가 하면 인문학 교실을 열어 이웃들과 함께 삶을 성찰하고 있다. 또 자녀 셋을 모두 시골 대안학교에 보내는 등 '유기농 교육'을 했으며, 집에서는 생태 화장실과 텃밭 농사로 생태순환적 생활을 하고 있다. 혁명적 삶이다. 그는 2021년 2월 대학교수 정년(65세)보다 6년이나 일찍 교수를 관뒀다.

퇴직 소식을 듣고 인터뷰를 요청했더니 "나에 대한 포장이 될 것 같아서 인터뷰를 가능한 한 안 하고 있다"며 난색을 표했다. "왜 교수직을 일찍 관뒀는지에 대해 '마을 이장 교수'를 좋아했던 사람들에게 최소한의 설명은 하는 게 도리 아니겠느냐"고 설득한 끝에야 세종시 고려대 세종캠퍼스에서 그와 마주 앉을 수 있었다. 이장을 관둔 지 10년이 더 지났지만, 그는 여전히 사람 좋은 이웃집 아저씨 같은 느낌이었다. 긴 바짓단을 접어서 손바느질로 꿰맨 흔적이 뚜렷한 헐렁한 바지처럼 생각의 품은 넓었으며, 마음은 따뜻했다.

‖ 퇴직한 뒤 어떻게 지내요?

전보다 주경야독을 하기가 편해요. 낮에는 텃밭을 돌보거나 사람을 만나고, 저녁엔 글을 읽거나 쓰죠. 시민강좌 같은 것도 시간 나는 대로 하고요.

‖ 교수 정년이 아직 6년 반이나 남았는데, 왜 그만뒀어요?

오래전부터 정년을 5년 남기고 관두겠다고 생각했어요. 교수로서의 생활 자체가 특권인 데다가 다른 직종의 평균적인 정년인 60살보다 더 하는 게 조금 죄스럽게 느껴졌어요. 또, 대학 사회가 비즈니스화되면서 본연의 모습을 잃어가는데 거기에 맞추는 것도 좀 힘들었고요.

자본의 시선을 자신도 모르게 내면화

‖ 비즈니스화라면요?

행정 업무나 교과과정, 심지어 학생과의 관계도 비즈니스처럼 됐어요. 취업을 어떻게 하느냐부터 시작해서 작게는 장기 결석을 한 학생들에게 전화해서 무슨 사연이 있는지 물어야 하는 일종의 감정노동까지 하도록 요구받거든요. 그런 결과가 모두 대학교 평가지표에 반영되고, 그건 결국 교육부의 예산 지원과 직결되고요. 갈수록 교수 본연의 역할에 충실하기보다 비즈니스맨화되는 분위기들이 저랑 안 맞았어요. 그런데 이건 고려대만의 문제는 아니에요. 전국 각 대학이 똑같아요. 어쨌든 무능력해서 나갔다는 말을 안 들으려고 지난해 국제 SSCI(사회과학 분야의 학술 논문 인용지수)급 논문 두 편과, 일 중독과 관련한 논문 두 편을 썼어요. 또 학생들의 평가에서 지난해 제 수업이 우수강의상을 받았다는 이메일을 얼마 전에 받았어요. 나 나름대로는 학교에 학자로서 증거 자료를 남기고 나온 셈이죠.

‖ 온라인 수업도 결심을 앞당긴 요인이었던가 봐요. 최근 「교수신문」과 한 인터뷰에서 "교수의 눈물은 온라인으론 전달되지 않는다"라고 표현했더군요.

지난해 온라인 강의를 두 학기 해보니까 이건 교육이 아니란 생각이 들면서 깊은 통증이 느껴지더라고요. 예를 들어 노사관계를 다루면 아픈 이야기들이 많은데 대면 수업에서는 학생들과 슬라이드를 같이 보면서 울고 그러거든요. 또 학생들이 발표하다가 실수해서 웃기도 하고요. 그렇게 울다가 웃다가 하는 게 교육인데 온라인으로 하면 그냥 글자만 보면서 진도 나가기 바쁘고, 이상하게 에너지가 빨리 소진되는 것 같았어요. 이러다가는 쓰러지겠다 싶어, 살아서 그만두자는 생각이 들었죠.

그는 2020년 가을 피로 누적으로 인한 '번아웃' 진단을 받았다.

‖ 그 정도로 힘들었군요.

나름대로 열심히 일한 결과이기는 한데 그동안 너무 많이 설치고 다녔죠. 하하.

강수돌은 서울대 경영대 학사와 석사를 마친 뒤 1994년 독일 브레멘대학에서 박사학위를 받았다. 귀국한 뒤 한국노동연구원에서 일하다가 1997년 고려대 서창캠퍼스(현 세종캠퍼스) 경영학부 교수가 됐다. 그는 교수뿐 아니라 조치원읍 신안1리 이장(2005~2010년), 세종환경운동연합 상임대표 역임, 현 세종시 난개발방지특별위원회 위원장 등 공동체 활동에도 열심이다. 또 시민을 위한 교양도서 작업도 활발히 하고 있다. 2021년 5월 펴낸 『강자 동일시』를 비롯해 그동안 단독으로 쓴 책만 40권에 육박한다.

▮ 대학이 많이 변했다고 했는데, 학생들도 많이 바뀐 것 같아요. 최근 세종 캠퍼스 학생 한명이 고려대 총학생회 간부가 됐다가 안암캠퍼스 학생들이 세종캠퍼스는 같은 학교가 아니라고 반발해서 물러난 일이 있었잖아요. 학생들이 명백한 차별 행위를 해서 놀랐어요.

저도 서글픈 생각이 들었어요. 그런 차별은 사실 모든 대학에서 있어 왔죠. 농어촌전형으로 간 학생과 정시전형으로 간 학생, 또 수시와 정시로 입학한 아이들 사이에 서로 구별 짓기를 하는 일들 말이죠. 이런 차별 의식의 뿌리는 요즘 아이들이 사회나 어른, 부모로부터 존중과 사랑을 받지 못한 채 늘 차별화된 평가를 받아온 데 있어요. 좀 더 큰 차원에서 보면 자본이 노동력을 차별화해서 A급 노동력과 B급 노동력으로 바라보는 시선을 내면화한 결과이기도 하고요. 1990년대 후반 국제통화기금(IMF) 사태를 거치면서 자본의 경쟁과 구분 짓기의 내면화가 너무나 강고하게 자리 잡은 나머지 이제는 모든 것을 상품 가치나 화폐 가치로 환원해서 보잖아요. 그러다 보니 서울 학생들은 세종 학생들을 소위 2등급 취급하는 거죠. 유명 대학을 일컫는 '스카이'(S·K·Y)라는 개념도 나머지 대학은 2, 3등급으로 본다는 이야기이고요.

자본주의와 궁합이 가장 잘 맞는 경영학을 전공했지만, 강수돌의 학문적 관심은 박사 논문(「한·독 자동차산업의 경영 합리화와 노사관계 변동」)에서 알 수 있듯 경영자보다는 노동자, 돈벌이보다는 공동체살이에 가 있다. 그동안 쓴 책들도 『노동을 보는 눈』, 『살림의 경제학』, 『나부터 교육혁명』, 『팔꿈치 사회』, 『경쟁공화국』 등 자본주의 비판과 대안 찾기에 관한 것들이 대부분이다.

아이를 영재반 넣자는 요청을 거부

‖ 경영학자인데도 주식이나 펀드 등 이른바 투자는 한 번도 안 해봤을 것 같은 느낌적인 느낌이 들어요. 하하.

유일하게 주식을 한 번 산 적이 있긴 해요. 아주 오래전인데 연말 소득 공제를 할 때 어떤 주식을 사면 그것만큼 공제해준다는 권유를 받고 신청해서 연말에 공제 혜택을 받았어요. 그런데 주식을 살 줄 몰라서 안 샀더라고요. 하하. 도로 물어내고 다음 해에 샀다가 곧 정리를 하고 끝냈죠. 투자라고 하지만, 결국은 내가 자본의 일부가 되는 거여서 이건 아니다 싶더라고요.

‖ 다른 경영학자들과 달리 자본주의 이후의 사회와 삶을 고민해왔는데 언제부터 그랬어요?

1981년에 대학에 가서 공부해보니까 이것은 돈벌이 경영이지 살림살이나 사람을 위한 경영이 아닌 거예요. 그때부터 이게 아니라는 고민을 했고, 졸업할 무렵에는 이런 문제의식을 학문적으로 연구해야겠다고 결심했죠. 그 후 제 나름으로 만든 개념이 '살림살이 경영'이에요. 가정생활 등 삶에 대한 경영과 사회 경영, 세상 경영이 다 포함되는 개념이죠. 세상을 잘 경영해서 백성을 구제한다는 경제의 본래 의미와도 뜻이 같고요

‖ 돈벌이가 아닌 살림살이 경제를 이룰 수 있는 대안은 보이던가요?

자본주의가 갈 데까지 간 것은 분명합니다. 무엇보다도 자본주의가

인간과 같이 가려면 선한 자본이 성공해야 하는데 지금 보면 선한 자본은 다 망하잖아요. 자본주의가 자기모순에 빠진 거죠. 군주제, 봉건제에서 자본주의로 넘어왔듯이 역사의 눈으로 보면 자본주의도 영원할 수는 없죠. 이미 자본주의를 넘어갈 맹아들이 많아요. 충남 태안의 한 어촌 마을이나 경기도 포천의 산촌 마을에서 노인들에게 마을 기본소득이나 마을 연금을 주는 사례 등이 그런 싹이죠. 자기들도 나이 들어 노인이 되면 혜택을 받는다는 것을 인식하고 다른 사람을 돕고 있죠. 이런 것은 비자본주의적이자 가족의 원리예요. 우애와 연대, 책임감으로 운영되는 가족의 경험이 확대되면 그게 좋은 사회가 되는 거죠.

강수돌처럼 새로운 사회를 꿈꾸는 사람들은 우리 사회에도 많다. 그러나 다른 이들과 강수돌이 구분되는 지점은 자신이 주장하는 이론이나 추구하는 사상을 말로만 하지 않고 '나부터' 실천하는 것이다. 경쟁에서 이기기 위해 남을 팔꿈치로 밀어내는 '팔꿈치 사회'를 비판하는 데 그치지 않고 그는 상생과 공존의 삶을 산다. 자녀 교육이 대표적이다. 아이들 교육을 위해 대부분의 사람들이 서울로, 강남으로 갈 때 그는 도시에서 시골로 옮기고, 아이 스스로 자신을 찾아가는 참교육을 했다. 그의 책 제목대로 '나부터 교육혁명'이었다.

∥ 젊었을 때 민주화 운동 등 좋은 세상을 위해 애썼던 사람들도 대부분 자녀 교육 앞에서는 일반인들과 똑같거나 심지어는 더 심한 교육 경쟁에 나서는데 교수님은 큰아이가 초등학교 고학년이 될 때 오히려 농촌으로 갔죠?

네, 유학을 마치고 귀국한 뒤 큰애를 초등학교에 입학시키러 가는데 마치 송아지를 몰고 도살장을 향하는 기분이 들었어요. 제가 학창 시절에 겪었던 경쟁 교육을 또다시 아이들이 반복하겠구나 싶어서요. 어떻게 하든 그런 교육을 받게 해서는 안 되겠다는 생각에서 집사람과 다짐했어요. 아이의 통지표나 성적표에 연연해하지 말자, 아이가 친구 잘 사귀면서 심신이 튼튼하게 자라도록 보살피자, 자기 꿈을 가지게 되면 그 꿈을 밀어주자고 말이죠. 마침 1997년 고려대 안암(서울)과 서창(세종) 양쪽에서 교수 모집이 있었는데 더 생각할 필요도 없이 서창캠퍼스를 택했죠. 당시 과천에 살았는데 아이 셋을 데리고 기쁘게 이사했어요.

∥ 여기 와서도 아이들을 멀리 산청과 제천에 있는 대안학교에 보냈잖아요. 둘째와 셋째가 간 학교는 학력 인정도 안 되는 곳이었는데 아이들이 또래 간 경쟁에서 밀릴 수 있다는 걱정은 없었어요?

그런 고민은 없었어요. 큰애가 집에서 가까운 중학교에 진학해서 무난하게 생활했죠. 수학 선생님이 '애는 영재교육을 좀 시켜야 되겠다'고 전화를 해올 정도였어요. 사실 영재는 아닌데요. 하하. 학교 차원에서는 밀어주고 싶은 아이에 속했나 봐요. 그런데 제가 '선생님 마음은 고맙지만, 제발 우리 애는 그냥 놔두세요'라고 했어요. 다른 부모들은 우리 애 좀 영재반에 넣어달라고 하는데 저는 제발 놔두라고 했으니 선생님이 쇼크를 받았나 봐요. 그 소문이 이 동네에 퍼지면서 약간 전설이 되기도 했었죠. 하하.

"분명히 세상이 변해야 나도 살기가
편한 게 맞지만, 남의 탓을 하거나 사회구조
탓만 하는 것은 좀 무책임한 태도라고 봐요.
내가 원하는 사회가 있다면 '나부터'
실천하는 것이 책임성 있지 않겠어요?
다른 말로 하면, 나 속에서 세상을 실현하고
싶다는 개념이죠. 내가 살면서 나를 확장한
모습이 세상이 되도록 하면 내가 원하는
삶이 곧 사회에 구현되는 셈이죠.
그래서 '나부터' 할 수 있는 만큼
해보자는 생각이죠."

동사무소 직원이 지어준 이름 '수돌'

∥ 학교에서 아이 공부를 더 시켜주겠다는데도 거부하고 대안학교를 택한 거네요.

아이 선택이었어요. 중2 때였는데 아이가 어느 날 자기에게도 꿈이 생겼대요. 뭐냐고 물었더니 중학교 교장 선생님이 되고 싶다는 거예요. 꿈치고는 독특해서 왜 그러냐고 했더니 '늦게 온다고 두드려 패지 않고 머리 길다고 바리캉으로 머리를 밀지 않는 학교를 만들고 싶다'는 거예요. 꿈이라기보다는 학교에서 받는 스트레스를 표현하는 거잖아요. 고등학교는 그것보다 더할 텐데 아이 가슴에 멍이 너무 많이 들겠구나 싶더라고요. 그래서 '아이한테 아빠가 후원하는 작은 대안학교가 있는데 거기 캠프 한번 가볼래?'라고 제안했죠. 아이가 다녀오더니 '꼭 그 학교에 가겠다'고 하더라고요. 그게 산청에 있는 간디학교였어요. 아래 둘은 큰애 학교 행사 때 가끔 가보고는 자기들은 중학교 때부터 대안학교에 가겠다고 하는 거예요. 할 수 없이 중학교 과정이 있는 제천 간디학교에 가서 고교 과정까지 마쳤어요. 중·고교 과정은 나중에 모두 검정고시를 봤죠.

∥ 대안학교도 종류가 많은데 교수님 자녀들이 다닌 학교는 대학을 목표로 하는 곳이 아니잖아요. 그곳을 나오면 현대 사회가 요구하는 스펙인 대학 졸업장을 쥐기가 힘들 수 있는데 그런 걱정도 안 했어요?

제가 자본주의를 너무 빨리 알아버렸나 봐요. 하하. 저는 일종의 고급 노동력으로 살아가지만 노동력으로 규정되는 삶이 답이 아니라는 것을 알아버렸잖아요. 하하. 제가 독일까지 가서 공부하고 온 결론은 '노동력으로서의 삶이 아니라 인격체로서의 삶이 중요하다'는 것입니다. 박사 공부를 하면서 이 한 줄의 진리를 얻었죠. 물론 사람들이 살아가는 데 아무래도 많이 배우고 또 이름 있는 대학 출신이 더 유리하다는 것을 모르지 않습니다만, 진짜 중요한 거는 내면의 행복이죠. 자기 내면의 행복이 중요하지 남들이 보는 시선이 적어도 1차적인 기준이 되어서는 안 된다고 봐요. 그런 생각에서 아이들의 의사를 존중하면서 그들의 학교나 진로를 선택해왔으니 후회나 걱정할 일도 없죠. 애들도 그렇게 키워줘서 다 고맙다고 해요. 특히 큰애는 졸업할 때 '대안학교에 갈 수 있게 해줘 너무나 고맙다'면서 눈물까지 흘렸어요. 그 이야기를 들으면서 저도 눈물이 났고요.

강수돌의 큰아이는 고교 졸업할 때쯤 재즈 피아노를 하겠다고 말했다. 졸업 뒤 서울의 음악학원 및 군 생활을 마치고 미국 버클리 음대 교수들이 각국을 돌면서 실시하는 오디션에 참가했다가 장학금 일부를 제안받고는 뒤늦게 대학에 가서 대학원까지 마쳤다. 지금은 청소년, 성인 등에게 재즈 피아노를 가르치면서 독립해 산다. 딸인 둘째는 대안학교 졸업 뒤 혼자 캐나다로 건너가 전문대에서 2년 동안 제과·제빵 공부를 해 토론토의 제빵회사에 취직했다. 셋째는 고교 졸업 뒤 1년 동안 유기농업을 배우고는 군 복무 뒤 스포츠 물리치료사로 방향을 바꿨다. 전문대를 거쳐 건양대에서 물리치료를 공부하고 있다. 인터뷰 때 집에서 만난 셋째는 "지금 배우는 게 재밌고 행복하다"며 "부모님께 감사하다"고 말했다.

॥ 대안학교가 고교 과정인데 거기를 졸업한 뒤의 진로에 대해서는 순전히 아이들 스스로가 결정했어요?

그렇죠. 자기들이 선택한 길이죠.

∥ 아이들이 대학을 안 가도 아무 문제 없다고 정말로 생각했나 봐요. 재산을 쌓아둔 것도 전혀 아닌 것 같은데 부모로서 무책임한 거 아닌가요? 하하.

질문 자체가 자본주의적이에요. 하하. 자본주의를 떠나서 생각하면 길이 보이잖아요. 그러니까 아이들을 자본의 노동력으로 생각하면 분명히 공부를 많이 시키고 스펙을 갖추도록 해야 해요. 그러나 노동력이 아니라 인격체로 생각하면 몸과 마음이 건강하고 친구가 있는 게 가장 중요하죠. 그러면 진로는 스스로 찾아가죠. 그런 것을 저는 유기농 교육이라고 불러요. 유기농 교육을 받으면 자본이 편성한 사다리 서열에서 높은 곳에는 못 올라가더라도 비바람에 흔들리지 않고 혹시 거센 바람에 쓰러지더라도 스스로 일어날 힘이 있죠. 그런데 경쟁 교육은 비료와 농약으로 키우는 작물처럼 비바람에 한번 쓰러지면 다시는 못 일어나죠.

∥ 일류 대학이 아니라 일류 인생을 목표로 해야 한다는 교수님의 평소 철학대로 아이들을 키운 것 같군요.

네, 일류 대학이나 일류 직장이라는 개념은 정말 문제가 많아요. 그런 것은 100명 중에서 많이 잡더라도 10명에게만 해당되거든요. 그러면 나머지 사람은 뭐가 되죠? 이류, 삼류라는 거잖아요. 이건 답이 아니죠. 일류 학생과 이류 학생으로 나누어지는 컨베이어 라인을 탈 게 아니라 아이들이 자신의 다양한 끼를 찾아가도록 도와주어야 해요. 그러면 실력자가 되더라도 권력이나 돈에 중독되지 않고, 봉사하는 사람이 돼요. 각자의 꿈을 실현하면서 사회에도 유익하게 사는 게 일류 인생이죠. 그런 인생에는 인원 제한이 있는 게 아니잖아요.

‖ 남들과 다른 길을 걷는 게 쉽지 않을 텐데 어떻게 그렇게 초지일관할 수 있었어요?

1989년 어려운 시절에 독일로 유학 가면서 나름의 결심을 했어요. 나를 일부러 내세울 필요는 없겠지만, 언제 어디에 내놔도 부끄럽지 않게 살자고 말입니다. 자본의 관점이 아니라 인간의 관점, 민중의 관점으로 세상을 보면서 학문을 하자고 결심했죠. 그런 초심을 유지하려고 끊임없이 경계하고 스스로를 채찍질했죠. 생각 없이 세상을 따라가다 보면 자칫 '한때는 괜찮았던 사람'으로 전락하기 쉽거든요.

강수돌은 경남 마산이 고향이다. 막노동꾼인 아버지는 마산의 신월동 등 산동네 판잣집에서 아들 셋 등 다섯 식구를 겨우 건사했을 정도로 평생 가난했다. 늦둥이가 탈 없이 쇠처럼 튼튼하게 자라길 바라는 마음에서 '쇠돌이'라 불렸는데 호적 신고를 할 때 동사무소 직원이 한자가 없는 '쇠' 대신에 '수(守)' 자로 바뀌었다. 나라가 지어준 이름을 가진 강수돌(姜守乭)은 공부를 잘해 장학금으로 중·고교와 대학을 마칠 수 있었다. 전형적인 '개천에서 난 용'이다.

‖ 대학교수 강수돌보다는 마을 이장 강수돌이 더 유명해요. 하하.

저도 처음에는 비교적 조용히 살려고 주민들이 사는 곳보다 훨씬 안쪽에 집을 지었어요. 그런데 마을에 송전탑 문제가 불거졌어요. 고려대 뒷산과 제가 사는 마을 복판을 고압선이 지나간다는 거예요. 그 싸움을 하면서 주민들이 저에게 도움을 요청하는데 생명과 환경을 중시하는 학자로서 가만히 있을 수가 없잖아요. 주민설명회 때 송전탑 싸움을 위한 국내외 자료들을 구해 들고 가서 내놓았죠. 결국 한전에서 두 손 들고 지

중 매설로 갔어요. 그때부터 진짜 마을 주민이 됐죠. 그리고 몇 년 지나서 이번에는 마을 한가운데에 고층 아파트가 들어온다는 거예요. 아파트를 지을 수 없는 땅인데 당시 이장과 몇몇 투기 세력, 행정 권력이 한통속이 돼 서류를 조작해서 땅의 용도를 바꾼 거죠. 그것을 파헤치고 마을 지키기에 나서다 보니까 이장에 추대됐고, 연임까지 했어요. 제가 공부도 해야 하고 다른 역할들이 있으니까 마음만큼 어울리지는 못하지만, 동네 사람들과 만나서 막걸리 한잔 나눌 때는 사람 사는 맛을 알 것 같더라고요.

인터뷰 때도 동네의 한 식당에서 만난 인근 주민들은 그를 금방 알아봤고, 서로 반갑게 인사를 나눴다.

집안 수세식 화장실도 없애

그는 20여 년 동안 텃밭 농사를 지은 농부이자 생태순환적 삶을 살아온 환경운동가이기도 하다. 1999년에 지은 그의 집은 전통적이면서도 친환경적인 귀틀집이다. 나무로 네 모서리의 틀(귀틀)을 맞춘 뒤 나무 사이 공간은 황토로 채운 집이다. 갈라진 틈새 등을 보수하기 위해 몇 년 전 대대적인 수리를 하면서 창과 출입문을 단열이 잘되는 것으로 바꿨지만, 기본 틀과 재료는 처음 그대로다. 10년 전쯤 집수리하면서 집 안의 수세식 화장실을 아예 생태 화장실로 바꿨다. 소변은 별도의 통으로 흘러들고, 대변은 톱밥이나 왕겨 등으로 덮어서 처리하는 방식이다. 각각 별도로 발효시킨 대소변은 집 앞 텃밭의 거름으로 쓰인다. 그 전에는 집 밖에만 생태 화장실이 있었고, 주로 강수돌만 이용했다. 부인은 "처음에는 약간 불편했지만, 지금은 화장실 물을 안 내리니까 환경에 대한 죄책감이 없어서 좋다. 집 안에 설치한 초창기에는 뒤처리는 남편이 도맡아 했는데 지금은 나와 아들도 쓱쓱 잘 치운다"고 말했다.

∥ 전공도 아닌데 생태와 환경에는 언제부터 관심을 가지게 됐어요?

우선은 제 전공과 직결됩니다. 하하. 자본주의는 생산성에 치중하잖아요. 투입 비용을 줄이는 대신에 산출을 늘리는 경쟁을 하죠. 그런 경쟁 과정에서 비용을 줄이기 위해 자연을 함부로 훼손하거나 오염된 것을 정화하지 않고 그대로 내보내죠. 또 정규직을 비정규직으로 돌리거나 사람을 마구 잘라내고요. 이런 것은 다 자연이나 인간 생명력을 좀먹는 것이고, 결국 생산성이 아니라 '파괴성'으로 치닫는 거죠. 그런 문제의식이 있다면 생명력과 생태에 관심을 갖는 것은 당연하지 않겠어요? 둘째는 독일 생활에서 큰 영향을 받았어요. 제 지도교수가 학교에서 한 시간 정도 떨어진 시골에 살았는데 논문을 상의하러 가끔 찾아가서 보면 완전히 농부로 살더군요. 양을 키우면서 사료 대신에 건초를 먹이고, 사과나무 등에는 농약이나 제초제, 비료를 전혀 사용하지 않더라고요. 핵 발전을 반대하고 사회연대 운동도 하면서 실제 삶을 자신의 철학대로 사는 것을 보면서 감동했죠.

강수돌은 지도교수인 홀거 하이데와 『자본을 넘어, 노동을 넘어』, 『중독의 시대』 등을 공동으로 쓰는 등 지금도 활발하게 교류하고 있다.

‖ 그 얘기를 듣고 보니 한 사람이 끼치는 선한 영향이 얼마나 큰지 새삼 느꼈어요.

이론과 실천이 하나로 수렴되도록 살아보려고 나름으론 노력하는데 그다지 훌륭한 것은 못 돼요. 저는 차도 사용하죠. 또, 전기도 가능하면 안 쓰거나 덜 써야 되는데 그러질 못하는 등 여러 면에서 철저하지 못하거든요. 늘 마음 한구석에서 자책하고 있죠. 그레타 툰베리가 절박하게 호소하듯 지구에 불이 났는데 정치인이나 기업가, 교수, 언론인들이 다 너무 쾌적하게 살고 있어서 문제예요.

‖ 그러게요. 작은 것부터 각자가 실천하는 게 중요한데 말이죠.

저는 이렇게 생각해요. 분명히 세상이 변해야 나도 살기가 편한 게 맞지만, 남의 탓을 하거나 사회구조 탓만 하는 것은 좀 무책임한 태도라고 봐요. 내가 원하는 사회가 있다면 '나부터' 실천하는 것이 책임성 있지 않겠어요? 다른 말로 하면, 나 속에서 세상을 실현하고 싶다는 개념이죠. 내가 살면서 나를 확장한 모습이 세상이 되도록 하면 내가 원하는 삶이 곧 사회에 구현되는 셈이죠. 그래서 '나부터' 할 수 있는 만큼 해보자는 생각이죠. 그리고 사회구조나 지도자들의 잘못을 손가락질할 때 '나부터' 잘하고 있어야 힘이 있잖아요. 내가 안 하면서 지적질을 하면 그 손가락에 힘이 안 생기죠.

‖ 그러나 나만 실천하고 사회구조를 못 바꾸면 반쪽짜리 성공도 안 되는 게 아닐까요?

당연히 개인의 행위와 사회구조 변화가 선순환을 이뤄야죠. 나부터 실천하면서 사회구조도 바꾸자는 사람이 많아질 때 사회가 조금씩 나아집니다. 그러면 새로운 시공간이 열려서 개인이 실천할 새로운 여지가 더 생기게 되지 않겠어요? 저는 그런 개인적 실천이 어떤 몸부림 같은 것이라는 생각이 들어요. 빡빡한 출근길 지하철에서 각자 개인이 옆 사람을 배려하면서 자기 공간을 만들 때 콩나물시루 같은 곳이 그래도 견딜 만한 곳이 될 수 있고, 그런 사람들은 당연히 차량 증편 등 구조적인 변화를 요구할 겁니다. 그처럼 각 개인들이 인간답게 살아가기 위해서 필요한 조건이나 상황을 스스로 확보하고 실천해가면서도 사회 전체의 바람직한 것을 상상하고 함께 만들어가야죠.

"중심이 아니어서 더 좋아"

‖ 앞으로 계획은 뭔가요?

일단 쉬려고 하는데 그냥 푹 쉬게는 안 되더라고요. 이런저런 강의 요청이 많아요. 근데 사실 저는 학교 강의보다 시민을 상대로 하는 외부 강의가 편해요. 학교에서는 학생평가를 해야 하잖아요. 지난 25년 동안 제일 고통스러웠던 게 기말평가를 할 때였어요. A, B, C로 등급을 나눠서 평가를 하는 것은 모두에게 상처를 주는 거거든요. 그런 평가는 학생들을 소위 인적자원으로 분류하는 것이고, 그들을 어떤 틀 속에 가두는 것이죠. 평가가 없는 공부가 진짜 공부인데 이는 학교 바깥에서 오히려 이뤄지죠. 그런 일을 하면서 심신을 천천히 추스르려고 해요. 그다음의 계획은 아직 없어요. 여기서 계속 살지 아니면 삶의 공간을 이동할지 고민 중인데 장기적으로는 고향 근처로 가고픈 마음이 있습니다. 어디에 있든 지금과 비슷하게 살 겁니다. 주경야독하면서.

‖ 움직이더라도 지금보다 더 주변으로 가겠군요? 하하.

그렇죠. 서울 내지 중심을 향하는 삶은 그 속에서 또 고지를 점령하려 하는데 그런 고지는 1%에게만 주어지는 특권 내지 기득권이죠. 그런 것보다는 오히려 변방을 향하고 주변을 향하는 삶이 자기 개성과 색깔을 잘 드러내게 되죠. 고 신영복 선생도 얘기했듯이 중심을 향하면 모두가 획일화되잖아요. 반대로 방향을 바꿔 주변을 향해 보세요. 그러면 각자 자기만의 삶이 열리고, 아까 얘기한 일류 인생을 누구나 살 수 있죠. 실제로 각자 자기의 삶을 꽃피우는 삶이 아름다운 거지 획일적인 곳에서 1등부터 줄서기식으로 살아가는 것은 군대 같잖아요.

‖ 비주류, 소수자의 삶을 오히려 즐기는 것인가요?

자기 삶을 즐기는 건 맞는데 스스로 소수자라고 생각한 적은 없어요. '주변인이 되어도 좋다'가 아니라 '주변이어서 좋고, 중심이 아니어서 좋다'는 거죠. 그냥 나를 찾아가는 삶을 살아갈 뿐이죠.

강수돌은 조기 퇴직금의 절반이 넘는 2억 원을 학교에 기부했다.

‖ 노후 생활도 해야 하고 아이들도 세 명이나 있는데 거액을 내놓았어요.

노후를 걱정해 본 적이 없고요. 소비를 많이 하지 않으면 부자로 살 수 있어요. 하하. 총장한테 이렇게 얘기를 했어요. 지난 25년 동안 교육과 연구와 봉사라는 교수의 3대 직분을 나름대로 수행해왔는데 그것은 고려대라는 울타리가 있어서 가능했다, 감사의 마음을 돈으로 표현하는 게 결례가 될 수도 있지만, 학교에 도움이 된다면 나로서는 그렇게라도 보답을 하고 싶다고 말입니다.

∥ 가족들도 동의했나요?

집사람하고는 상의를 했는데 동의했고요. 아이들은 아빠가 하는 일이니 흔쾌히 따라줬죠. 기부식 때 막내아들도 같이 갔어요.

그는 인터뷰가 끝날 즈음 "포장되지 않게 좀 깎아내리면서 써달라"고 다시 당부했다. 그 말이 귀에 남아 가급적 사실만 전하려고 애썼지만, 그는 이번에도 '과대 포장됐다'고 할지 모른다. 그러나 어쩌랴. 자본주의 사회에서 탈자본주의적인 그의 삶 자체가 남다른걸.

후기

강수돌(61) 교수의 집을 보지 않고는 그가 실천하고 있는 대안적 삶의 모습을 알기 어려울 것 같았습니다. 집이 언론에 나갈 때마다 구경 오는 사람들이 많아서 힘들다면서 집에 가기를 내켜 하지 않는 그를 간신히 설득해서 고려대 서창캠퍼스에서 멀지 않은 그의 집으로 향했습니다.

대학교수가 마을 이장(충남 세종시 조치원읍 신안1리)에 추대되는 계기가 됐던 고층 아파트 단지는 결국 완공돼 시골 마을 한복판에 우뚝 서 있었습니다. 아파트 단지를 왼쪽으로 끼고 돈 뒤 논밭 사이로 난 길을 따라 500미터쯤 올라가자, 그의 집이 뒷산 자락 끝에 나지막이 자리하고 있었습니다. 집 마당에 서니 그 아파트 건물이 병풍처럼 시야를 막았습니다.

그 꼴이 보기 싫은 듯 강 교수는 이내 고개를 돌리더군요. 그러나 주인을 만난 마당의 개는 껑충껑충 뛰고, 닭장의 닭들도 보호자의 귀가를 아는 듯 꼬꼬댁하면서 연신 울었습니다. 강 교수는 개를 안고 충분히 쓰다듬어준 뒤 이번에는 닭장으로 가서 모이 한 사발을 퍼 주고 물을 새로 갈아줬습니다. 그제야 집 안이 조용해졌습니다.

강 교수가 흙과 통나무로 손수 지은 귀틀집과 생태 화장실, 퇴비장과 텃밭은 그가 생태순환적 삶을 강조하는 이론가가 아니라 실천가임을 보여주는 듯했습니다. 텃밭을 함께 둘러보면서 나도 주말농장을 하고 있다고 하자, "여기 잠깐 있어 봐요" 하더니 바로 호미를 찾아들고는 밭 한쪽에 자라고 있는 참나물과 방앗잎을 뿌리째 한 움큼씩 캐 주었습니다.

그는 2022년 3월 22년간 살았던 신안1리를 떠나 고향(경남 마산)과 가까운 하동으로 이사했습니다. 그는 "가급적 조용히 살려고 한다"고 말했지만, '강수돌 바람'이 새로 정착한 마을에 퍼지는 것은 시간문제가 아닐까 싶습니다. 조치원에서 가져간 야외 생태 화장실처럼 그의 삶이 거기서도 그대로이기 때문입니다.

(2021년 5월 27일 인터뷰)

"판검사들이 변할지 여성들이 두 눈 뜨고 지켜볼 겁니다"

06

최말자

'56년 만의 미투'

1946년 경남 김해에서 태어났다. 1964년 자신을 성폭행하려던 남자의 혀를 잘랐고, 법원은 그에게 징역 10개월에 집행유예 2년을 선고했다. 예순네 살의 나이에 중학교 공부를 시작했고, 2019년에는 방송통신대 문화교양학과를 졸업했다. 2020년 5월, 사건 이후 56년 만에 부산지법에 재심을 신청했다.

그는 56년 전 성폭행을 하려던 남자의 혀를 엉겁결에 깨물어 잘랐다. 당시 우리 사회는 그를 성폭력 피해자가 아니라 남자를 언어장애인으로 만든 가해자로 내몰았다. 열여덟의 소녀는 남자들이 주도하는 세상의 질서에 당당하게 맞섰다. 자신에게 죄를 뒤집어씌우는 경찰과 검찰에 맞서 묵비권을 행사했으며, 재판정에서는 "나는 잘못한 게 없다"고 외쳤다. 그러나 그의 목소리는 묵살당했다. 억울함과 분노를 가슴속에 묻어야 했지만, 언젠가는 바로잡겠다는 생각을 잠시도 멈추지 않았다.

56년 만에 재심을 신청한 최말자 씨에게 정중하게 인터뷰를 요청했다. 그는 당시의 일을 다시 떠올려야 하는 괴로움 때문에 한동안 주저했다. 어느 쪽이든 그의 선택을 존중하겠다는 마음으로 기다리자, 만나겠다는 답이 왔다. 부산여성의전화에서 만난 그는 예상했던 대로 몸은 꼿꼿하고, 마음은 단단했다.

‖ 재심 신청하고 난 후로 어떻게 지내세요?

솔직히 좀 힘들어요. 이게 쉬운 일이 아니고, 간단한 문제가 아니잖아요. 여성의전화 분들이나 지인 등 옆에서 도와주는 사람들이 많아서 그나마 이렇게 용기를 내고 있어요.

그의 양쪽 눈가가 많이 부풀어 있었다. 피곤이 누적되고, 최근 신경을 많이 써서 그렇다고 했다.

"사법 지식인이 쓴 판결문 맞나"

∥ 평생 마음속에 눌러뒀던 것을 쏟아낸 뒤 마음은 좀 편해졌나요?

편해졌다고 하면 거짓말이겠죠. 이 일이 앞으로 어떻게 될지 신경이 많이 쓰여요. 그러나 한편으로는 후련하죠. 제가 혼자서 그 상처를 끌어안고 56년 넘게 살아왔지 않습니까. 여태까지도 친구들이나 부모 형제에게조차 전혀 아픈 속을 얘기하지 않았거든요. 기자회견 하기 전에 초등학교 친구들 모임에 가서 처음으로 이런 일을 시작하려고 한다고 터뜨렸어요. 말없이 그냥 듣는 친구가 있는가 하면 너도 억울하지만 너보다 더 억울한 일을 당하고 사는 사람도 엄청 이 사회에 많으니까 너무 분분하지 말고 그냥 네 소신껏 해봐라 하고 응원해주는 친구도 있었어요. 사실 저는 이걸 묻어두고 갈 수는 없다고, 기자나 유능한 소설가를 만나서 세상에 알려야겠다는 생각을 계속 해왔어요.

∥ 언제부터 그런 생각을 했어요?

사건이 났을 때부터죠. 어린 나이에 말로 다 표현하지 못했지만, 너무 억울했어요. 어릴 때부터 집에서 크게 억압을 받는다든지 부모한테 강압을 당하고 살지 않았는데 검사라고 하는 낯선 남자가 욕을 하면서 사람을 잡아먹을 듯이 압박을 하니 내가 감당을 못 하겠더라고요. 왜 내가 여기 와서 이 욕을 먹어야 하는지조차 모르겠더라고요. 그런 억울한 심정을 지니고 살아왔는데 이번에 판결문을 처음 보고는 재차 충격을 받았어요. 이게 지식인이라고 하는, 법을 다루는 사람들이 내릴 수 있는 내용입니까? 판결문을 보고는 '이것은 끝까지 가야 하는구나' 하는 생각을 더 굳혔어요.

판결문(1965년 1월 12일)은 "피고인이 한 본건 상해 행위가 비록 강제 키스로부터 처녀의 순결성을 방위하기 위하여 한 것이라 하더라도 혀를 끊어버림으로써 침해자를 일생 말 못 하는 불구의 몸이 되게 하는 것과 같은 하는 방위 행위는 일반적, 객관적으로 볼 때 법이 허용하는 상당한 방위의 정도를 지나친 것이라 할 것이며, 아울러 이러한 피고인의 지나친 행위가 야간에 흥분 또는 당황으로 인하여 일어난 것이라고는 보기 어려운 것이다"라고 밝혔다.

‖ 판결문의 어떤 점이 제일 충격이었어요?

피해자를 가해자로 만들어놨지 않습니까? 저는 지금도 법은 잘 모릅니다. 그러나 원인을 제공한 것은 없어지고 결론만 가지고 이야기를 해놨지 않습니까? 그리고 강간 미수사건에 대해서는 쏙 빼버리고, 그놈이 우리 집에 불법으로 침입해서 소를 끌고 나가고, 부엌에 있는 칼을 집어들고 우리 마루를 두드리면서 다 죽이겠다고 횡포를 부린 것만 기소했잖아요. 그게 말이 됩니까? 내가 그랬어요, 이거는 아주 무식한 놈들이 내린 결론이지, 사법이니 지식인이니 하는 사람이 했다고 할 수가 없다고요. 이 권력자들이 한 짓을 보면 정말 분노가 솟습니다. 기자님도 남자여서 말하긴 그렇지만, 가부장제 시대부터 남자들이 권력을 가지고 있고, 지금도 그걸 그대로 유지하고 있지 않습니까. 이게 말이 안 되지 않습니까? 변해야죠.

1964년 5월 6일 저녁은 깨어나지 않는 악몽처럼 최말자의 인생에 긴 그림자를 드리웠다. 그날 저녁 이웃 마을에 사는 친구 두 명이 제사 떡을 전해주려고 찾아왔다. 처음 보는 남자(당시 스물한 살의 노 아무개)가 친구들을 대문까지 뒤쫓아왔다. 길을 알려달라는 핑계가 수상했지만,

최말자는 친구들을 안전하게 귀가시키기 위해 남자를 다른 길로 안내했다. 집에서 100m쯤 떨어진 곳에 이르자, 남자는 갑자기 그를 길바닥에 쓰러뜨린 뒤 성폭행을 시도했다. 그는 자기 입 안으로 들어오는 무언가를 느끼는 순간 놀라서 깨물었고, 남자의 혀가 1.5㎝ 잘렸다. 남자는 며칠 뒤 집으로 쫓아와 난동을 부렸다. 경찰은 최말자의 행위를 정당방위로 인정하고, 남자에 대해서만 강간미수 등의 혐의로 검찰에 넘겼다. 그러나 검찰은 이를 뒤집어 최말자를 중상해죄로 구속 기소하고, 남자는 특수협박과 주거침입 혐의만으로 불구속 기소했다. 이듬해 1월 부산지법 형사부(재판장 이근성)는 최말자에게 징역 10개월에 집행유예 2년, 남자에게 징역 6개월에 집행유예 2년을 선고했다.

변호사조차 "양쪽 혼인 중매할 터" 변론

‖ 검찰이 조사할 때 강하게 윽박질렀다고요?

처음에 한두 번은 내가 얘기한 대로 쓰더니 그 뒤로는 이년, 저년, 죽일 년이라고 욕을 하면서 '네가 남자를 불구로 만들었으면 책임을 져야 할 거 아니냐, 너 계획적으로 했지'라면서 책상에 일어서서 의자에 발을 올려놓고 때릴 것처럼 막 협박을 했어요.

‖ 사회 경험도 없는 미성년자가 변호사나 보호자도 없이 강압 수사를 받았으니 얼마나 공포스러웠겠어요.

그러니까요. 검사가 그렇게 발광을 하면 그냥 눈을 딱 감고 있었죠. 그러면 '왜 말 안 하냐, 바르게 말해라, 네가 고의적으로 한 거 아니냐'고

또 고함을 쳐요. 그런 분위기에서 무슨 말을 하겠습니까. '난 모릅니다'
하고 버텼죠.

법정에서도 그는 조금도 주눅 들지 않고 당당하게 무죄를 주장했다.
1964년 10월 22일, 「부산일보」는 전날 결심이 열렸던 법정 모습을 자
세히 보도했다.

> 변호인: "(검사 조서를 전부 인정한다고 전제하고 피고에게) 지금의
> 심정은?"
> 최: "미안한 생각 없습니다."
> 재판장: "처음부터 노 피고에게 호감이 있었던 게 아니냐?"
> 최: "없었습니다."
> 재판장: "노 피고와 결혼해서 살 생각은 없는가?"
> 최: "없습니다."

가해자와의 결혼 얘기는 경찰, 검사, 판사에 이어 변호사조차 했
다. 변호사는 최후 변론 때 "'총각 혀 자른 키스 사건'으로 ○○군이나
○○양이 이미 딴 처녀 총각과 혼인하긴 우리 사회 풍습으로 보아 어
려운 일이니 본 변호인이 팔 걷고 나서 양쪽 부모들로 하여금 한 번 더
마음을 돌리게 해서 ○○군과 ○○양의 혼인 중매에 나서겠다고 열변
을 토했"다.(「부산일보」 위 보도) 그러나 어린 최말자는 내내 단호했으
며, 자기 의견이 분명했다.

▮ 가해자 쪽과 합의하라는 요구에 대해서도 단호하게 반대했다고요?

그놈이 경찰서에서부터 저랑 결혼을 시켜달라고 했대. 내가 짐승보다

못한 저 인간을 쳐다보기도 싫은데 그게 말이 됩니까? 내가 당한 걸 생각하면 법이 없으면 돌이라도 가지고 죽이고 싶은 심정인데 결혼을 하자는 게 이게 말이 됩니까? 경찰에서도 검찰에서도 그렇게 결혼 얘기를 했지만, 저는 절대로 못 한다고 했죠. 못 한다고 하니까 그럼 돈을 주고 합의를 하라고 해요. 왜 돈을 줍니까? 내가 뭘 잘못했는데 돈을 줍니까? 아버지가 면회를 오셨길래 '단돈 십 원도 주지 마세요. 내가 잘못한 것도 없는데 왜 돈을 줍니까. 만일 내가 죄가 있다면 더 살죠'라면서 당당하게 이야기했어요. 그랬더니 아버지가 안 주겠다고 저한테 말했어요. 그런데 나중에 석방돼서 알아봤더니 땅 한 뙈기를 팔아서 돈을 줬더라고요.

최말자는 1946년 경남 김해시 대동면의 한 농가에서 1남 4녀 중 셋째 딸로 태어났다. 언니들에 이어 셋째도 딸이자, 집안사람들은 딸은 이제 그만 나오라는 뜻에서 그를 '마자'라고 불렀다. 호적 등록할 때 면사무소에서 한자어인 '말자'로 바꿨다. 어른들의 소원대로 그의 바로 밑동생은 남자였다. 최말자는 그제야 집안에서 이쁨을 받았고, 특히 외갓집에서는 사내를 점지한 복덩이라고 기를 세워줬다.

아버지는 성실하고 머리가 좋았다. 논농사 소출이 남들보다 월등했을 뿐 아니라 여름에는 수박, 겨울에는 배추 농사를 지어서 돈을 많이 벌었다. 고향 기와집의 마루 찬장 하나가 웬만한 집 한 채 값이 나갈 정도의 부잣집이었다. 자녀들 가운데 최말자는 유독 공부하기를 좋아했지만, 아버지는 언니 두 명과 마찬가지로 초등학교까지만 보내고 중학교에 진학시키지 않았다.

‖ 56년 만에 재심 신청을 결심하게 된 계기는 뭐였어요?

제가 어릴 때 공부를 그렇게 하고 싶었는데 초등학교밖에 못 다녔잖아요. 아버지한테 중학교를 보내달라고 혼자서 방문을 걸어 잠그고 이틀 동안이나 투쟁을 했는데도 안 됐어요. 그렇게 투쟁했는데도 우리 아버지는 조금도 안 흔들렸어요. 저나 아버지나 다 최씨 고집이죠. 하하.

‖ 여자라고 안 보냈군요.

그렇죠. 여자가 너무 똑똑하면 안 된다면서요. 그때 공부 못 한 게 한으로 남아 있었는데 그걸 잘 아는 여동생이 어느 날 엄마들도 공부할 수 있는 학교 광고를 신문에서 보고 전화를 해줬어요. 다음 날 바로 그 학교(보경보건고등학교 및 병설 중학교)로 찾아가서 공부를 시작했죠. 2009년이었으니까 우리 나이로 예순네 살 때였어요. 중·고등학교를 4년 만에 마쳤는데도 너무 아쉽지 않습니까? 더 할 수 있는 방법이 없나 생각하고 있는데 같이 공부한, 나보다 다섯 살 많은 형님뻘 되는 동창이 방송통신대를 간다고 하더라고요. '형님, 나도 가면 안 되나?' 물었더니 '왜 안 돼'라고 해서 둘이 부산 방통대를 찾아갔죠. 학교 관계자하고 얘기를 했더니 문화교양학과를 가라고 추천을 해줬어요. 그게 뭔지도 모르고 시작했죠. 하하. 공부를 한 게 큰 힘이 됐죠.

‖ 어떻게요?

저희 과는 졸업을 하기 위해서는 논문을 써야 했어요. 저는 저한테 제일 중요한, 그동안 쌓여 있는 한을 논문으로 쓰려고 마음먹고 대략 써놓았어요. 그걸 써놓고 우리 과 동기회장을 집으로 불렀어요. 저보다 나이가 젊지만 저를 많이 도와줬어요. 제가 처음 입학해서 2학년까지는 노력을 많이 해도 과락이 많았는데 그걸 알고는 회장이 한번은 우리 집에 와서 '언니, 앉아봐라' 하면서 노트북 사용법 등 그야말로 고기 잡는 법을 알려준 거라. 그때까지 컴퓨터에 파일을 저장하고 다시 불러오는 것을 몰랐는데 그걸 배우니까 밤새 안 해도 되고, 그렇게 쉽더라고요. 그 뒤 스터디도 같이 하는 등 제가 의지를 많이 한 사람이에요. 그 회장한테 글을 보여주기 전에 먼저 사실대로 제가 걸어온 것을 쭉 얘기했어요. 그랬더니 기가 차서 가만히 있더라고. 그러고는 '이걸 어떻게 여태까지 참고 살았냐'면서 나를 끌어안고 우는 거예요. 내가 '이게 너무 큰 숙제인 줄은 아는데 근데 안 할 수는 없어서 이렇게 했는데 어떻게 하면 되겠냐'고 물었어요. 회장은 '논문은 논문이고, 사건은 사건이니까 분리를 해서 논문을 먼저 끝내놓고, 이 문제는 다시 풀자'고 하더라고요.

최말자는 2019년 8월 논문을 쓰고 졸업을 했다. 그 뒤 동창회장은 약속대로 최말자가 50여 년간 가슴에 품고 있던 숙제를 푸는 것을 적극 도왔다. 그의 재심 기자회견을 돕는 등 지금도 가장 큰 후원자 중 한 명이다.

▍졸업한 뒤부터 본격적으로 추진했겠네요?

네. 회장이 이건 자기가 태어나기 전의 일이라면서 인터넷에서 샅샅이 검색해서 신문 기사를 몇 개 찾았어요. 그걸 보고는 '언니, 이건 서울로 가야 되겠다. 서울로 가서 문을 두드리자'고 했어요. 당연히 '나는 따라간다'고 해서 시작됐지요.

강물은 무서워서 수면제를…

최말자는 2019년 12월 한국여성의전화를 처음 찾았다. 여성의전화는 판결문을 입수하고, 변호사를 연결하는 등 재심 신청 준비를 도왔다.

‖ 2018년 초 서지현 검사의 폭로로 미투 물결이 이어졌는데, 그런 것도 힘이 되지 않았나요?

그런 면도 많죠. 나도 해야겠다고. 그런 뉴스를 텔레비전에서 보면서 속에서 막 화가 치밀어 올라왔어요. 또 학교에서 '성, 사랑, 사회'라는 과목이 있었는데 그 공부를 하면서 여성이 과거 농경시대, 가부장시대에 얼마나 보호를 못 받고 차별받았는지를 알게 됐어요. 우리 삶의 질이 그런 농경시대하고는 지금 대조할 수 없을 정도로 발전했잖아요. 저도 사회복지 혜택을 받으면서 살고 있으니까요. 그런데 성폭행에 대해서는 사법이 전혀 안 변했어요. 그게 너무 안타깝고 충격이었어요. 분노했죠.

‖ 선생님 성격상 미투 열풍이 없었어도 문제를 제기했을 것 같은데요.

당연히 하려고 했죠. 그랬는데 젊은 사람들이 그렇게 하는 것을 보면서 더 분노하고, 나의 것은 당연히 해야 한다고 더 결심을 한 거죠.

‖ 왜 당연히 해야 한다고 생각했어요?

제 억울한 것도 밝혀야겠지만, 여성들에게 힘을 주고 싶었어요. 각자 내용은 다르겠지만, 저와 같은 피해 여성이 엄청 많이 있을 거라고 봐요. 그들이 말을 못 하고 있을 뿐이지요. 근데 이걸 끌어안고 나도 50년 넘게 살았지만, 그런다고 누가 알아줍니까? 그냥 혼자만 억울하고 말죠. 결국 피해자만 이중, 삼중 피해를 입고 살 뿐이죠. 근데 저도 글자라도 한 자 배우니까 이게 그냥 있어서는 안 되겠다는 판단이 서더라고요. 그래서 용기를 내 '여성의전화' 문도 두드리고 했죠. 여성의 힘이 지금 대단하다고 느끼고 있어요.

최말자 사건이 있고 난 뒤 24년이 지난 1988년 2월 경북 영양에서 한밤중에 골목길에서 성폭행을 시도하던 남성의 혀가 잘린 사건이 벌어졌다. 1심은 성폭력 피해자인 변월수에게 유죄를 선고했으나, 2심과 3심은 정당방위를 인정해 무죄 판결을 내렸다.

‖ 억울한 심정을 가슴속에 50여 년 동안 담고 살아왔는데, 어떤 점들이 제일 힘들었어요?

사건이 나고 경찰서에 조사를 받으러 가려면 촌이니까 읍까지 들을 건너고 마을을 지나 5리나 되는 길을 걸어가야 해요. 제가 지나가면 사람들이 손가락질하면서 '가시나 저기 간다'고 했어요. 그게 얼마나 큰 상처입니까. 그거는 무기를 안 썼다 뿐이지 사람을 죽이는 거나 별로 다른 게 아니에요. 그래도 참으려고 했어요. 왜? 내가 만약 거기서 문제가 생기면 부모 형제가 뒤집어써서 피해를 보잖아요. 참고 또 참았지만, 그런 시선이 도저히 못 견디겠더라고요. 그래서 낙동강에 빠져 죽으려고 신발을 벗어놓고 둑 아래로 내려가니까 물이 그렇게 무서운 거야. 무서워서 들어가지를 못했어요. 그게 안 돼서 이번에는 약국마다 다니면서 수면제를 사서 자살 기도를 했죠. 했는데 그것도 내 운명인지 시간이 얼마나 흘렀는지 눈을 떠보니 엄마와 사촌들이 둘러서 있고, 의사도 와 있었어요. 정신은 들었는데 미안해서 꼼짝을 못 했어요. 엄마가 콩을 갈아서

"제일 중요한 건 여자들이 아직도 피해를
보고 있지 않습니까. 시대가 성평등 시대로
이만큼 변했는데도 말이죠.
그런데 왜 말을 못 하고 있어야 됩니까.
자기 피해를 끌어안은 채 있지 말고
당당히 자기 주권을 찾고 행복하게 살아야 할
권리가 있지 않습니까."

순두부를 만들어줘서 속을 씻어내고 겨우 상처가 나을 만할 때 이번에는 검찰청에서 소환장을 받았어요. 아버지랑 같이 갔더니 그날 바로 수갑을 채우고 조사를 한 뒤에 구속하더라고요.

택시 한 대 사주면 갚겠다고 제안했지만

최말자는 6개월여의 수감 생활을 마치고 1965년 1월 집으로 돌아왔다. 그러나 그를 향한 따뜻한 시선은 주위 어디에도 없었다. 그가 입은 마음의 상처에 대한 치유는커녕 고려조차 아무도 하지 않았다. 부모는 오히려 결혼을 빨리 시키는 게 해법이라고 여겼다.

‖ 석방되고 나서 오랫동안 집 밖에 나가지도 못했다고요?

감옥 안에 있을 때에는 사람들 희망 사항이 사회에 나가서 쌀밥 한 그릇 먹는 게 소원이더라고. 저 역시 그랬어요. 그날 저녁에 집에 돌아오니까 친구들과 집안사람들이 와 있어서 인사를 마치고, 밥을 차려주는데 막상 밥상 앞에 앉으니 하염없이 눈물이 나와서 밥을 먹을 수가 없었어요. 한없이 울었죠. 그걸 본 부모들은 어떻겠어요. 그날 이후로 한 3개월 집에만 있었어요. 밖으로 나갈 용기가 안 나는 거예요. 내가 살아야 하는 건지, 여기서 멈춰야 할 것인지, 부모에게 그런 아픔을 줘 놓고 앞으로 어떻게 해야 할 것인지 답이 안 나와요. 그렇게 있다가 엄마한테만 이야기를 하고 시내에 방을 얻어서 사람들이 나를 모르는 곳에서 한 달을 살았죠. 친구도 만나고 하면서 조금 용기를 얻어 집에 와서 한 2년 살았죠. 그런데 아버지가 나를 결혼시키려고 자꾸 애를 쓰더라고요. 자식을 출가시키는 게 도리라고 생각하신 거죠. 그때 저는 남자 자체가 싫고 남자에게는 증오심만 가득했지만, 가만히 생각하니까 죽이 되든 밥이 되든 일단 이 자리를 벗어나 보는 것도 괜찮겠다 싶어 결혼을 했죠. 그랬는데 역시 그것도 실패했어요.

‖ 마음의 준비가 안 된 결혼이어서 그랬나요?

살아보니까 안 맞더라고요. 아이를 낳고 사는데도 생활비도 안 주는 등 나로서는 이해가 가지 않는 행동을 많이 하길래 이건 아니다, 희망이 없다고 판단하고 제가 결단을 내렸죠.

‖ 그 후는 어떻게 지냈어요?

혼자서 먹고살려고 온갖 일을 다 했어요. 와이셔츠 공장에 10년 다니기도 하고, 어릴 때 양재학원에서 배운 미싱 기술로 구포시장에서 옷 수선을 하기도 했어요. 또 바닷가에서 작은 손수레를 끌고 다니면서 커피와 라면을 팔기도 하고, 아이 학비를 보태려고 인테리어 공사장에서 벽지를 바르는 보조 일을 하기도 했어요.

‖ 아들을 혼자 키웠나 봐요?

아이는 친할머니 손에서 자라다가 새엄마 밑에서 컸는데 초등학교 5학년 때 처음 저를 찾아왔어요. 알고 보니까 우리 친정엄마가 학교로 찾아가서 '너는 아들 노릇도 해야 하고 딸 노릇도 해야 한다. 엄마를 찾아가라'고 했더군요. 아이가 약해서 없는 돈에 약과 영양제도 지어 보내주고, 고등학교 졸업 때까지 학비를 대는 등 뒷바라지했어요. 아들은 연마 기술을 배워서 기술자로 일하다가 1997년 IMF 사태로 회사가 문을 닫는 바람에 여러 일을 전전하면서 살아요.

‖ 당시 택시운전사가 되려고도 했다면서요?

감옥에서 나온 뒤 살길이 막막해서 아버지한테 '택시 한 대만 사줘요. 그럼 내가 돈을 벌어서 갚을게요' 했는데 아버지가 나한테는 못 준다고 하데요. 그래서 큰방의 나무 금고에 있던 돈을 조금 꺼냈어요. 그 돈에는 아무도 손을 못 대는데 저만 한 번 손을 댔지요. 하하. 그 돈으로 자동차 학원에 등록하고, 집에 발각되지 않도록 방을 따로 얻어 살면서 면허증을 땄어요. 그러나 누가 취직을 시켜줍니까, 여자라고.

‖ 요즘은 일도 못 할 텐데 생활은 어떻게 하세요?

기초생활수급자로 살고 있어요. 자매 중에 큰언니랑 동생은 그럭저럭 사는데, 바로 위의 언니도 저랑 같은 수급자예요. 그 언니랑 제일 친했는데, 제가 감옥에 있을 때 부모님이 서둘러 언니를 결혼시켰어요. 집에 데리고 있으면 또 무슨 일이 있을까 봐 그랬는데 그 뒤로 언니의 삶도 잘 안 풀렸어요. '너 때문에 내 인생 망쳤다'고 언니가 가끔 푸념해요. 그러면 다 운명이라고 생각하자고 달래죠. 우리 둘은 매달 나라에서 받는 50만 원 생계급여비로 살아요. 나라의 사회복지 혜택을 많이 보고 있죠. 사법은 빼고 다른 부분에서는 우리 사회가 참 좋아진 것 같아요.

2020년 5월 6일 재심 신청서를 접수한 부산지법은 며칠 전 변호인단에게 의견 제출을 요구했다. 통상적으로 재심 요건은 까다롭다. 새로운 증거가 나와서 '사실'이 달라지거나 수사 과정의 위법성이 드러났을 경우에 법원은 재심을 받아들인다. 최말자 사건의 경우 판결문을 빼고는 경찰이나 검찰 수사 기록을 아직 찾지 못했다. 당시부터 사회적 논란이 됐고 법학 교과서에 나올 만큼 법학자들의 연구 대상이었던 중요 사건이어서 기록이 남아 있을 수도 있지만, 오래돼 사라졌을 가능성도 있다. 이상희 변호사는 "기록이 나오면 좋지만, 기록이 없더라도 여러 정황상 수사 과정의 불법성이 명백해 보인다. 경찰에서 정당방위라는 의견을 냈는데도 검찰에 출석하자마자 바로 구속된 것 등으로 미뤄 볼 때 불법 구속의 여지가 크다"며 "재심 개시 여부를 심리하는 절차를 법원에 요청할 계획"이라고 말했다. 당사자의 진술을 직접 듣고 법원이 판단해 달라는 것이다. 법조계에서는 새 증거가 없으면 재심이 어려울 것이라는 관측도 있지만, 구속의 적법성이 의심되고 강압적인 수사가 이뤄졌을 정황이 높아 재심이 가능하다는 견해도 많다. 아무런 기록이 없는 여순 사건(1948년)도 유족들의 증언과 정황을 바탕으로 71년 만인 지난해 재심이 열렸다.

독신 여성들 생활공동체 꿈꿔

‖ 만약 재심이 안 받아들여지면 어떻게 할 생각이세요?

안 되죠. 반드시 재심이 이뤄져서 정당방위이고 무죄가 되어야 하죠. 재심 결정이 안 나오면 나는 법원 앞에서 1인시위라도 할 겁니다. 싸워야죠. 이 생명이 다할 때까지. 제가 살아봐야 얼마나 살겠습니까. 여기서 더 잃을 것도 없고요. 끝까지 갈 겁니다.

‖ 결심이 단호하시군요.

제일 중요한 건 여자들이 아직도 피해를 보고 있지 않습니까. 시대가 성평등 시대로 이만큼 변했는데도 말이죠. 그런데 왜 말을 못 하고 있어야 됩니까. 자기 피해를 끌어안은 채 있지 말고 당당히 자기 주권을 찾고 행복하게 살아야 할 권리가 있지 않습니까. 대한민국 백성이라면 자기 권한을 찾아야죠. 언제까지 이 사법이 안 변하고 갈 것인지 이 대한민국 여성들이 두 눈으로 지켜보고 있어요. 그때는 농경시대였다고 하지만, 지금은 56년이란 세월이 흘러서 우리 생활 수준은 변했어요. 그러니 당연히 우리는 두 눈으로 끝까지 지켜볼 겁니다.

‖ 선생님의 투쟁이 약자들 특히 여성들에게 큰 힘이 될 거 같습니다.

맞습니다. 우리 대한민국 법이 배가 고파서 한 소년이 빵을 하나 훔치면 절도로 감옥에 들어가지 않습니까. 근데 권력자들은 매번 부정부패를 저질러도 교묘하게 법을 피해서 처벌을 안 받지 않습니까. 법은 정의 편에 선다고 했는데 그런 것을 보면 정의가 살아 있기나 한지 모르겠어요.

‖ 그때 피해를 당한 이후 오랫동안 고단하게 살았는데도 정신만은 늘 당당하셨던 것 같아요.

가진 게 그거 한 가지뿐이라서요. 그리고 공부를 해보니까 내가 자신을 너무 학대했더라고요. 내 상처를 혼자서 안고 아무한테도 얘기 안 하고 나 자신만 자꾸 억제했지 않습니까. 그런데 학교라는 곳에 가보니까 너무 행복한 거예요. 나이 많은 친구도 있고 나이 적은 친구도 있고 해서 생활 자체가 정말 즐거웠어요. 그러면서 깨달았죠. 인생은 태어나서 한

번인데 이게 아니구나 싶어서 용기를 내서 살고 있죠.

최말자는 독신 여성들이 함께 생활하는 공동체 설립을 한때 꿈꿨다. 잠은 각자 방에서 자되 식사 등은 공동으로 하는 작은 빌라 건물을 지어서 나이 들고 외로운 사람들끼리 모여 사는 공간을 만들고 싶었다고 했다. 조금만 덜 남자 중심의 사회였더라면 그의 타고난 기개와 자질로, 그 정도의 꿈을 실현하기는 어렵지 않았을 것이다. "이제 주위 사람들과 명소 여행이나 하면서 좋은 음식을 먹는 등 재미있게 지내는 것 외에 뭐가 더 남아 있겠느냐"는 그와 헤어져 돌아오면서 '원하는 공부를 더 가르쳤다면, 성폭행에 저항한 사건의 정당성을 인정받았다면, 하다못해 택시운전사라도 됐더라면' 하는 가정법이 자꾸만 머릿속에 떠올랐다.

※ 2021년 2월 18일 부산지법은 "기록으로 인정되는 사실과 사정, 법리에 비춰 살펴보면, 최 씨가 제시한 증거들이 무죄 등을 인정할 새로운 명백한 증거에 해당한다고 볼 수 없다"며 재심 청구를 기각했다. 그러나, 재판부는 "청구인은 가슴에 맺힌 응어리를 풀어달라고, 성별 간 평등 가치를 선언해 달라고 법정에 섰다. 법관은 청구의 재심 청구는 받아들일 수 없지만, 청구인의 용기와 외침은 공동체 구성원 한 사람에게 커다란 울림과 영감을 줄 것이다"고 밝혔다. 최말자 씨는 이에 항고장을 냈지만, 부산고법도 2021년 7월 재심 청구를 기각했다. 최 씨와 변호인은 "가해자가 사건 얼마 뒤 군에 입대했을 정도로 상해 정도가 심하지 않았을 뿐 아니라 수사 과정에서의 불법 구금과 허위 진술 강요 등이 있었다"면서 즉각 재항고해, 현재 대법원에 계류 중이다.

후기

좋은 인터뷰, 잘된 인터뷰란 뭘까요? 주인공 즉, 인터뷰이의 내면을 얼마나 드러낼 수 있느냐에 성공 여부가 달렸지 않을까요? 자신의 내면을 솔직하게 세상에 내보이는 것은 누구나 부담스러운 일이기 때문입니다.

56년 만의 미투를 한 주인공인 최말자(78) 씨를 만나러 갈 때는 실패한 인터뷰가 되지 않을까 하는 걱정이 마음 한편에 웅크리고 있었습니다. 그가 언론과 만난 경험 자체가 거의 없는 데다가 세상 사람들의 눈을 여전히 두려워하고 있었거든요. 인터뷰 요청에 상당히 망설였을 뿐 아니라 수락을 결정하고도 몇 가지 조건을 달았습니다. 첫 번째는 인터뷰 자리에 부산여성의전화 관계자들이 배석할 것, 두 번째는 얼굴 사진은 안 된다는 것을 요구했습니다.

저는 원래 인터뷰이가 가장 편안해하는 상태에서 만난다는 것을 원칙으로 하기에 첫 번째는 아무런 문제가 되지 않았습니다. 두 번째 요구 역시 그의 불안한 심리 상태를 감안하면 충분히 배려해줘야 할 사항이라고 생각했습니다.

충분히 안전하다고 느꼈는지 최 씨는 인터뷰에서 그동안 가슴속에 꼭꼭 숨겨뒀던 얘기를 다 끄집어냈습니다. 덕분에 그가 단지 억울한 피해자가 아니라 어렸을 때부터 당당하고 주관이 뚜렷한 단독자였다는 것을 알 수 있었습니다. 또, 그렇게나 당찬 사람이 여성이라는 이유 하나로 자신의 뜻을 펴지 못하고 말았다는 우리 사회의 아픈 현실을 새삼 깨달을 수 있었습니다.

기사화가 되기 전 지면에 실을 사진 후보들을 몇 장 미리 보여줬더니, 최 씨는 코로나 때문에 비록 마스크를 쓰기는 했지만 정면에서 찍힌 사진을 써도 좋다고 '당당히' 말했습니다.

(2020년 5월 18일 인터뷰)

"〈기생충〉 성공에 만족? 한국영화 사실은 위기예요"

07

달시 파켓

한국영화 평론가

1972년 미국 펜실베이니아주에서 태어났다. 1997년 스물다섯 살에 한국으로 와서 한국영화에 매료되었고, 20년 동안 〈기생충〉 자막 번역 등 영화번역을 하고 영화평론가로 활동했다. 십여 편의 영화에 배우로 출연하기도 했다. 1999년 웹사이트인 '코리안필름'(koreanfilm.org)을 열어 한국영화를 해외에 소개했고, 2014년 독립영화를 대상으로 한 '들꽃영화상'을 만들어 매년 시상하고 있다.

한국영화와 드라마 등 이른바 K-콘텐츠가 세계적으로 인기다. 영화 〈기생충〉의 칸 영화제 대상 수상(2019년)과 미국 아카데미 작품상, 감독상 등 4개 부문 수상(2020년), 영화 〈미나리〉의 아카데미 여우조연상 (2021년) 등 한국의 감독과 배우들이 세계적 스타덤에 올랐다. 드라마 역시 〈오징어 게임〉을 필두로 〈D.P.〉, 〈지금 우리 학교는〉, 〈파친코〉 등 세계적인 화제작이 많다.

한국인보다 한국영화를 더 사랑하는 달시 파켓(Darcy Paquet)은 K-콘텐츠의 붐 형성에 기여한 '보이지 않는 손'이다. 그의 존재가 널리 알려진 것은 그가 영어 자막을 만든 〈기생충〉이 각종 상을 휩쓸면서부터였다. 그러나 달시 파켓은 오래전부터 영화계에서는 미묘한 우리말을 감칠맛 나는 영어로 옮기는 번역가로 유명하다. 그의 본업은 영화 평론가이며, 20년 이상 한국영화를 외국에 알리는 일을 해왔다.

∥ 〈기생충〉이 인기리에 상영될 때 엄청 바빴던 것으로 아는데 그 이후는 어때요?

그때도 바빴고, 그 후로도 일이 너무 많아요. 정말로 몸이 열 개라면 좋겠어요. 부산아시아영화학교에서 학생들 강의를 계속하고 있고요. 또 2021년에는 한국문학번역원에서 개설한 영화자막 번역 강의도 6개월 동안 했어요. 영화 번역은 해달라는 데는 많지만 다 할 수가 없어서 거절을 많이 해요. 그래도 잘 아는 감독들이 부탁해오면 거절하기가 힘들어요.

영화 번역 시즌은 보통 겨울부터 봄까지다. 칸 영화제 등 해외 영화제에 출품하기 위한 자막 작업이 대략 3월까지 끝나야 하기 때문이다. 그는 2021년 겨울~2022년 봄 시즌에 특히 일이 많았다고 했다. 특히 2022년 칸 영화제 경쟁 부문 본선에 나간 고레에다 히로카즈 감독의 한국

영화 〈브로커〉와 박찬욱 감독의 〈헤어질 결심〉, 비경쟁 부문에 초청된 배우 이정재의 감독 데뷔 작품인 〈헌트〉 등 세 작품 모두 달시 파켓이 자막 작업을 했다.

‖ 〈기생충〉이 국제영화제에서 큰 상을 받는 데 있어서 숨은 공로자라는 평가가 많은데요.

그런 평은 오버지만 기분은 좋아요. 하하. 외국인들에게 영화를 제대로 알리기 위해서는 자막 번역이 중요하죠. 하지만 〈기생충〉은 영화를 너무 잘 만들었어요. 칸에서 대상인 황금종려상을 받은 것은 100% 감독의 공입니다.

‖ 사실 자막 번역은 별로 빛나는 일은 아닌데요.

작업이 힘들고 돈도 별로 못 받아요. 하하. 그러나 일 자체가 재미있는데다 중요한 일이라 생각해서 계속해요. 〈기생충〉은 한국에서 상영할 때도 일부 영화관에서는 영어 자막을 넣고 상영했는데, 다른 영화도 최소한 영어와 중국어 자막을 넣었으면 좋겠어요. 국내에 있는 외국인들도 많잖아요.

〈기생충〉이 외국에서 상영될 때 웃음 코드가 있는 장면에서는 현지 관객들도 한 치의 오차 없이 함께 웃었다. 영화 내용과 흐름이 자막을 통해 관객들에게 정확하게 전달됐기 때문이었다. 서울대 문서위조학과를 외국인들에게 친숙한 '옥스퍼드대'로 바꾸고, 대만 카스텔라는 '타이완 케이크숍', 수석은 '랜드스케이프 스톤'(landscape stone), 짜파구리는 라면과 우동을 합친 'Ramdong'(Ramen+Udong)으로 옮겨 내용을 직관적으로 이해할 수 있도록 한 것 등이 대표적이다.

말 배우려 한국영화 본 게 출발점

‖ 〈기생충〉 번역 작업을 할 때 상을 그렇게 많이 받을 거라고 예상했어요?

　미국의 아카데미 시상식에서까지 상을 받을 거라고는 솔직히 생각지도 못했어요. 미국은 미국영화에만 관심이 있지 다른 나라 영화에는 별 관심이 없기 때문에 외국어로 된 영화에 작품상 등을 주리라고는 예상하지 못했어요. 제가 미국 인디애나 주립대에서 방문교수로 머물고 있을 때였어요. 번역 시즌이라 바쁘기도 했지만, 어차피 상을 못 받을 줄 알고 시상식장에는 아예 가지도 않았어요. 하하.

‖ 그러나 칸에서는 상을 받을 것이라고 예상했다면서요?

　칸은 미국과는 분위기가 다르잖아요. 참 잘 만든 영화여서 그런 느낌이 왔어요. 이 영화는 딱 봉준호 영화인데 그의 다른 작품들과는 또 다른 새로움이 있었거든요.

‖ 어떤 면에서요?

　〈기생충〉은 진지함뿐 아니라 재미까지 고루 갖췄어요. 보통 칸 영화제 대상을 받은 작품들은 진지하긴 해도 상업적으로 흥행하는 경우가 적은데 〈기생충〉은 그러지 않았어요. 그래서 흥행에서도 외국에서 성공할 가능성이 크다고 봤어요. 아카데미 수상 여부와 상관없이 미국 사람들도 재미있게 볼 수 있는 영화인 것이 확실하다고 생각했고요. 아카데미 시상식이 끝난 지 얼마 안 돼 코로나가 팬데믹이 되는 바람에 많이 아쉽죠. 마치 파티가 막 시작됐는데 경찰이 들이닥쳐 분위기를 망친 것 같은 느낌이었어요.

〈기생충〉은 한국에서만 1천30만 명이 봤으며, 전 세계에서 2억 6천만 달러의 입장료 수익을 올렸다.

‖ 봉준호 감독은 2000년에 나온 그의 데뷔작인 〈플란다스의 개〉 때부터 만났다면서요?

당시 영화진흥위원회에서 파트타임으로 일하고 있었는데 〈플란다스의 개〉 자막 번역에 대한 감수를 제작사에서 부탁해왔어요. 그때 영화제작사에서 처음 만났어요. 두 번째 작품인 〈살인의 추억〉을 만들 때 봉 감독이 저한테 전화를 걸어 직접 번역을 부탁했어요. 그와의 작업은 내가 더 하고 싶었었는데 그때는 정말 기뻤어요.

‖ 왜 그렇게 봉준호 감독과의 작업이 기뻤어요? 봉 감독만의 독특함이 있나요?

그는 자신이 뭘 원하는지 어떻게 하려는지를 확실히 알고 있어요. 영화를 찍기 전에 이미 모든 장면의 디테일까지 머릿속에 다 있는 것 같아요. 영화의 구조를 완벽하게 짜서 촬영 중간에 거의 바꾸지 않아요. 자막 번역에서도 그런 구조와 흐름을 중시하죠. 가끔 자기 의견을 주기도 하지만, 대부분은 나한테 맡기고 감정이나 의미가 비슷하면 번역을 내 마음대로 바꿔도 괜찮다고 해요. 그래서 더 같이 일하기가 편해요.

‖ 〈기생충〉 이후에 나온 한국영화에서 기억에 남는 영화는요?

2021년에는 〈모가디슈〉와 〈태일이〉가 좋았어요. 류승완 감독의 〈모가디슈〉는 스케일 크고 전쟁이나 탈출 장면 등이 복잡하면서도 디테일이 살아 있어요. 류 감독만이 찍을 수 있는 영화죠. 홍준표 감독이 만든 에니메이션 〈태일이〉는 전태일의 이야기는 알고 있었지만, 내용 전개나 1970년대 서울 모습의 세밀한 재현 등이 돋보였고요. 그런데 코로나로 개봉 환경이 안 좋았던 게 안타까워요. 독립영화들은 〈찬실이는 복도 많지〉(김초희), 〈김군〉(강상우) 등이 인상적이었습니다. 특히 〈김군〉은 다큐멘터리이면서도 예술성을 갖추고 있는 등 전체적으로 잘 만든 작품이에요. 2022년에도 정말 좋은 작품들이 기다리고 있어서 기대가 돼요.

달시 파켓이 한국영화에 본격적인 관심을 가진 것은 1997년 한국에 첫발을 내디딘 이후였다. 영어 강사 일을 시작한 그는 한국어와 한국 문화를 배우기 위해 한국영화를 집중해서 보기 시작했다. 한국말이 서툴러 내용을 다 알 수는 없었지만, 〈8월의 크리스마스〉, 〈처녀들의 저녁식사〉, 〈넘버3〉 등이 내뿜는 에너지에 푹 빠졌다. 전 세계 한국영화 팬들에게 한국영화를 알리기 위해 자비를 들여 1999년 웹사이트인 '코리안필름'(koreanfilm.org)을 열었다. 지금은 영화진흥위원회에서도 영어 사이트를 운영하고 있지만, 당시로서는 외국인이 한국영화에 대해서 볼 수 있는 유일한 영어 사이트였다. 반응이 뜨거웠고, 몇 년 뒤 영국 영화잡지인 《스크린 인터내셔널》에서 한국영화에 대한 글을 써달라는 제의를 받았다. 국내에서도 《씨네21》에 정기적으로 글을 쓰는 등 본격적인 영화평론가의 길을 걷기 시작했다.

‖ '코리안필름'에 2022년에도 리뷰를 직접 두 건이나 올렸던데 잘 운영되고 있는지요?

네, 본격적인 자막 번역을 하기 전인 1월에 〈특송〉과 〈킹메이커〉 리뷰를 썼어요. 예전에는 하루 방문객이 6천 명에 이를 정도로 반응이 좋았는데 지금은 그 정도는 아니에요. 그래도 시간이 나는 대로 리뷰를 많이 써서 올리려고 해요.

‖ 다른 분들도 리뷰를 쓰던데 그런 비용은 어떻게 감당해요?

친구들이 돈 안 받고 쓰고 있어요. 고맙죠. 그러나 사이트를 관리하는 사람이 한 명은 있어야 해서 돈이 들어오면 인건비 등으로 다 나가요. 그래도 외부 눈치를 보지 않고 자유로운 비판이 가능하고, 외국의 한국영화 팬들이 많이 찾아주니까 할 수 있을 때까지는 계속 유지하려고 해요.

그가 한국영화를 처음 접한 것은 대학원(미국 인디애나 주립대) 시절이었다. 미국 펜실베이니아 출신으로 러시아 문학을 전공했던 그는 어릴 때부터 다방면에 관심이 많았다. 대학원 시절에는 친구들과 함께 여러 나라의 영화를 함께 본 뒤 토론을 하곤 했다. 그때 〈서편제〉와 〈우리들의 일그러진 영웅〉을 한국영화로서는 처음 봤다.

시스템에 저항한 70년대 영화들

‖ 한국영화가 갖는 매력이 뭔가요?

국제적으로 보면 재밌는 영화는 할리우드 영화이고, 진지하게 생각하는 영화는 유럽 영화인데 한국영화는 그 둘 사이에 있는 것 같아요. 유럽만큼 진지하지는 않지만 재미가 있고, 할리우드만큼 재미있지는 않지만 가볍지는 않거든요. 또, 한국영화는 대체로 감정을 관객들에게 직설적으로 전달하는 특징이 있기에 영화의 에너지를 바로 느낄 수 있다는 점이 장점입니다.

‖ 감정 표현을 직접 한다는 것이 세계 영화가 나아갈 목표나 보편적인 지향점이라고 할 수는 없지 않나요?

물론 목표는 아니죠. 어느 나라든 영화는 아무래도 국내 관객을 먼저 생각하고 만들기에 그 나라의 문화를 반영합니다. 한국영화도 마찬가지이고요. 그래서 특징이 생기죠. 어쨌든 영화는 음악과는 달리 언어 문제도 있고, 스타 시스템도 다르기 때문에 외국 사람들에게 바로 다가가기는 쉽지 않아요.

달시 파켓이 꼽는 한국영화 최고의 걸작은 2003년에 개봉된 봉준호 감독의 〈살인의 추억〉이다. 세계 영화사에 남을 작품이라고 평가한다.

‖ 〈기생충〉보다 〈살인의 추억〉을 더 좋아하나요?

네. 저한테는 앞으로도 영원히 〈살인의 추억〉일 것 같아요. 하하. 굉장히 여러 번 봤지만, 스토리텔링이 참 독특하고 너무 잘 만들었어요. 시대 배경을 잘 보여주면서도 영화의 구조가 완벽해요. 영화의 전반은 이야기 중심이지만 후반은 캐릭터 중심으로 바뀌는데 이렇게 어려운 일을 어떻게 해냈는지 모르겠어요.

▮ 1970년대나 80년대 중반까지 한국영화는 사실 국내에서도 그다지 사랑받지 못했어요. 정치권력이 간섭하고 탄압한 탓이긴 해도 영화의 전반적 수준이 낮아서 관객한테 외면받았죠.

그러나 그 전의 영화인들도 어렵고 힘든 상황에서 좋은 영화를 만들려고 노력을 많이 했어요. 1970년대에 나온 하길종의 〈화분〉과 김기영의 〈이어도〉, 김수용의 〈야행〉 등이 대표적입니다. 이 작품들은 감독들이 검열 등 열악한 제작 시스템에 어떻게 저항하면서 작업했는지를 잘 보여줘요. 그런 점에 비하면 요즘은 시스템 안에서 영화를 너무 편하게 만드는 것 같아요. 감독들이 1970년대 영화를 보고 많이 배웠으면 좋겠어요.

▮ 한국영화가 대중적으로 꽃을 피운 것은 언제로 보세요?

감독 등 영화인들의 노력이 80년대에도 계속 있어왔어요. 박광수 감독이 만든 〈칠수와 만수〉가 대표적입니다. 정치적 상징도 담고 있지만, 영화적 재미도 있거든요. 그런 노력 위에서 90년대 초반 이후 심재명 등 젊은 프로듀서들이 영화판에 많이 들어와서 새로운 도전을 이끌고, 90년대 후반이 되면 봉준호, 김지운 감독 등 젊은 감독들이 대거 나타났어요. 그래서 좋은 영화들이 많이 나오기 시작했죠. 좋은 제작자와 감독이 이끌어온 그런 제작 시스템이 지금은 많이 바뀌었어요.

‖ 무슨 뜻인가요?

능력 있는 감독들이 많아서 좋은 영화도 가끔 나오지만, 지금 한국영화를 만드는 시스템은 1990년에 비하면 상당히 안 좋아요. 〈기생충〉도 봉준호 감독이 아니라 다른 감독이 시나리오를 들고 투자를 받으려고 했으면 못 받았을 겁니다. 특히 젊은 감독들이 자기 스타일을 인정받기가 너무 어려워요. 그들이 독특한 영화를 만들려고 하면 위에서 이렇게 하자거나 저렇게 만들라고 하거든요.

‖ 투자자의 입김이 너무 세다는 건가요?

네, 예전에는 영화 제작자의 힘이 세서 제작자가 돈을 가진 투자자와 독창적인 아이디어를 가진 감독 사이에서 어느 정도 조율을 했는데 지금은 그런 파워 있는 제작자가 몇 명밖에 없어요. 감독이 독특한 스타일의 새로운 영화를 만들려고 해도 그러한 생각을 밀어주는 제작자를 만나기 어렵죠. 투자자들이 '성공할 수 있는 방법'을 찾았다고 생각하면서 조그만 리스크도 피하려고 하거든요. 결국 개성과 독창성은 줄어들고, 전체적으로 비슷한 영화만 만들어지고 있어요.

‖ 그들이 찾았다고 생각하는 성공 방법이 뭐예요?

일단 캐스팅에서 유명한 배우가 있어야 하고, 흥행을 위해서는 내용도 안정적으로 가야 한다고 생각하죠. 시나리오가 나오면 영화의 장면마다 투자자들이 이런 건 재미없으니 재미있게 바꾸라고 요구해요. 그러면 감독의 구상이 사라지는 겁니다. 게다가 좋은 영화를 만들었어도 흥행에 한 번 실패하면 그 감독에게 다시 기회를 잘 주지 않아요. 박스오

"영화 일을 한다는 꿈이나 계획이
전혀 없었는데 타이밍이 맞았고,
운이 좋았던 것 같아요.
인생은 원래 예측이 불가능하잖아요.
아들에게도 목표를 가지고
열심히 하라고 얘기하지 않고,
새로운 것을 공부하고 기회가 생기면
뭐든 해보라고 권해요."

피스에서 성공하지 못해도 영화가 좋으면 잘했다고 평가하는 분위기가
예전보다 많이 사라졌어요. 이건 할리우드보다도 못한 것 같아요.

이경미, 연상호 등 젊은 감독들 주목

달시 파켓은 그러나, 2022년 4월에 다시 만났을 때는 OTT(온라인 기반
영화상영 서비스)에서의 K-콘텐츠의 성공이 장기적으로는 한국영화에
기회에 될 것이라며 긍정적인 전망을 내놨다.

‖ OTT에서의 K-콘텐츠 붐이 한국영화에 도움이 될 거라고요?

네, 당장은 영화계는 조금 어려울 수 있어요. 촬영 감독이나 스태프들
이 OTT 쪽으로 쫙 빠져나가서 영화 제작 여건이 안 좋아졌거든요. 그러
나 장기적으로는 젊은 감독들에게 기회가 더 많이 열릴 것으로 봐요. 한
국영화나 드라마에 대한 세계적인 인지도나 이미지가 좋아져서 외국 사
람들에게 접근하기가 쉬워졌어요. 과거 한국영화는 한국이 베이스이고,
외국은 보너스였는데 이제는 보너스가 베이스보다 더 커졌어요.

**‖ 과거 일본영화와 중국영화도 세계적으로 상당히 유행했었는데 지금은 가
라앉았는데 K-콘텐츠는 어떨까요?**

그때와는 다를 것 같아요. 지금은 OTT를 통해 전 세계 사람들을 바로
대상으로 하고 있거든요. 넷플릭스 등 OTT 업체들이 한국 콘텐츠에 많
이 투자하고 있고요. 그런데 OTT 쪽도 결국에는 영화 제작 시스템과 비
슷해질 가능성이 있어요. 지금은 좋은 콘텐츠를 끌어들이기 위해 좋은

조건을 줘서 제작자나 감독들의 자율성이 많지만, 점점 갈수록 OTT 자본도 영화 자본처럼 제작에 개입하려고 할 겁니다.

달시 파켓의 시선은 주류 영화판뿐 아니라 독립영화 등 비주류 쪽에도 많이 가 있다. 그는 2014년부터 독립영화를 대상으로 한 '들꽃영화상'을 만들어 매년 시상하고 있다. 2022년 5월 제9회 시상식이 있으며, 2021년 들꽃영화상 대상은 〈찬실이는 복도 많지〉(김초희 감독)가 차지했다.

‖ 독립영화제를 어떻게 시작했어요?

저예산 독립영화에 대한 관심을 촉구하는 칼럼을 썼었는데 영화인들이 격려를 해주면서 영화제를 만들어달라는 요구를 받고 시작했어요. 평론가로서 좋은 영화를 찾으면 관객에게 소개하고픈 마음이 생기는데 독립영화는 사람들이 개봉한 줄도 잘 모르는 경우가 많거든요. 배우 입장에서도 좋은 뜻으로 독립영화에 출연했는데 사람들이 많이 안 보면 그렇잖아요. 그래서 독립영화가 전체적으로 조명받을 수 있는 행사를 만들면 좋겠다고 생각했어요.

‖ 영진위에서 진즉에 했어야 싶은데요?

글쎄요. 예민한 소재를 많이 다루는 독립영화의 특성을 생각하면 영진위는 아닌 것 같아요. 정부에서 하면 정치적인 이유 때문에 문제가 있을 수 있고, 대기업 등에서 너무 지원하면 그것도 독립성을 해칠 수 있잖아요.

▮ 지금 영화감독 중에 눈여겨볼 사람이 있다면?

능력 있는 감독들이 많아요. 예를 들면 〈미쓰 홍당무〉 등을 연출한 이경미 감독이 있습니다. 그는 창조적 비전을 가지고 있어요. 〈부산행〉의 연상호 감독도 독립영화 애니메이션 때부터 뛰어난 재능을 보였고, 2020년에 개봉됐던 〈소리도 없이〉를 만든 홍희정 감독도 주목돼요. 〈소리도 없이〉는 스릴러 장르영화 같으면서도 예술영화 느낌이 있는 전체적인 연출이 너무 좋았어요.

▮ 배우 중에는 누구를 좋아해요?

워낙 연기력이 뛰어난 배우들이 많은데 송강호는 당연히 좋아하고, 신하균과 정유미, 전도연도 좋아해요.

달시 파켓이 한국에 온 것은 우연이었다. 대학 때 러시아에서 몇 달간 살기도 했던 러시아 문학도는 대학원을 졸업한 뒤 체코 등 동유럽에 가서 생활할 계획이었다. 그러기 전에 2년 정도 아시아를 경험하고 싶었다. 일본을 갈까 한국을 갈까 고민하다가 대학원 때 한국인 친구들을 많이 알게 돼 한국으로 발길을 돌렸다. 한국에서 아내를 만나 결혼했다.

▮ 대학 때는 연극을 연출하기도 했다면서요?

네, 연극에 관심이 많았어요. 어렸을 때부터 취미가 대개 많았어요. 축구도 좋아했고, 책 읽는 것을 무척 좋아했어요. 사진에 대한 관심도 많아서 도서관에서 사진집이나 사진작가의 책을 즐겨 봤어요. 영화도 좋아했고요. 그러나 대학원 때까지만 해도 문학과 사진을 가장 좋아했습니다. 문학을 하면서 친구들과 함께 세계 영화를 본격적으로 보기 시작했어요. 영화가 다른 나라를 이해하는 데 큰 도움이 됐거든요. 흥미가 붙어서 영화 이론도 공부했는데 훨씬 더 재미있고 이해가 쉽더라고요.

‖ 지금은 영화가 주업이 됐어요.

맞아요. 취미로 시작했는데 점점 이 일에 집중하게 됐는데 아주 만족해요. 다만, 소설을 쓰겠다는 꿈은 아직 간직하고 있고, 아이디어도 하나 있어요. 제가 좋아하는 소설가가 영국의 애니타 브루크너(Anita Brookner)인데 케임브리지대학에서 미술 교수를 하다가 쉰세 살에 첫 소설을 썼어요. 저는 거기에 비교하면 아직 몇 년 남았으니 희망이 있어요. 하하.

‖ 많은 사람들은 보통 자신의 꿈이나 목표를 세워놓고 정진하는데, 파켓 선생님은 인생 행로를 유연하게 바꾸면서 살아가는 것 같아요. 한국에 온 것도, 정착한 것도, 영화 일을 하는 것도 말입니다.

맞아요. 영화 일을 한다는 꿈이나 계획이 전혀 없었는데 타이밍이 맞았고, 운이 좋았던 것 같아요. 인생은 원래 예측이 불가능하잖아요. 아들에게도 목표를 가지고 열심히 하라고 얘기하지 않고, 새로운 것을 공부하고 기회가 생기면 뭐든 해보라고 권해요. 목표 지향적인 삶이 성공하는 경우도 있지만, 목표만 좇으면 목표를 달성해도 별로 행복하지 않을 거거든요. 미래보다는 현재의 삶에 충실하는 게 더 좋다고 봐요.

그는 고2와 중3인 두 아들을 두고 있다. 아이들은 서울 미아리에 있는 집 근처 학교에 다니고 있다.

‖ 아빠가 미국인이어서 외국인 학교에 보내도 될 텐데 왜 일반 학교를 선택했어요?

돈도 없고요. 하하. 분명히 장단점이 있을 텐데 저나 집사람은 평범한 이웃들과 함께 성장하는 것이 아이들이 인생을 살아가는 데 더 도움이 될 거라고 봐요. 저도 미국의 시골 동네의 공립학교를 다녔는데 다양한 친구들과 어울렸던 경험이 훨씬 좋은 것 같아요.

달시 파켓은 그동안 〈원나잇 스탠드〉(2010), 〈돈의 맛〉(2012), 〈박열〉(2017) 등의 영화에 배우로도 출연했다. 또 2021년 네티즌의 항의로 2회 만에 종영됐던 SBS 드라마 〈조선구마사〉에 서역 신부 역으로도 나왔다. "연기에는 그다지 소질이 없는 것 같다"는 그는 "앞으로 시나리오를 쓰거나 영화 제작은 한번 해보고 싶다. 시나리오 구상은 대략 끝났는데 시간이 없어 못 쓰고 있다"고 말했다. 한국영화에 또 다른 새로움이 될 달시 파켓표 영화를 기대해본다.

후기

인터뷰 요청을 하느라 처음으로 통화했지만, 전화기에서 들려오는 달시 파켓(50) 씨의 목소리는 잘 아는 사람처럼 귀에 익었습니다. 어느 프로그램인지는 정확하게 기억나지 않지만, 그가 정기적으로 라디오에 출연해 한국영화에 관하여 얘기하는 것을 가끔씩 재미있게 들었기 때문입니다. 높낮이가 크지 않고 조곤조곤 말하는 그의 음성은 마치 빠르지도 느리지도 않게 흐르는 개울물이 조잘거리는 것처럼 기분좋게 귓바퀴를 파고들었습니다.

　그와 인터뷰하던 2019년 6월에는 봉준호 감독의 영화 〈기생충〉이 칸 국제영화제에서 대상인 황금종려상을 받은 지 얼마 안 된 때여서 달시 파켓 씨도 덩달아 눈코 뜰 새 없이 바쁠 때였습니다. 칸에서 대상을 받은 것은 영화의 스토리나 구성, 배우들의 연기력 등이 뛰어났기 때문이지만, 서구 문화에 딱 맞게 번역한 영어 자막의 힘도 컸다는 게 중론이었죠. 그 번역 작업을 한 달시 파켓 씨도 주목을 받았죠.

　그는 목소리만큼이나 성격이 부드럽고 타인을 배려하는 사람이었습니다. 안면이 전혀 없는 사람의 요청을 뿌리치지 않고, 없는 시간을 쪼개 인터뷰에 응했습니다. 책을 준비하면서 2022년 4월 추가 인터뷰를 요청했을 때도 마찬가지였습니다. 칸 영화제에 출품하는 세 작품의 자막 작업을 하느라 그야말로 밤낮 없는 중에도 그는 비록 늦더라도 꼭 답을 줬습니다. 그 작업이 끝나자마자 인터뷰 약속을 잡았고요. 그런 태도보다 더 놀라운 것은 한국영화에 대한 해박한 지식이었습니다. 1960~1970년대 한국영화와 영화인들에 대해서도 꿰뚫고 있었습니다.

　〈기생충〉 등의 큰 성공에도 불구하고 그는 한국영화의 미래에 대해서는 밝게 보지 않았습니다. 투자자 즉 자본의 입김이 강해지면서 독창성이 있는 감독들의 설 자리가 갈수록 줄어들기 때문이라고 안타까워했습니다. 그러나 〈오징어 게임〉을 필두로 OTT 시장에서 일고 있는 K-콘텐츠 붐이 한국영화에 새 기회가 될 것이라고 했습니다.

　아, 그리고 목표 지향적이지 않고 현재의 행복을 중시하는 그의 삶의 철학을 듣는 것만으로도 저 역시 잠시나마 행복해졌습니다.

(2019년 6월 25일 인터뷰)

"불법파견 재벌회장 처벌받으면, 나의 중형도 달게 받을 겁니다"

08

김수억

비정규직 노동 투사

1973년 전남 광주에서 태어났다. 전남대 신문방송학과를 중도에 그만두고,
노동운동에 뛰어들었다. 2003년 기아자동차 화성공장의 하청업체에 입사한
뒤 비정규직 노조 결성과 파업 등으로 두 차례 구속됐다. 연대 단체인 '비정규직
이제그만'의 공동소집권자를 맡고 있으며, 단식 농성 등 비정규직 철폐 투쟁과
관련해 기소되어 1심에서 1년 6개월 실형을 선고받아 2심을 진행 중이다.

설마? 비정규직 노동자가 비정규직 철폐를 요구하는 집회와 시위를 여러 차례 주도했다고 5년 6개월의 징역형을 구형받았다는 얘기를 듣고 귀를 의심했다. 집회와 시위 과정에서 뭔가 중대한 불법행위를 한 건 아닐까. 그러지 않고서야 사회적 약자인 비정규직 노동자에게 그런 엄벌을 요구했을까 싶었다.

그러나 과격 시위 때 등장하는 화염병이나 각목 등 위협적인 도구가 검찰 공소장에는 전혀 없었다. 기껏 관청의 사무실이나 로비에 들어가 손팻말을 들고 구호를 외치면서 농성하거나 신고 범위를 조금 벗어나 도로를 점거하고 행진한 정도였다. 또, 경찰들과의 몸싸움 과정에서 일어난 폭행 혐의도 있었지만, 전치 2주의 팔 타박상이나 발목 염좌(근막이나 인대의 손상) 등 비교적 가벼운 상해였다.

하지만 검찰은 2021년 10월 19일 서울중앙지법에서 열린 공판에서 기소된 17명의 비정규직 노동자 전원에게 징역 5년 6개월부터 6개월까지의 실형을 판사에게 요구했다. 징역 형량을 모두 합하면 22년 6개월이다. 여러 차례 시위를 벌였다는 점이 아마 가장 큰 이유일 것이다.

가장 무거운 구형을 받은 김수억 전 기아자동차 노조 비정규직 지회장의 경우, 검찰 시각에서는 상습 시위꾼이다. 김수억은 집시법 위반 등으로 과거 수차례 벌금형을 받았으며, 회사 파업과 관련해서 두 차례 옥살이를 하기도 했다. 또, 다른 비정규직 투쟁과 관련한 2심 재판을 받고 있으며, 지난해와 올해 있었던 여러 노동자 시위와 관련해서도 또다시 기소될 가능성이 높다. 가중 처벌의 위험성이 높은데도 그는 왜 끊임없이 거리로 나서 법률의 울타리를 넘으려 하는 걸까.

"다시 구형하겠다는 건 검찰 꼼수"

∥ 요즘 출근은 어디로 해요?

경기도 화성에 있는 기아자동차 공장입니다. 수원이 집인데 통근버스 타고 출근해서 다른 동료들과 같이 각종 부품을 서열대로 조립공장에 공급해주는 일을 하고 있습니다.

∥ 현장에서 일하는군요. 노조 전임이 아닌가요?

기아차 비정규직노조 지회장을 하다가 2년 전에 현장으로 복귀했어요. '비정규직 이제그만'이라는 단체의 공동소집권자로 있지만, 회사와는 직접 관계가 없어요.

> '비정규직 이제그만 1,100만 비정규직 공동투쟁'은 2018년 후반 전국의 비정규직 노동자들이 자발적으로 만든 연대 투쟁단체다. 대표 격인 공동소집권자는 김수억 외에 차헌호 아사히글라스 비정규직 지회장과 김주환 전국대리운전노조 위원장 등 3명이다.

∥ 5년 6개월의 구형을 받았을 때 무슨 생각이 들었어요?

잘못 들은 줄 알았어요. 여러 건이 병합되어 있어서 구형이 가볍지만은 않겠구나 하고 생각했습니다마는 그런 정도로 중한 구형이 나올지는 몰랐어요. 시위하면서 경찰들하고 물리적 충돌이 세게 있었던 것도 아니고, 그냥 집시법과 도로교통법 위반, 공무집행 방해 등 시위 때 발생하기 마련인 정도의 위반 사항이거든요.

‖ 재구형이 예정(2021년 11월 30일)돼 있다는데 그건 뭔가요?

이런 경우도 처음 봤어요. 검찰이 구형을 하고 저희가 최후진술까지
마쳤는데 검찰이 한 사안에 대해 뒤늦게 공소장 변경을 했고, 그래서 다
시 구형을 한대요. 그 변경 내용이 참 웃겨요. 저희가 2018년 11월에 대
검찰청 로비에서 항의 농성을 하다가 연행된 적이 있었는데 그것을 건
조물 침입으로 기소를 했다가 퇴거 불응으로 바꿨어요. 녹화 영상을 봐
도 알지만, 당시 다른 사람이 자유롭게 통행하고 있는 등 업무가 정상대
로 이뤄지고 있었기 때문에 건조물 침입으로는 무죄가 될 가능성이 높
다고 해요. 그러니까 검찰에서 퇴거 불응으로 바꾼 거예요. 그건 벌이 조
금 가벼운데 저희를 봐주려고 그런 것이 아니라 어떻게든 유죄를 받아
내겠다는 꼼수죠. 세 차례의 퇴거 요청에 저희가 안 따른 것은 사실이거
든요.

검찰은 재구형에서 김수억에게는 애초 5년 6개월에서 징역 5년형을
때리는 등 비정규직 노동자 17명에 대해 합계 21년형을 재판장에게 요
구했다.

문 정부에 대한 기대가 실망으로

일련의 비정규직 시위가 본격적으로 시작된 것은 2018년 7월 말부터
였다. 문재인 정부가 과거 정부의 노동 적폐를 청산하기 위해 고용노
동부 산하에 만든 고용노동행정개혁위(위원장 이병훈)가 9개월 동안의
활동을 끝내는 시점이었다. 노동개혁위는 최종 보고서에서 △5인 미
만 사업장에서의 근로기준법 적용 △전교조 법외노조를 직권으로 취

소할 것 등과 함께 불법파견 노동의 대표적인 사업장인 현대·기아차의 사내 하청 비정규직 노동자에 대한 직접고용 명령을 내릴 것을 고용노동부 장관에게 권고했다.

현대·기아차의 불법파견 피해 당사자인 김수억을 비롯한 비정규직 노동자들은 노동개혁위의 최종 결론이 나오기 며칠 전부터 노동개혁위가 열리는 건물(서울지방고용노동청)에 들어가 고용노동부 장관 면담을 요구하는 등 압박 시위에 나섰다. 결론이 나온 뒤에는 투쟁 강도를 더높였다. 노동개혁위의 여러 권고를 고용노동부가 즉각 실행하지 않고 미적거렸기 때문이다. 이들은 고용노동부뿐 아니라 여당인 더불어민주당과 국회, 정부서울청사, 대검찰청, 대법원 등을 찾아 항의 시위를 벌였다. 문재인 대통령과 비정규직 대표 100인의 대화를 요구하면서 청와대 앞에도 여러 차례 찾아갔다. 비정규직 연대 투쟁 과정에서 태안화력발전소의 비정규직 노동자 김용균이 일하다가 참혹하게 숨졌으며, 이를 계기로 중대재해법 제정 투쟁도 벌였다. 이러한 투쟁의 전면에는 항상 김수억이 있었다.

‖ 노동개혁위의 권고가 나온 뒤에는 기대가 컸겠군요.

저희는 대단히 기대했죠. 공공기관 비정규직 제로와 민간기업의 불법파견 해소 등 비정규직 문제 해결은 문재인 대통령이 직접 유튜브 방송('비정규직의 눈물')까지 했던 대선 공약이었던 데다가 초대 고용노동부 장관인 김영주 장관도 불법파견 문제를 해결하겠다고 약속했었거든요. 그래서 이번에 불법파견 문제만큼은 바로잡히겠구나 하고 기대했죠.

‖ 실제로는 고용노동부가 제대로 안 움직였고요?

네. 저희가 그해 9월 말에서 10월 초까지 서울고용노동청을 점거하고 농성한 것은 다른 게 아니라 노동개혁위 권고대로 지금이라도 왜 불법 파견에 대한 시정명령을 하지 않느냐고 고용노동부에 묻기 위한 것이었어요. 원청의 불법파견 문제에 대해서 고용노동부가 할 수 있는 게 있거든요. 시정명령을 내리고, 따르지 않으면 과태료를 때리고, 그래도 안 들으면 처벌하라고 검찰에 기소 요청을 하면 되거든요. 노동부는 2004년부터 그 권한 행사를 한 번도 안 해왔어요. 그동안 현대·기아차의 불법 파견을 확인하는 법원 판결만도 32번이나 있었는데도 말이죠. 그때는 이명박 정부와 박근혜 정부여서 그랬다고 쳐도 문재인 정부에 들어와서 안 움직였어요. 결국 저희가 점거 농성과 각종 시위를 벌이고, 제가 47일 간 단식(2019년 7월 말~9월 초)을 하고 난 뒤인 2019년 10월에야 고용노동부는 현대·기아차에 불법파견 시정명령을 했어요.

‖ 고용노동부가 노동개혁위의 권고가 있고서도 1년이나 시간을 끌었군요.

근데 끝도 없는 게 그 시정명령도 반쪽짜리였어요. 검찰에 기소 의견을 보내면 법원의 판결이 기준이어야 되잖아요. 법원은 컨베이어 벨트에서 업무를 하는 직접 공정이든 컨베이어 벨트 바깥에서 일하는 간접 공정이든 불법파견이라고 판단했죠. 그런데 고용노동부는 검찰과 회사가 주장했던 대로 직접 공정만 불법파견이라면서 그 부분만 기소 의견으로 송치하고 과태료를 요구했어요. 제가 단식에 들어간 것은 반쪽짜리 시정명령을 한다는 소식을 듣고 그걸 막기 위해서였어요. 2004년부터 따지면 15년 만에 겨우 시정명령을 하면서 법원 기준이 아니라 회사 쪽 주장대로 한다면 고용노동부가 재벌의 호위무사이지 노동자들을 대변한다고 할 수 없잖아요. 근데 단식이 끝나고 얼마 뒤 결국은 반쪽짜리로 시정명령을 하더군요.

|| 그렇다면 문재인 정부의 고용노동부도 이명박, 박근혜 정부 때와 크게 다를 바 없는데요.

고용노동부 자체가 재벌 편이니까요. 다른 말로는 설명할 수 없어요. 정부가 바뀌든 안 바뀌든 관계없이 고용노동부는 재벌 편에 서 있다는 거죠. 문재인 정부가 촛불 정부를 자임하면서 불법파견을 없애고 공공부문의 비정규직 제로 시대를 열겠다고 약속했지만, 아무것도 안 됐잖아요. 고용노동부의 책임은 결국 누구한테 있느냐 하면 그것은 노동부 장관에게 있고 마지막에는 대통령에게 있는 거죠.

|| 노동자를 위해 만든 고용노동부마저 노동자 편이 아니라고 보는군요.

모든 노동자들이 문제가 생기면 법원은 지난한 시간과 돈이 들기 때문에 고용노동부를 먼저 찾아가잖아요. 그때 우리 편을 들어달라는 게 아니라 노동부가 법과 기준에 따라서 자기가 해야 할 일들만 정확히 해줘도 아마 많은 노동문제가 해결이 될 겁니다. 그런데 임금체불이든 불법파견이든 고용노동부가 그렇게 안 하거든요. 노동자로서는 정말 진절머리를 칠 정도예요. 이번 문재인 정부에서도 노동행정개혁위원회 권고사항은 명확했는데 노동부가 그걸 안 따라서 문제가 커진 거죠.

|| 싸움을 하더라도 법의 테두리 안에서 할 수도 있잖아요. 그러면 경찰이나 검찰에 꼬투리도 안 잡히고요.

오죽하면 그러겠어요. 그렇게 악을 쓰는데도 문제인 정부가 우리 목
소리에 귀를 안 기울이잖아요. 비정규직 문제를 알리기 위해서는 불법
으로라도 농성하고 단식하는 것밖에는 다른 방법이 없었어요.

현대차와 기아차는 그 뒤 사내 하청업체의 노동자들을 특별채용 형식
으로 정규직으로 전환하기 시작했다. 검찰이 2019년 7월 재벌 기업 대
표로는 처음 불법파견 혐의로 기소한 박한우 전 기아차 사장에 대한
재판도 느리지만 진행 중에 있다.

‖ 지난한 투쟁의 성과인가요?

사실은 특별채용이 문제예요. 모르는 사람은 특별채용으로 정규직이
됐으니 이제 괜찮은 거 아니냐고 생각하잖아요. 그런데 특별채용으로
가는 사람들은 많은 걸 포기했습니다. 첫째는 정규직으로서 당연히 받
아야 할 그동안의 체불임금을 포기했어요. 제일 중요한 것은 파견 문제
에 대해서 법적 책임을 묻지 않겠다는 부분입니다. 그런 내용의 각서를
써야 특별채용 원서를 넣을 수 있어요. 당신들이 지은 죄를 추궁하지 않
겠다는 것을 피해자가 약속해야 하는 이런 나라가 상식적이라고 할 수
있습니까. 그런데도 왜 노동자들이 특별채용을 받아들이는지 아세요?
손해배상 소송 때문입니다. 특별채용을 수용하면 손해배상을 없던 일로
해주겠다고 하니까, 어쩔 수 없이 받아들이는 겁니다. 파업 한 번 하면
보통 수십억 원의 손해배상 소송을 회사가 노동자와 노조한테 하잖아
요. 법원은 회사 편을 들어주고요. 웬만해서는 버티지 못합니다. 게다가
특별채용도 1차 하청업체에 대해서만 하고, 2차와 3차 하청들은 대상에
서 제외하고 있어요. 그러고는 공장 안에 하청업체를 두면 불법으로 판
정이 나니까 이제는 하청업체들을 아예 공장 밖으로 빼고 있어요. 소위

합법 파견으로 만들어서 하청업체 노동자들을 만년 비정규직으로 두겠다는 거죠.

‖ 특별채용을 거부하고 남아 있는 사람도 있다고요?

불법파견 책임자들은 반드시 처벌받아야 한다, 그리고 내 권리를 포기하지 않겠다고 하는 사람들이죠. 기아차의 경우 약 350명 정도 되는데 저도 그중 한 명이고요. 현대·기아차라는 재벌의 불법파견은 사회적으로 공개된 범죄인데 이게 바로잡아지지 않으면 대한민국에서 어떤 기업체 사장이 불법파견을 안 하겠어요.

첫 파업 날 감격의 눈물

김수억은 2003년 기아자동차 화성공장의 하청업체인 신성물류에 입사했다. 조립할 자동차 부품을 순서대로 배열해주는 일을 하는 업체다. 그는 2005년 화성공장의 비정규직 지회 결성을 주도했으며, 2007년에는 비정규직 지회장을 맡았다. 2005년 노조 창립 때 4개월간 구속됐으며, 2007년 파업으로 2년 6개월 실형을 살았다. 두 번째 구속 때 5년간 해고됐다가 투쟁 끝에 2016년에 복직했다.

‖ 비정규직 싸움에 나선 계기는 뭐였어요?

2003년 4월에 입사를 했는데 진짜 노예 같았어요. 스물여덟 살이었는데 관리자가 저한테 한 달은 꾹 참고 일해야지 중간에 나가면 안 된다고 말했어요. 젊은 사람들이 들어왔다가 일도 힘들고 돈도 적은데 막 시달리니까 일주일을 못 버티고 죄다 도망가더라고요. 겨울에는 난로가 없고, 여름에는 에어컨은커녕 선풍기도 제대로 없었어요. 그런데 우리 바로 앞 정규직이 일하는 곳은 에어컨이 나오고 겨울에는 난로가 설치돼요. 심지어는 비정규직들에게는 현장에서 사용하는 장갑도 제대로 지급을 안 해줘서 정규직들이 쓰다 버린 장갑을 휴지통에서 주워 빨아서 사용했어요. 젊은 관리자들한테 50대·60대 고령의 노동자들이 반말과 욕지거리를 듣고도 말 한마디도 못 하는 상황이었죠. 인간적 모멸감, 이런 것들이 일상적 고통으로 있는 그런 곳이었어요.

‖ 그래도 직접 싸움에 나서는 것은 결단이 필요한 일일 텐데요.

실은 저는 비정규직 노조를 만들어야겠다는 생각을 가지고 기아차에 들어갔어요. 한국 사회에 비정규직 문제를 알려준 계기가 된 게 한국통신 계약직 노조 싸움(1999~2001년)이었는데 그때 우연히 연대를 하게 되면서 그들이 깨져나가는 것을 지켜봤죠. 그러면서 공장에 들어가서 비정규직 노조를 만들어야겠다는 고민을 본격적으로 했어요.

‖ 그러셨군요.

고향인 광주에서 초·중·고를 나오고 전남대학교 신문방송학교에 들어갔는데 학사 경고 누적으로 2학년 때 제적이 됐어요. 김영삼 정부 때였는데 광주 학살자 처벌을 요구하면서 매일 데모하느라 공부를 안 했거든요. 하하. 제적되고 1997년에 서울로 올라왔어요. 처음에는 다시 학교로 돌아갈 생각이었고, 학교도 제적생들의 복학 길을 열었어요. 그런데 제 관심이 노동문제로 옮겨오면서 다시 학교로 돌아가는 게 의미 없다는 생각이 들었어요. 대신 노동문제를 더 공부하고 싶어서 1999년에

"노조 만들고 첫 파업 하는 날,
현장의 비정규직 노동자들이 다 울었어요.
무서워서가 아니라 감격해서요.
사람대접을 못 받다가 우리가 일을
안 하고 파업하니까 공장이 서는 것을 보고는
'아, 우리가 공장 주인이었구나' 하는 것을
알았거든요."

성공회대를 들어갔어요. 밤에는 영등포백화점에서 야간 경비 일을 하면서 공부했죠. 그즈음 당시 동대문 근처 산꼭대기에 있던 전태일기념사업회 사무실에서 자원봉사 활동을 하게 됐는데 거기에 오는 해고 노동자들을 만나고, 한국통신 계약직 싸움을 보면서 고민을 많이 하게 됐죠. 그러다가 2003년에 기아자동차 공장으로 들어갔죠.

‖ 현장 경험이 하나도 없었는데요?

기아차 화성공장에 갔을 때 진짜로 막막했죠. 마음먹는다고 금방 노조를 만들 수 있을 거라는 기약이 없잖아요. 노조를 만들어본 적도 없고요. 마침 저보다 여섯 살 많은 형님이 한 분 계셔서 둘이서 노조 만들기에 나섰죠.

> 입사한 지 얼마 안 됐을 때 회사는 그가 대학생 출신이고, 학교 다닐 때 시위하다가 잠깐 구속된 경력 등을 파악해서 위장취업자라고 비난하는 '지라시'를 사내에 뿌렸다. 그를 고립시켜 노조 창립을 막기 위해서였다. 하지만 동료 노동자, 특히 중년의 여성 노동자들이 "대학 다니다가 이거 하는 게 뭐 나쁜 일이냐. 더 고마운 일이지"라며 그의 편을 들어줬다. 마침내 2005년 화성공장에 첫 비정규직 노조가 설립됐다.

‖ 입사 2년 만에 목표를 이뤘군요.

우여곡절이 많았어요. 약 2년 동안 회사 몰래 모임도 만들고 했지만, 다들 노조를 만드는 데 대해서는 주저하더라고요. 현대차 아산공장과 울산공장에서 비정규직 노조가 먼저 만들어졌는데 그들 전부가 해고당해서 밖으로 쫓겨나는 것을 봤거든요. 현대차에서도 깨졌는데 우리가 할 수 있겠느냐는 두려움이 컸죠. 그래서 조금 다르게 시작했어요. 노조를 세웠을 때 깨지지 않기 위한 최소한의 힘을 확보하지 않으면 무조건 패배하겠다는 생각이 들었거든요. 먼저 2년 동안 사내에 있는 업체마다 노동자회를 만들어서 노조를 설립하기 전에 작은 싸움이지만 업체의 노동환경을 개선하고 단결도 한번 해보는 등 그런 내부 조직화를 먼저 거쳤죠. 그래서 노조를 시작할 때 350명이 참가했어요.

‖ 노동조합 결성은 노동자의 권리인데도 여전히 현장에서는 그것조차 여간한 결단이 있지 않으면 안 되는군요.

노조 만들고 첫 파업 하는 날, 현장의 비정규직 노동자들이 다 울었어요. 무서워서가 아니라 감격해서요. 사람대접을 못 받다가 우리가 일을 안 하고 파업하니까 공장이 서는 것을 보고는 '아, 우리가 공장 주인이었구나' 하는 것을 알았거든요. 그때부터는 누가 시키지도 않는데 모두 노조 조끼를 입고 다녔어요. 조끼를 입고 있으면 누구도 말을 함부로 못 했거든요. 예전 같으면 정규직 반장들도 비정규직 노동자한테 반말에 쌍욕하고, 관리자들은 더 했는데 조끼를 입는 순간부터 사람대접을 받았거든요. 한 해 한 해 싸울 때마다 삶이 진짜로 바뀌어갔어요. 에어컨이 들어오고 공장에 난로가 들어온 날 다 박수 치면서 좋아했어요. 사내하청 노조 최초로 단체협약을 체결하고 원청이 고용을 보장한다는 확약서도 받아냈어요.

'비정규직 이제그만' 연대에 역점

∥ 뿌듯했겠어요.

그런 성과는 있지만, 크게 보면 20년 투쟁으로 바뀐 게 없더라고요. 오히려 비정규직은 더 늘었잖아요. 현대·기아차라는 재벌 기업만 제대로 바로잡아도 많이 바뀔 거라고 처음에 생각했는데 그게 아니라는 것을 알게 됐죠. 어느 사업장 한 군데에서 잘 싸운다고 해결될 수도 없고, 정말로 잘 싸운다고 하더라도 기껏해야 그 사업장에서 특별채용 정도를 이룰 뿐이죠. 공공 부문은 자회사의 정규직이 되는 짝퉁으로 끝나고 있고요. 이런 걸 보면서 비정규직 문제 해결은 정말로 지역이나 업종을 넘어서서 전체 비정규직이 단결해서 힘으로 해결하지 않으면 안 되겠다는 것을 깨달았죠. 그런 고민에서 탄생한 게 '비정규직 이제그만'이에요.

아직 독신인 김수억은 전통적 개념에서 가족의 기둥이다. 여든이 넘은 부모님과 누나, 여동생이 그의 가족이다. 여동생은 그가 기아차에 입사한 지 얼마 안 돼 심한 교통사고를 당해 약 7년간 뇌사 상태로 있다가 기적적으로 깨어났지만, 아직도 걸음걸이가 불완전할 정도로 돌봄이 필요하다. 동생 간호 등 실질적인 가장 노릇을 해온 누나도 얼마 전부터 암 투병 중이다.

∥ 가정 형편상으로는 노동운동에 투신하는 것이 결코 쉽지 않아 보이는군요.

가족에게 가장 미안하죠. 누나의 경우 어떤 면에서는 저 때문에 그런 일이 생긴 것 같아서 마음이 아프고요. 그런데 비정규직 노동자 개개인의 사정을 깊이 들여다보면 저 같은 사연이 없는 사람이 거의 없더라고요. 다 하나씩은 가지고 있고, 저보다 더한 아픔이 있는데도 활동하시는 분도 많아요. 그래서 저도 더 좀 제대로 잘해야지 하는 마음을 먹곤 합니다.

‖ 개인을 위해서나 사회를 위해서나 비정규직 문제가 잘 해결됐으면 좋겠어요.

분명히 어떤 계기가 만들어질 거라고 봐요. 그 계기들을 만들자고 우리가 계속 투쟁하고 있으니 때가 오겠죠.

그런 때를 위해 김수억의 시선은 개별 사업장을 넘어 비정규직 노동자 전체에 가 있다. 그런 점에서 김수억의 투쟁은 종착점이 아니라 이제 시작에 불과하다는 생각이 들었다. 아니나 다를까, 인터뷰를 마치려 하자 김수억은 기자를 자리에 앉히며 이렇게 말했다.

"이 말씀은 좀 꼭 드리고 싶어요. 재구형을 받으면 최후진술을 다시 할 텐데, 그때 하고픈 말인데요. 5년 6개월 구형을 달게 받겠다고 얘기하려고요. 다만, 이재용 삼성 부회장이나 정의선 현대차 회장처럼 불법을 저지른 재벌에 대해서도 저한테 했던 잣대만큼 가감 없이 법을 적용해달라는 얘기를 꼭 하려고요. 검찰이 저에게 내리는 구형과 앞으로 있을 사법부 선고대로 그들에게도 하는지 지켜볼 겁니다."

※ 서울중앙지법은 2022년 2월 김수억에게 징역 1년 6개월을 선고했지만, 다른 사건 재판을 받는 점 등을 참작해 법정구속은 하지 않았다. 재판부는 "불법파견이나 비정규직(은) 반드시 해결해야 할 문제가 맞다고 본다. 피고인들의 주장 자체에 이의가 없다"면서도 김수억 등이

"그 주장을 대외적으로 제시하는 방법"이 "선을 넘었다고 판단한다"고
밝혔다.

김수억은 기자회견에서 "상식과 정의는 함께 죽었다"며 "비록 우
리는 유죄선고를 받았고, 2심이나 대법원에서 다시 감옥에 갈 수밖에
없겠지만 결코 투쟁을 멈추지 않겠다"고 말했다.

후기

김수억(49) 씨는 비정규직 노동자입니다. 비정규직 문제 해결을 위해 스스로 비정규직이 된 사람입니다. 다니던 대학에 복학할 수 있음에도 마다하고, 이 시대에 가장 고통받는 사람들인 비정규직 노동자들 곁으로 갔습니다.

그 뒤 그는 두 번 구속됐으며, 수십 차례 경찰과 검찰에 불려다녔습니다. 지금도 여러 건 기소가 돼 재판을 받고 있습니다. 어떤 사람이길래 이렇게 비정규직 문제를 온몸으로 끌어안고 20년째 앞장서 싸우고 있는 걸까 궁금했는데 그와 만난 뒤에야 알았습니다. 그가 특별해서가 아니라 비정규직 노동 현장이 특별해서라는 것을 말입니다.

비정규직 노동자들이 노동 현장에서 얼마나 억울한 일을 당하는지, 법이 있어도 어떻게 안 지켜지는지, 기업주와 노동자 사이에서 최소한 중립을 지켜야 하는 정부가 어떻게 기업주 편을 드는지를 들은 다음에야 "비정규직 이제 그만!"이라는 그의 외침도 들려왔습니다.

서울중앙지법에서 2022년 2월 징역 1년 6개월을 선고받은 뒤 그와 통화하고 한 차례 더 만났습니다. 그는 "당장의 구속은 면했지만, 투옥되는 것이 잠시 미뤄진 것뿐이죠. 이대로 가면 2심이나 대법원 판결 뒤에 구속되겠죠"라며 남의 일인 듯 무덤덤하게 말했습니다.

그러나 저는 그의 내면에서 이는 사법에 대한 불신과 분노를 봤습니다. 그런 감정은 그만의 것이 아니라 수많은 비정규직 노동자가 공유하고 있을 겁니다. 정부와 대기업은 약속을 지키라는 이들의 요구가 감옥으로 가야 할 때 사법제도는 불신 받고, 공동체는 흔들리게 됩니다. 약자들의 목소리에 보다 진지하게 귀를 기울이는 사회가 됐으면 좋겠습니다.

(2019년 6월 25일 인터뷰)

"인생도 농사도 기다림입니다. 벼도 아이도 자립해야죠"

09

이동현

농부 과학자

+ ────────────────────────────

1969년 전남 고흥에서 태어났다. 순천대 농대와 서울대 대학원을 거쳐, 2000년 일본 문부성 장학생으로 규슈대에서 농학박사 학위를 받았다. 2004년부터 전남 곡성에서 생태농업과 함께 현미 발아 기술을 활용한 사업을 시작했다. 2015년 대산농촌문화상을 수상했고, 2019년 유엔식량농업기구(FAO)가 선정한 모범농민상을 받았다.

전남 곡성에는 농부 과학자가 산다. 발아 현미를 만드는 농업회사법인 ㈜미실란의 이동현 대표가 그다. 순천대 농대를 졸업한 뒤 서울대 석사와 일본 규슈대 박사가 된 미생물 과학자이기도 하다. 그는 일본에서 귀국한 지 3년 만인 2006년 서른일곱 젊은 나이에 농부가 됐다. 국내 학계의 높은 벽과 가난한 집안 사정 때문에 후순위로 택한 직업이긴 하지만, 그는 폐교를 가꿔 미래로 가는 길을 열고 있다. 논에서는 친환경 생태농업을 하며, 마을에선 공동체 가꾸기에 열심이다. 또 집안에선 가장의 권위를 버리고 헌신과 사랑을 실천한다. 농사처럼 삶도 풍성하고 건강하다.

그를 만나러 갔을 때는 가을 추수 직전이었다. 그의 생태 논과 거기서 자라는 벼부터 보고 싶어 미실란 앞에 펼쳐져 있는 논으로 나갔다. 수십 가지 벼가 품종별로 가지런히 익어가고 있었다. 근처 다른 논에 있는 벼들이 몇 차례의 태풍으로 인해 절반 정도는 논바닥에 쓰러져 있는 것과 달리 그의 벼들은 알곡 무게로 고개는 떨구었지만 한 포기도 넘어지지 않고 꼿꼿하게 서 있었다.

‖ 남들은 벼가 많이 쓰러졌는데 어떻게 했길래 이렇게 튼튼해요?

벼가 땅속 깊이 뿌리를 내려 튼튼하게 자라니까 어지간한 바람에는 끄떡도 없고, 병해충도 스스로 이겨냅니다. 땅이 이 정도로 생태적이 되려면 최소한 3년은 기다려야 하는데 보통은 그것을 못 기다리고 비료에 농약을 쓰는 관행농법으로 돌아가죠. 인생도 마찬가지지만 농사도 기다릴 줄 알아야 해요. 대부분의 사람들은 기다림을 모르거나 기다릴 여유가 없어 중도에 포기하고 말죠.

우렁이와 각종 생물이 살고 있는 논을 찬찬히 둘러보는 사이 논 옆에 있는 '미실란 밥카페(cafe) 반(飯)하다'에서 큰아들 재혁과 부인 남근숙이 점심을 준비했다. 2차 코로나 위기(2020년 8월) 이후부터 밥카페는 문을 닫고 있어 당분간 이동현 가족만의 식당이다. 두부 요리와 묵은 김치찜, 양배추찜, 백김치, 된장국, 부추전 등 채식 반찬들이 정갈했지만, 유기농 현미를 발아시켜 지은 밥이 핵심이었다. 밥만 한 술 떠서 오래 우물거리다 삼켰다. 다른 양념의 맛을 섞고 싶지 않을 정도로 밥맛이 구수하면서도 고소했다. 소설가 김탁환은 "밥알 하나하나가 탱탱하게 씹히며 다른 맛을 내고 다른 방향으로 튀었다. 반백 년을 밥상머리에 앉았지만, 이런 밥은 처음이었다"(『아름다움은 지키는 것이다』)고 표현했다. 맛도 맛이거니와 한 그릇 깨끗이 비우고 나니 밥심이 불끈 생기는 것 같았다.

유엔 모범농민상 수상

미실란의 밥 한 그릇에는 이동현의 세 가지 정체성이 담겨 있다. 벼 품종을 연구 개발해(과학자), 모내기부터 벼 베기까지 농사를 지은 뒤(농부), 스스로 개발한 발아기로 쌀눈을 틔우는(회사 대표) 땀의 결실이다. 유기농 발아 현미와 그 가공품을 만드는 회사인 미실란은 직원 11명에, 2019년 매출 9억 원을 기록했다. 15년의 관록으로 회사가 어느 정도 자리를 잡았지만, 그는 지금도 농촌진흥청과 벼 육종 및 재배 기술에 대해 공동 연구를 진행하고 있다. 2008년부터 2017년까지 그가 다른 연구자들과 공동으로 발표한 벼에 관한 논문은 13편에 이른다. 주변 농민들과 계약을 맺어 유기농 벼를 제값 주고 사들이고 있지만, 그는 지금도 약 3천 평의 논에서 벼농사를 직접 짓는다. 2006년 곡성에 들어온 첫해부터 실천해온 친환경 생태농업이다.

‖ 농부와 과학자, 회사 대표(CEO) 3개 직함 중 어느 게 가장 애착이 가요?

농부 과학자란 말이 좋아요. 농부를 안 했으면 겸손하지 않았을 것이고, 사람들이 저를 만나러 오지도 않았을 거예요. 농부 과학자이니까 과학자도 오고, 농부들도 오고, 일반 사람들도 오잖아요. 과학자만 하고 있으면 아마 지금 꼴통일 겁니다. 집사람과 데이트할 때 제가 맨날 두 손으로 팔짱을 끼는 버릇이 있었고 말이 거의 없었어요. 어느 날 집사람이 '선배, 선배는 입 없어요?'라고 물을 정도였어요. 이 사람 만나서 1년 정도 지나니까 제가 먼저 얘기하게 되더라고요. 팔짱도 남을 평가하는 것 같다고 집사람이 풀라고 해서 푸는 데 3년이 걸렸어요. 과학자만 했으면 이것 아직 못 풀었을 겁니다. 농부를 하니까 팔짱 낄 틈이 없어요. 맨날 논에 들어가서 피를 뽑아야 하니까요. 하하.

‖ CEO는요?

그건 너무 부담스러워서 별로예요. 우리 직원이 많을 때는 11명이었는데 한 명당 가족이 4명이라고 하면 40명을 책임져야 하니까 부담이 엄청나죠. 매달 월급 줘야죠, 농민들에게는 제값을 주고 쌀을 사야 하잖아요. 그래서 CEO는 지금도 가슴의 압박이고, 어깨의 큰 짐입니다.

‖ 농부가 더 힘들 것 같은데요. 더구나 농약 안 치는 생태농업을 하니까 손이 훨씬 많이 갈 거고요.

힘들긴 하죠. 예전에는 미실란 직원들이 예초 작업 등 많이 도와줬는데 지금은 시대가 변해서 오로지 농사일은 저 혼자 다 합니다. 그런데 보람 있는 것은 친환경 농업을 다른 분들도 따라 하니까 땅도 살고 섬진강

물도 살아나고 있는 점입니다. 다행히 제가 일하는 농토가 조금 줄었고, 코로나로 큰아들과 작은아들이 집에 있으면서 집안일과 농사일을 많이 도와줘요. 그런 점에서 올해는 정말 행복해요.

▍ 친환경 농업을 하는 농민들과 계약 재배를 더 하면 쌀농사를 직접 안 지어도 될 텐데요.

다른 사람들은 CEO라면 내 인건비가 얼마인데 하면서 안 하죠. 대신 사람들 만나서 골프 치면서 물건 납품할 거래처 만들면 더 번창하죠. 저도 그건 알아요. 그러나 농업법인의 대표가 농부가 아니게 되면 나중에 생물들이 어떻게 살아가고, 제품이 어떻게 만들어지는지를 잊어버리게 돼요. 그러면 저도 건방져져서 '아, 비싸면 수입해서 쓰면 되지'라거나 '그냥 제초제 쳐버리자'라는 사람이 되고 말 겁니다. 그런 걸 경계하기 위해서라도 많든 적든 간에 최소한의 농사는 직접 지으면서 현장에 머무르려고 합니다.

농부로서의 땅에 대한 헌신과 사업가로서의 도전 정신은 국내외에서 높은 평가를 받고 있다. 그는 농업 분야에서 국내 최고의 권위를 지닌 대산농촌문화상을 수상(2015년)했으며, 2019년에는 유엔식량농업기구(FAO)가 선정한 모범농민상을 받았다.

이동현은 사실 농부나 사업가 이전에 미생물을 이용한 농작물 병해충 방제 분야의 전도유망한 과학자였다. 2003년 일본 규슈대에서 농학박사 학위를 받을 때 이미 7편의 논문이 '국제 과학 논문 색인'(SCI)에 오를 정도로 명성을 떨쳤다. 연구자로서의 창의성과 능력을 높이 산 지도교수 오바 미치오는 그에게 일본이나 미국에서 박사후과정(포스닥)을 마칠 것을 간곡하게 권유했다. 이동현은 넓은 세계에서 연구하고픈 생각도 있었지만, 하루빨리 고국에서 자리 잡고 싶어 2003년 9월 귀국했다.

‖ 규슈대 박사후과정 제의를 마다하고 왜 서둘러 귀국했어요?

경제적으로 가난하니까 심리적으로 초조하고 불안했어요. 지도교수가 심지어 미국 대학의 포닥으로 연결해주겠다는 제안도 했는데 아무리 계산해도 애들 둘을 포함한 가족 생활비를 마련하지 못하겠더라고요. 3년 동안의 논문 등 연구 성과가 있어서 국내 대학에서 서로 데려가려고 할 줄 알았어요. 당연히 될 줄 알고 두 군데 대학에 지원했는데 안 됐어요. 대신 제가 가져왔던 300여 균주만 서로 탐을 내더군요.

‖ 다음 해에 다시 도전하지 왜 교수 되기를 포기했어요?

그때 저는 박사학위만 있지, 실은 거지였거든요. 그런데 그 학교 쪽에서 들려오는 소리가 '너는 실적 평가는 100점이지만, 앞으로 교수들과 관계를 잘 맺어야 하고 학교 당국에도 어떻게 해야 한다. 좀 더 기다리면서 해보라'고 하더군요. 연구 외에 다른 것은 할 줄도 모르거니와 집이 너무 가난해서 기다릴 여유가 없었어요.

이동현은 1969년 전남 고흥군 동강면 오월리 시골 마을에서 7남매의 막내로 태어났다. 고흥군수가 부임하면 늘 인사드리러 찾아온 유학자 아버지는 새벽부터 밤까지 글만 읽었을 뿐 생활에는 무능하고 무관심했다. 산골짜기 밭을 혼자 일구는 등 생활력이 강한 어머니의 도움으로 이동현은 보성 벌교중을 거쳐 광주의 전남고로 유학했지만, 1학년 담임 선생님의 '촌놈 차별'에 방황한 뒤 1988년 후기 대학인 국립 순천대 농대에 입학했다. 1992년 서울대 대학원에 들어간 뒤 박사과정까지 진학했지만, 곰팡이 독소 실험 과정에서 쥐를 죽여야 하는 게 너무 싫어서 자퇴했다. 다행히 그를 학자의 길로 이끌고 아꼈던 순천대 지도교수(고영진)가 규슈대에 추천해 2000년 일본 문부성 장학생으로 선발돼 유학을 갔다.

규슈대 지도교수까지 나서서 사업 진출을 말렸지만, 생계가 급했던 그는 전공을 살려 순천에서 2004년 9월 미생물을 이용해 병해충을 방제하는 신약을 만드는 회사(픽슨바이오)를 창업했다. 신기술에 대한 특허를 받았으나 경험 부족 등으로 얼마 못 가 회사 문을 닫고 말았다. 새 길을 모색하던 그에게 발아 현미가 운명처럼 다가왔다. 고향인 고흥 마을의 한 귀농 농부가 스스로 만든 현미 발아 기계의 고장이 잦고 발아율이 낮자 농학박사인 이동현에게 도움을 요청하고는 내처 기기 인수를 제안한 것이다. 전공 분야가 아니었지만, 이동현은 고심 끝에 친환경 농업과 쌀 소비 증진 등으로 농촌과 생태계를 살릴 수 있겠다는 판단에서 미생물에서 벼농사 및 현미 가공 사업으로의 방향 전환을 결심했다. 마침 그의 특강을 들은 고현석 곡성군수가 폐교 및 논 임대 등 적극적인 지원을 약속하면서 농부 과학자의 꿈을 곡성에서 펼쳐볼 것을 간곡하게 청했다. 이에 그는 순천 생활을 정리하고 2006년 5월 곡성으로 이사했다.

‖ 그때 이곳은 문 닫은 지 8년이 된 폐교였다면서요?

네, 지금이야 마당에 잔디가 있고 건물도 정비됐지만, 처음 올 때는 마당에는 잡초가 무성하고 건물 내부 곳곳에는 거미줄이 뒤덮여 금방이라도 귀신이 나올 것 같은 곳이었죠. 지금 밥카페가 있던 자리에 컨테이너를 놓고 가족 4명이 살았어요. 8년 동안 비었던 자리에 갑자기 불빛이 있으니까 지나던 사람들이 저녁에 다가와서 들여다보기도 했어요. 그래서 아내가 더 무서워했죠.

문을 닫은 곡성동초등학교 건물에 미실란 간판을 내건 이동현이 맨 먼저 한 일은 볍씨 278개 종을 골라 모를 키운 뒤 모내기를 한 일이었다. 논 1천 평에 품종별로 한 줄씩 손으로 일일이 심었다. 어느 품종이 어떻게 자라고 병충해에 강한지, 어떤 게 가장 현미 발아가 잘되는지, 맛과 기능은 어떤지 등을 연구하기 위해서였다. 이러한 품종 연구는 지금까지도 계속하고 있다.

‖ 올해(2020년)는 북한 벼도 심었다고요?

올해는 모두 28개 종을 심었는데 그중에는 북한 벼 5개 종도 있어요. 북한 벼는 예전 농촌에서 재배하던 재래종처럼 다른 벼보다 키가 커요. 기후변화에 대비하기 위한 실험으로 북방계 벼를 키워보고 있는데, 남북정상회담이 다시 열리면 남쪽 벼와 북쪽 벼를 5종류씩 섞어서 지은 평화와 화합의 밥을 만찬장에 올리고 싶어요.

이렇게 키운 벼들로 미실란 한쪽에 마련한 실험실과 발아실에서 현미 발아 실험을 계속했다. 그 결과 삼광벼가 현미 발아에 가장 적합하다는 것을 알아냈다. 발아기도 개량을 거듭해 특수 저온건조 발아법에 적합한 4호기까지 제작했다. 덕분에 까다로운 현미 발아율을 95%까지 높였다. 쌀눈이 붙어 있는 현미 자체로도 백미보다 영양학적으로 훨씬 뛰어나지만, 발아 현미는 맛이 좋아질 뿐 아니라 몸에서 소화 흡수도 훨씬 잘된다.

∥ 농가 식당인 '미실란 반카페 반하다'를 운영하는 것은 발아 현미를 알리기 위해서인가요?

꼭 그런 것은 아니고요. 사실 곡성에 올 때부터 밥과 떡이 있는 농가 레스토랑을 만들어 운영할 생각이 있었어요. 생태농업에 대한 이해를 높이고, 쌀 소비를 높이는 데 큰 도움이 되거든요. 그러나 식당 운영이 힘들잖아요. 그래서 집사람이 결심할 때까지 기다렸다가 오케이를 받고 2015년에 문을 열었죠.

"너무 사랑스러운데 왜 공부 강요해요?"

이동현은 농부, 과학자, 사업가로만 머물지 않는다. 동시대를 살아가는 시민의 한 사람으로서, 또 곡성군민의 한 사람이자 마을 주민으로서도 열심히 살고 있다. 귀국 직후부터 새만금 간척사업 반대운동에 적극적으로 참여한 것이 시민으로서의 활동이었다면, 곡성에 자리 잡은 첫해 가을부터 매년 봄, 가을마다 한두 차례씩 열고 있는 '미실란 작은 들판 음악회'는 마을 사람으로서의 자기 몫이다. 곡성과 인근 지역의 아마추어 음악인들이 주로 출연하는 들판 음악회는 코로나19 때문에 규모가 줄긴 했지만 2020년 5월 22회를 기록했다. 가을 추수가 끝날 즈음에는 창작 판소리를 중심으로 한 음악회 행사를 계획하고 있다. 또 밥카페 복도에는 미술가 등 지역 예술인들의 작품을 돌아가면서 전시하고 있다. 이러한 문화행사는 이동현의 짝꿍인 남근숙이 주도한다.

∥ 단체도 아니고 개인이 음악회를 여는 것은 여간 힘든 일이 아닌데 한 해도 쉬지 않고 개최하고 있다니 대단합니다. 부인께서 주도하신다고요?

제가 어릴 때부터 음악을 좋아해서인지 제가 어딜 가나 문화 콘텐츠를 즐기고, 그런 게 없으면 직접 만들어요. 여기서도 모닥불을 피우고 싶었죠. 하하. 곡성에 와서 지역축제에 가보면 너무 술판 위주고 어른을 위한 행사더라고요. 그래서 가족 단위로 와서 남녀노소가 다 즐길 수 있는 문화행사가 됐으면 좋겠다고 해서 만든 게 음악회였어요. 중학교 때부터 꿈꾼 소원을 이뤘는데 애들 아빠가 전적으로 지원해줘서 가능했어요. 처음 5년간은 밥과 떡을 만들어 오시는 분들한테 다 대접했거든요. 또 출연자들이 다 재능기부를 했더라도 뭔가 사례를 해야 하는데 없는 살림에 남편이 그런 비용을 모두 허락해서 가능했죠. (남근숙)

행사의 연륜이 쌓이니까 이제 관객이 문화를 만들어주고 있어요. 관객분들이 출연자 등 사람들을 연결시켜 주기도 해요. 이제 문화행사가 어느 정도 자리 잡은 것 같아요. (이동현)

이동현과 남근숙은 곡성의 시민단체인 '곡성교육희망연대'에도 처음부터 주도적으로 참여하고 있다. "교육이 희망이 되는 곡성, 함께 지켜나가는 활기찬 지역공동체, 학생·교사·학부모가 교육의 당당한 주체"가 되는 것을 목표로 2011년에 창립한 교육희망연대에서 남근숙은 초대 사무처장(현재는 공동대표)을 맡았으며, 이동현은 기록 담당을 자임했다. 이 단체는 곡성중학교 교장공모제 실시(2011년)에 기여했으며, '곡성 교육 200인 원탁토론회'(2016년) 등을 열어 정책 대안을 모색하기도 했다. 또 학부모들이 학생들의 진로체험 행사에 직접 참여해서 아이들과 대화하는 '사람책 콘서트'도 곡성중에서 열었다.

‖ 교육과 관련한 활동 내용을 보니까 이른바 '치맛바람'과는 거리가 먼 것 같아요.

여기 와서 보니까 초등학교 고학년이 되면 많은 아이들이 광주 등 대도시로 전학을 가는 거예요. 교사들도 빨리 떠나려고 하는 등 중학교 분위기가 너무 안 좋았거든요. 자영업자 등 지역 주민들의 위기감이 컸죠. 이대로는 안 되겠다 싶어 주민들이 나섰죠. 우리들 학부모끼리, 또 선생님들과 대화하면서 아이들과 소통하기 위해 애썼어요. 일주일에 한 번씩 아침 등교시간에 교장 등 선생님들과 학부모, 학생회 간부들이 교문 앞에서 아이들을 안아주면서 '사랑합니다' 하고 인사했어요. 처음에는 '이게 뭐지?' 어리둥절해하던 아이들이 차츰 자존감이 높아지는 게 뚜렷해지고, 아이들 간 폭력도 거의 사라졌어요. 치맛바람이 세진다면서 싫어하던 선생님들도 우리 활동을 받아들이는 등 태도가 바뀌더라고요. (남근숙)

선생님들과의 관계가 풀리면서 제가 제안한 게 농촌 체험교육이었어요. 농촌 아이들이 서울 아이들과 다를 수 있는 게 자연과 환경, 농업인데 어른들이 그런 것을 안 가르치니 아이들이 농촌과 농업의 가치를 모르고 크잖아요. 그래서는 농촌 아이들의 자존감이 떨어질 뿐만 아니라 서울 아이들과의 경쟁에서 당할 수가 없죠. 그때부터 유치원생들이 매년 모내기 체험과 추수 체험활동을 여기 와서 하고 있어요. (이동현)

남근숙은 순천에서도 상가 지역에서 나고 자란 까닭에 순천대 농대 임학과에 들어갈 때까지 손발에 흙을 묻히지 않고 살았다. 친구의 소개로 서울대 대학원을 자퇴하고 순천에 내려와 있던 이동현을 만나 1년 남짓 사귀다가 1999년 초에 결혼했다. 그는 아파트 생활이 익숙한 도시 사람이었지만, 곡성의 폐교로 이사하는 것을 반겼다.

Ⅱ 당시 큰아이가 초등학교 1학년이 될 때여서 대개의 부모들은 아이 교육을 걱정하잖아요. 그런데 오히려 도시에서 농촌으로의 이사를 좋아했다고요?

둘째 애가 아토피가 아주 심해서 흙에서 뛰어놀 수 있는 곡성이 아이에게 더 좋을 것이기에 잘됐다 싶었죠. 저는 여기 와서 좋았던 게 아이들에게 아무것도 안 시킬 수 있는 자유로움이었어요. 가장 중요한 것은 우리 둘이라고 생각했어요. 아이들은 우리 둘의 모습을 보면서 자라거든요. 아이의 미래를 미리 세팅해놓고 할 일을 다 결정해주고, 다음 학년이 걱정돼 선행학습 시키는 것은 안 했으면 좋겠다고 했는데 애 아빠가 받아줬어요. 그래서 생활은 좀 불편해도 즐거운 마음으로 이사 왔죠. (남근숙)

Ⅱ 아이들 학습 문제 등 공부 걱정은 정말 안 했어요?

그건 결혼 전부터 우리에겐 없었어요. 제가 대학원에서는 상담을 전공했는데 청소년 상담을 하면서 공부 압박 때문에 힘들어하는 아이들을 많이 봤어요. 부모들의 욕심 때문에 아이들을 망치고, 가족 전체가 불행해지는 것을 보면서 아이를 낳더라도 공부를 강요하지 않기로 남편한테 다짐을 받았어요. 하하. 가난한 집안 출신으로 지방대 졸업하고 서울대에서 공부한 사람이 가지기 쉬운 학력 콤플렉스를 아이들에게 전가할까봐 솔직히 걱정됐어요. 잘난 사람들이 자식들에게 그렇게 하는 것을 많이 봤거든요. 다행히 남편은 수용성이 아주 좋아서 제 의견이 맞다 싶으면 지금도 다 받아주고 실천해요. 주변 사람들이 가끔 저한테 아이들 문제로 물어오면 그런 말을 해요. '공부 빼면 아이들이 너무 사랑스럽지

"농촌 아이들이 서울 아이들과
다를 수 있는 게 자연과 환경, 농업인데,
어른들이 그런 것을 안 가르치니
아이들이 농촌과 농업의 가치를
모르고 크잖아요. 그래서는
농촌 아이들의 자존감이 떨어질 뿐만 아니라
서울 아이들과의 경쟁에서 당할 수가 없죠."

않아? 그런데 왜 공부를 강요해서 아이와 사이를 나쁘게 해?'라고요. 하하. 아이들하고 그때그때 나눠야 할 대화가 많은데 부모들은 보통 공부 때문에 아이들과 그 시기에 나눠야 할 대화를 못 하죠. 나중에 커서 모든 게 결정된 상황에서 대화하려면 이미 안 되죠. 저는 그런 모습이 제일 안타까워요. 우리는 사교육뿐 아니라 학교 공부도 강요하지 않았어요. (남근숙)

곡성에 이사 와서 경운기를 맨 먼저 샀는데 읍내에 나갈 때 짐칸에 아내와 애들을 태우고는 오픈카 놀이를 했어요. 하하. 젊은 부부가 미친 모양이라고 사람들이 우리를 쳐다봤는데 저 사람이 박사 농부구나 하고 쉽게 저를 알아보는 계기가 됐어요. 아무튼 큰아이는 고등학교 2학년 1학기 때까지는 대학에 안 가겠다고 해서 저희는 좋다고 했죠. 중학교 때 이미 대학을 안 가겠다고 해서 그럼 실업계를 가라고 했는데, 친구들이 다 인문계 간다면서 자기도 인문계를 택했어요. 2학기가 돼서 다른 친구들이 다 대학 간다면서 자기도 대학에 가면 안 되겠느냐고 해서 그러라고 했죠. 뒤늦게 뒤처진 학습을 따라가느라 아이가 1년 남짓 고생을 많이 했죠. (이동현)

아침밥은 아빠, 저녁밥은 아들이

공부 대신에 이들이 강조하고 신경 쓴 것은 아이들의 자립심이었고, 부모의 모범이었다. 결혼 초기에는 서로 반말을 하다가 큰아이가 말을 배울 때부터는 존댓말로 바꿨다. 아이들이 사춘기에 들어갈 즈음부터는 가족회의를 주말마다 열었다. 방에 둘러앉아 서로 발을 맞대고 시작하는 가족회의에서 멤버들은 모두 평등하다. 좌장과 서기는 매번 가위바

위보로 정하며, 발언하는 사람은 누구나 존댓말을 사용해야 한다. 이 집에서 아침밥은 매일 이동현이 짓는다. 2007년 어느 날 새벽 논일하러 나가다가 악몽을 꾸는 아내를 보고 아침밥을 지어놓고 갔다 온 뒤, 아내가 행복해하는 모습을 보고는 그 후로는 아침은 이동현이 차리고 있다. 그러자, 어느 순간부터 저녁밥은 대부분 두 아들이 준비한다.

‖ 평등한 가족회의도 엄마의 아이디어였다고요?

재혁이가 사춘기가 되니까 아빠의 모든 것을 부정하는 등 대항하려고 하더군요. 이때 부모의 권력과 힘으로 누르면 어긋나게 되죠. 그때 고민해서 생각한 것이 평등하게 진행되는 가족회의였어요. '재혁님, 얘기해 보세요. 아, 그러셨어요. 그럼 기분이 상당히 나빴겠네요'라는 식으로 말하는 게 처음에는 우습고 그랬지만, 꾸준히 하니까 각자의 삶을 돌아보게 되고 가족 간의 갈등과 문제를 대화로 풀게 됐죠. 지금도 아이들 진로 문제 등을 가족회의에서 결정해요. 재혁이 대학 진학 문제도 그렇게 결정했어요. (남근숙)

아이들에게 최선을 다한 뒤 기다려준 결과는 천천히 나타났다. 두 아들은 이제 부모의 조력자를 넘어 동지로 성장했다. 전남대 식물생명공학부(농대)에 재학 중인 재혁은 아버지 같은 농부가 되겠다는 생각을 굳혔으며, 같은 대학 생명과학기술학부(자연대)에 다니는 재욱은 아버지가 걸었던 미생물 과학자의 길을 꿈꾸고 있다. 둘은 공부하는 틈틈이 예초기로 논두렁 풀 깎기, 밥카페 앞 나무데크 깔기, 미실란 창고 페인트칠하기 등 크고 작은 집안일에도 앞장선다. 어릴 때부터 아버지를 도와 논에 들어가서 피 뽑기를 했던 형제에게 노동은 자연스러운 일과다. 마침 근처에 있던 큰아들을 불러 물어봤다.

▍젊은 사람들이 기피하는 농사를 지을 생각을 언제부터 했어요?

농대를 선택할 때부터 명확한 뜻이 있었던 것은 아니고, 농업에 대한 기초를 배우고 싶다는 가벼운 마음이었어요. 주위 환경이나 부모님을 보면서 평소 '이렇게 살면 좋겠구나'라는 생각을 했던 것 같고, 농업과 농부에 대해 본격적으로 생각하게 된 것은 올해부터입니다. (이재혁)

올해는 코로나 등으로 두 아들이 집에 있어서 저에게 얼마나 큰 힘이 되는지 몰라요. 올해 같으면 농사를 더 지어도 될 것 같아요. 하하. 큰아들이 앞으로 미실란을 잇겠다고 하니까 저는 둘째와 함께 미생물 연구를 본격적으로 다시 하고 싶어요. 일본에서 암세포를 죽이는 미생물 연구를 본 적이 있는데 그런 연구를 하려고요. 그 생각을 하면 지금도 가슴이 뛰어요. 우여곡절 속에서 제 인생의 폭이 넓어졌기에 지금의 삶에 만족하지만, 전공 분야 연구에서 멀어져서 아쉬움이 있었거든요. (이동현)

그러나 이동현의 뿌리는 생명이 꿈틀대는 논에 굳건히 박혀 있다. 앞으로도 그는 이 땅의 농부로 살아갈 것이다.

"나는 농부입니다. 죽는 날까지 잘할 자신은 없습니다. 작은 힘이지만 농부의 삶을 고맙게 받아들이고 최선을 다해 국민의 식량창고, 식량주권 지키는 데 늘 현장에서 고민하고 기록하고 지켜가겠습니다."(이동현 페이스북. 2020년 8월 27일)

후기

농부 과학자인 이동현(53) 미실란 대표를 만나러 곡성에 갔을 때 그의 회사이자 사무실에는 부인 남근숙 씨와 첫째 아들이 있었습니다. 이 대표의 페이스북에서 봤던 아들이었습니다. 초등학교 시절부터 아버지와 함께 논에서 피 뽑고, 부모가 사업상 멀리 출장 가면 동생 밥을 차려주고, 최근에는 미실란 주변의 페인트칠, 청소 등 온갖 일을 다 하는, 부모라면 누구나 부러워할 청년입니다. 코로나 사태로 학교 기숙사에서 나와 집에 머무르고 있는 그는 이날도 부엌에서 엄마와 함께 점심을 준비하고, 식탁을 차리는 일을 도맡았습니다. 작은아들은 볼일 보러 나가고 없었지만, 그 역시 형 못지않게 집안일을 자발적으로 하고 있다고 합니다.

어떻게 키우면 저렇게 착하고 듬직하고 대견한 청년이 될까? 궁금증을 마음 한편에 안고 인터뷰를 시작했습니다. 답은 의외의 곳에 있었습니다. 특별히 요청하지 않았는데도 고맙게도 인터뷰 자리에 끝까지 함께했던 부인이 비밀의 열쇠였습니다.

현미 발아나 판매 등 미실란의 운영은 이동현 대표가 도맡다시피 하고 있지만, 사랑과 자율로 운영되는 이동현네 가족 공동체 조타수는 부인 남근숙 씨였습니다. 아이들에 대한 공부 강요 금지, 동등한 눈높이의 가족회의 등등이 모두 남 씨의 생각과 아이디어였습니다.

인터뷰 얼개나 내용도 자연스레 바뀌었습니다. 곡성에 갈 때는 이동현 대표만 머릿속에 꽉 차 있었지만, 떠나올 때는 미실란의 이사이기도 한 남근숙 씨가 절반을 차지했거든요. "공부만 빼면 아이들이 얼마나 사랑스러운데 왜 공부를 강요해요?"라는 남근숙 씨의 말이 지금도 귓가에 생생하게 울립니다.

(2020년 9월 17일 인터뷰)

"'운동권 조롱' 불편해하기 앞서 민주화 세력 겸손해져야 해요"

10

김정남

민주화 운동의 막후

+

1942년 대전에서 태어나 서울대 정치학과를 졸업했다. 1970년대부터 민주화 운동 외길을 걸었다. 1987년 박종철 고문치사 사건이 조작되었다는 사실을 천주교정의구현전국사제단을 통해 폭로함으로써 6월항쟁이 폭발적으로 전개되는 데 기여했다. 1988년 《평화신문》 편집국장으로 창간에 참여했고, 문민정부 시절 청와대 교육문화사회수석비서관을 역임했다.

"그의 발길이 미치지 않고 그의 손길이 닿지 않은 민주화 운동이 없었다. 그러나 한 번도 자신을 드러내지도 않았고, 또 내세운 일도 없었다."

김수환 추기경이 생전에 『진실, 광장에 서다』 추천의 글에서 김정남 전 청와대 교육문화사회 수석을 평가한 대목이다. '민주화 운동의 대부', '민주화 운동의 비밀병기', '막후 기획자' 등의 별명을 가진 김정남은 박정희 유신 독재 시절의 사법살인인 인혁당(2차) 사건에 대한 진상 조사와 김지하의 양심선언에서부터 전두환 정권 시절의 김영삼-김대중 공동성명, 박종철 고문치사 사건의 은폐 조작 폭로에 이르기까지 주요한 역사적 순간마다 막후에서 활약했다. 6월항쟁 때 그의 역할은 영화 〈1987〉에서 설경구가 연기한 인물로도 잘 그려져 있다.

그러나 김정남은 민주화가 될 때까지 숱한 운동단체의 고문 자리하나 맡은 적이 없었다. 가정환경 조사 때 아빠 직업을 늘 무직으로 적어야 했던 아이들의 어린 시절 소원은 "통·반장 아빠"였다. 민주화 이후에도 그는 《평화신문》 편집국장 대리, 청와대 수석을 잠깐 지냈을 뿐 대부분의 시간을 민주화 운동과 관련된 글을 쓰는 데 보냈다.

김지하 구명 활동이 본격 운동의 계기

∥ 한인섭 한국형사정책연구원장과의 대담 형식으로 회고록(『그곳에 늘 그가 있었다』)을 냈는데 그동안은 여러 군데에서 요청이 와도 거절했다면서요.

2005년에 창비에서 『진실, 광장에 서다』를 내고 난 뒤에 회고록으로 미진한 부분을 보완해달라는 권유를 몇 차례 받았어요. 회고록이라는 게 보통 자기 자랑하는 거라서 상당히 조심스러워서 못 하겠다고 했죠.

한인섭 교수께서 이전에 낸 함세웅 신부님의 회고록(『이 땅에 정의를』)을 보고 함 신부가 빠트린 부분을 보충해야겠다는 생각이 들었고, 그동안 홍성우, 함세웅 회고록 등 현대사 정리 작업을 해온 한 교수가 마지막으로 저와의 대담을 맡아주겠다고 해서 응했습니다.

‖ 책에 보면 "굉장히 무섭고 두려웠다"는 말이 여러 군데 있어요. 민주화 운동의 비밀병기라든가 막후 주역이라는 별명이 주는 이미지는 주도면밀하고 불굴의 의지를 가진 강한 인물인데 실제로는 늘 두려움에 떨었다고요?

두려울 수밖에요. 1964년 처음 중앙정보부에 잡혀갔을 때 그들이 '너 하나 죽이는 건 문제가 아니다. 휴전선에 데려다 놓고 네가 도망가려고 해서 쏴 죽였다고 하면 끝이다'라는 얘길 했어요. 말만의 협박이 아니라 얘들은 실제로 그럴 수 있거든요. 그동안 수백 건의 의문사 중에 몇 건은 아마 그런 식의 죽음이 있지 않을까 싶어요. 정의구현사제단 신부님들이 최종길 교수의 의문사 진상조사(1974년 12월)나 2차 인혁당 사건의 구명 활동을 위한 성명서 작성(1975년 2월) 등을 요청했을 때 신부님들은 '천주님 빽'이 있지만 저는 잡혀 들어가면 어떻게 될지 모르니까 늘 무서웠죠. 그래서 인혁당 사건을 조사하면서도 피해자 가족들을 직접 만나는 것은 피하고 싶었어요. 제가 관여한 것을 나중에라도 중앙정보부가 알면 살아남을 것 같지가 않았거든요.

‖ 죽임을 당할 수도 있다는 위협을 늘 느끼면서도 그 길을 계속 걷게 한 힘은 무엇이었나요?

무서워도 차마 떠날 수가 없었어요. 1974년 친구 김지하가 민청학련 사건으로 잡혀 들어간 뒤에 지하 어머니가 일주일에 두어 차례 찾아오

셨어요. 양심수의 대모였던 김한림 선생도 함께 오셔서 재판 진행 소식
이나 양심수들에 대한 얘기를 전하면서 도움을 청하는데 그것을 차마
외면할 수 없었어요. 그렇게 한발 한발 내딛다 보니까 여기까지 온 거죠.
그 과정에서 추기경님이나 천주교 신부님 등 주변의 많은 분들이 저를
겹겹이 보호해줬어요. 그 덕분에 오늘까지 올 수 있었죠.

김정남은 대전고 3학년 때인 1960년 3월 이승만 독재와 부정선거에 항
거하는 대전 시위(3·8 민주의거)에 참여한 것을 계기로 저항정신을 다
지기 시작했다. 법대 진학을 꿈꾸기도 했지만, 3·8 의거 및 4·19를 경험
한 뒤에는 "법대는 고시를 봐야 한다는 것이 좀 구차하다는 생각도 들
고 한편으로는 4·19 이후에 높아진 민주화에 대한 기대 때문에 정치학
과를 선택"(『그곳에 늘 그가 있었다』)했다. 학창 시절 서울대 문리대 신
문인 「새세대」의 기자로 활동한 김정남은 1964년 6·3 시위 주도 등 학
생운동의 중심인물 중 한 명이었다. 그는 6·3 시위의 배후로 지목된 학
내 조직 '불꽃회' 사건으로 1964년 구속돼 6개월 옥살이를 했다. 마르
크스주의를 동경했던 불꽃회에 연루돼 "좌파의 맹장" 취급을 받았으
나, 기본적으로는 "그때나 지금이나 여전히 자유로운 영혼을 가진 한
인간"(『그곳에 늘 그가 있었다』)이었다.

6월항쟁의 뿌리는 70년 감옥살이

‖ 대학 졸업(1966년) 후에는 취업 등 다른 길을 갈 수도 있지 않았나요?

취업할 수 있는 길이 있었을지도 모르지만, 그때는 국가보안법 위반
이 되면 감옥에 들어가자마자 옷 위에 빨간 딱지를 붙여요. 한번 빨간 딱

지가 붙으면 평생을 지긋지긋하게 따라다니죠. 어디 취직하기가 만만치 않고, 시험 쳐서 공직에 가는 것도 쉽지 않으니까 방황할 수밖에 없어요. 그러던 중에 통혁당 사건(1968년) 등 여러 공안 사건이 터졌어요. 그런 것들과 직접 연관이 없어도 잡혀 들어가는 판이니까 일단 튀고 보자 해서 리어카를 한 대 사서 녹번동 일대의 밭에서 배추 등 야채를 사다가 불광동 시장 등에 내다 파는 장사를 하기도 했어요.

혁명을 꿈꿨던 김정남이 의회주의와 대중운동에 눈뜬 것은 1971년 신상우(2012년 작고) 의원을 만나면서부터였다. 그는 지인의 소개로 서른네 살의 초선 의원 신상우의 비공식 보좌역으로 대정부질문 등 의정활동을 도왔다. 똑똑한 야당 의원으로 평가받은 신상우는 전두환 세력이 집권한 뒤 관제 야당인 민한당의 창당 주역으로 '발탁'됐다.

‖ 직접 정치를 할 수도 있었을 텐데요?

신 의원이 민한당 실세인 사무총장 시절 11대 총선(1981년) 공천을 할 때 저랑 상의했죠. 당시 고영구 변호사와 친구 홍사덕(2020년 6월 작고) 등을 추천해서 의원이 됐고요. 그런데 난 그때까지도 현실정치를 별로 신뢰하지 않았기에 의원이 되고 싶다는 생각이 없었어요. 나중에야 노동운동에 뛰어들어 노동자들과 백 번 데모하는 것보다 국회에서 한 번 올바르게 발언하는 의정활동이 훨씬 더 효율적이라는 걸 알았죠. 의회주의를 무시할 게 아니라 최대한 활용해야 된다는 걸 뒤늦게 깨달았어요.

1975년 민주회복국민회의를 결성해 민주화 투쟁의 한 방편으로 양심선언 운동을 제창하는 등 70년대에도 그의 족적은 뚜렷하지만, 김정남이 가장 빛난 지점은 1987년 6월항쟁 때였다. 그해 1월 초 경찰의 남영동 대공분실에서 조사를 받던 서울대생 박종철 군이 물고문으로 숨진 뒤 전두환 독재정권에 대한 국민들의 분노가 부글부글 끓기 시작했다. 경찰은 처음에는 "책상을 탁 치니 억 하고 숨졌다"고 거짓 발표를 했다가 국민적 분노에 밀려 범인을 3명으로 축소 은폐했다. 이들 3명이 잡혀간 영등포교도소에 먼저 들어와 있던 이부영(전 의원)이 교도관한테 범인 축소 조작된 사실을 듣고는 비밀 편지를 써서 김정남에게 전했다. 이부영은 신문을 통해 터트릴 것을 제안했지만, 김정남은 가장 효과적이고 파급력이 큰 방안을 구상했다. 김정남이 작성한 성명은 그해 5월 18일 명동성당 특별미사에서 천주교정의구현전국사제단의 발표로 세상에 나왔다. 이는 6월 10일 전국 22개 도시에서 열린 '박종철 군 고문살인 은폐조작 규탄 및 민주헌법 쟁취 범국민대회' 등 6월항쟁의 불쏘시개가 됐으며, 결국 독재정권의 대국민 항복인 6·29 민주화선언으로 이어졌다.

∥ 박종철 고문치사 사건의 은폐 조작을 폭로할 때에는 '내 이름을 밝혀도 좋다'고 하셨다고요?

사건 조작이 이렇게 됐다는 내용의 편지를 추기경과 함세웅 신부한테 여러 번 보냈는데도 이것이 발표가 안 되는 거예요. 두 분 다 내가 말한 것이 사실이라고 믿으면서도 무슨 이유에서인지 자꾸 발표가 늦어지길래 제보한 사람이 김정남이라고 세상에 공개해도 좋다고 했죠. 이것이 독재정권과의 마지막 승부가 될지 모른다고 생각했거든요. 이 정권을 심판할 수 있다면 내 이름이 공개되는 게 뭐 그리 대수겠나, 마지막 싸움을 위해서라면 어떤 개인적 희생이든 감수하겠다는 생각이었어요.

‖ 6월항쟁의 또 다른 숨은 주역은 이른바 민주 교도관들이죠. 경찰 고위층이 고문 경관들을 면회해서 회유하는 얘기를 듣고 이부영 씨에게 말해준 안유 당시 보안계장, 비밀 편지를 밖으로 전한 한재동 교도관, 이를 받아서 선생님에게 전달한 전병용 전 교도관(당시 수배 중) 등이 그들인데, 전병용, 한재동 씨는 오래전부터 인연을 맺어왔었죠?

1970년 서울대 사범대 독서회 사건으로 두 번째 감옥에 갔을 때 전병용 씨를 알았어요. 제가 겨울이었는데도 새벽에 수건으로 냉수마찰을 하는 걸 보면서 교도관들이 저 사람 대단하다고 생각했다고 해요. 또 저는 사식을 일절 안 먹고 감옥 안의 규칙을 철저히 지키는 등 구차하게 굴지 않았어요. 그런 것에 대해 저를 달리 여겼는지 출옥한 뒤에도 연락이 되어 아주 가끔씩 같이 놀러 다니는 등 어울렸죠. 물론 그들이 관심이 많은 복지 문제 해결 등에 대한 조언을 해주면서 서로 신뢰가 쌓였고요. 민청학련이나 인혁당 사건 등 이후 양심수 재판 때마다 효과적인 대응을 짤 수 있었던 것은 이들 덕분이었어요. 이들이 밖에 있는 저와 안에 있는 민주인사들과의 통신을 다 중개해줬죠.

김정남은 1970년대부터 이른바 재야 민주화 세력을 단일 대오로 묶어내고 야당의 두 지도자인 김대중(DJ)과 김영삼(YS)의 연대를 끌어냈으나, 두 사람이 갈라설 때는 김영삼 편에 섰다.

‖ 당시 재야인사의 다수는 김대중 씨 편에 섰었는데요?

임진왜란 이후에 재상을 한 사람 중에 서애 유성룡이 있고 오리 이원익이 있는데 이원익이라는 사람은 하도 착해서 그 사람 앞에서는 차마 거짓말을 할 수가 없고, 유성룡은 워낙 똑똑해서 거짓말하면 들통이 나니까 그 앞에서도 거짓말을 할 수가 없었다고 그래요. 내가 볼 때 이원익 쪽에 해당하는 게 김영삼이고, 유성룡에 해당하는 게 김대중이었어요. 그래서인지 김영삼을 보면 나라도 곁에 있어줘야 될 것 같은 느낌이 있었어요. 또 1987년 대선을 앞두고 YS와 DJ가 대립할 때 나는 김영삼이 후보가 되는 게 옳다고 봤어요. 박정희를 거꾸러뜨린 것은 1970년대 말 김영삼의 용기 있는 행동의 결과였거든요. 3당 합당(1990년) 때는 그 길이 옳은 것은 아니지만, 그걸 반드시 부정적으로만 볼 필요는 없다고 생각해서 말리지는 않았어요. 그다음 1992년 대선 때도 양김 단일화가 안 되면 노태우를 잇는 독재 세력이 또 될 텐데 그러면 또다시 우리가 민주화라는 고생을 해야 하는 게 아닌가 하는 생각에서 말이죠.

그는 김영삼 정부의 초대 교문사회수석으로 1993년 2월부터 이듬해 말까지 청와대에서 일했다. 대통령 취임사와 금융실명제 실시 담화문 등 굵직한 발표문 작성을 도맡다시피 했으며, 전교조 해직교사 복직을 주도했다. 재직하는 동안 보수 세력한테 '빨갱이 수석'이라는 공격을 집요하게 받았다.

‖ 재야에서 민주화 운동을 하다가 청와대에서 일해보니까 어땠어요?

사실 민주화라는 것만 되면 모든 게 다 잘될 거라고 생각하고 그것만 향해서 마구 달려왔는데 막상 국정 운영에 참여해보니까 우리가 너무 무식하고, 국정에 대해서 모르는 부분이 너무 많았어요. 우리는 민주화를 위해서 밤새 울어보긴 했지만, 이 나라가 어디에 서 있고 어디로 가고 있는가에 대해서 멈춰 서서 한 번도 고뇌해본 적이 없었잖아요. 나 자신의 무지를 새삼 느꼈고, 국정 하나하나에 경건해야 하는 거구나 깨달았죠.

‖ 5·18 책임자를 기소해서 처벌해야 한다는 조언을 하셨다고요?

그때 민정수석실 유권해석으로는 전두환, 노태우에 대한 공소시효가 아직 남아 있는 상황이었어요. 그 사람들을 미워해서 처벌하자는 게 아니라 이들을 법적 심판대에 세워서 일단 진실을 밝히고, 그다음에 화해를 하자는 취지였어요. 그런데 박관용 비서실장 등 다른 참모들의 인식은 우리가 민정계와 연합해서 집권까지 왔는데 그 사람들을 어떻게 치느냐는 거였어요. YS도 그런 생각에서 그건 역사에 맡기자고 했고요. 그러다가 1995년 박계동 의원이 국회에서 노태우 비자금 4천억 원을 폭로한 것을 계기로 YS가 결국 5·18 특별법을 만들어 두 사람을 처벌했죠.

‖ 김영삼 정부가 군 하나회 청산이나 금융실명제 실시 등 오랜 적폐를 많이 청산하고 제도적인 민주화의 기틀을 세우긴 했지만, 지금 YS계는 흔적도 없어졌어요. 3당 합당을 계승한 정당(국민의힘)은 YS가 추구했던 당의 색깔이나 분위기와도 거리가 멀고요.

무능했기 때문이죠. 민주계(YS계)에서는 제대로 자기 생각을 설명할 수 있는 사람이 김덕룡 정도뿐이었어요. 김영삼이라는 대장 하나가 있어서 YS계였지 그 한 명이 무너지니까 계보가 사라진 거죠. 민주화까지는 호랑이 등에 타서 잘했는데 그걸 이어갈 수 있는 사람들을 키워내지 못하는 바람에 기득권 세력에 거꾸로 흡수되고 말았어요.

"제일 중요한 건 나부터 달라지는 거예요.
모든 개혁은 나부터 시작해야 하거든요.
자꾸 남한테 전가하지 말고,
내가 먼저 달라지고 변하는 그런 운동을
권력에 가까운 사람부터 시작해서
사회 전반적으로 확대해 나가야죠. 그래야
국민 통합을 향한 희망이 싹틀 수 있어요.
또, 그게 민주화 운동이 꿈꿨던
다 같이 사는 길이 아닌가 싶어요."

"젊은이에게 희망 주는 정치를"

1987년 민주화가 된 이후 우리 사회는 정치적 절차적 민주주의는 큰 진전을 이뤘지만, 사회적 차별의 해소나 경제적 불평등 완화 등 실질적 민주주의는 여전히 답보하거나 오히려 더 나빠져왔다. 김정남은 문제 해결을 못 하고 있는 민주화 세력의 무능과 변질을 질타하고, 도덕적 추락에 대한 자성을 촉구했다.

‖ 민주화된 지 30여 년 동안에 오히려 양극화가 심해져서 국민 특히 청년들이 고통받고 있는데요.

지금 제일 절망적인 건 젊은이들이 이 나라에 태어나서 살고 있다는 것이 보람과 영광이 아니라 오히려 비참하다고 느끼는 점입니다. 그들에게 희망을 주는 게 정치인데 정치에서 희망이 안 보여요. 코로나 때문에 지금 있는 사람과 없는 사람의 격차와 차별은 더 심해질 겁니다. 이런 부분의 해결과 사회 통합에 전력을 기울여야 하는데 그게 잘 안 보여요. 어떨 때는 집권 세력이 그럴 의지나 능력이 전혀 없는 게 아닌가 하는 생각이 들기도 하고요.

‖ 문재인 정부와 민주당에 대해 우려하시는군요.

정권이 바뀌긴 했어도, 의회에서 180석이 넘는 비중을 차지하는 등 대한민국 권력의 주체가 일단은 민주화 세력이라는 걸 부정할 순 없죠. 그게 아니면 이런 얘기를 할 필요도 없어요. 저는 정권을 잡았던 세력부터 도덕성과 인간성을 회복해야 한다고 봐요. 다른 사람의 눈에 그들이 정의롭게 비치지 않는다면 독재 군사정권과 무엇이 다르겠어요? 하늘을 우러러 한 점 부끄럼 없이 당당하고 떳떳해야 합니다. 거짓과 위선, 그리고 비루해선 안 됩니다. 이대로 가다가는 나중에 우리가 민주화 인사들이 주도권을 잡았던 정권을 향해서 무슨 이야기를 하게 될 것인지 두려워요.

‖ 지금 우리 사회에는 민주화 운동에 대해 냉소를 넘어 조롱하는 분위기도 적지 않아요. 얼마 전에는 국민의힘 중앙청년위원회의 본부장이라는 사람이 자신의 홍보물에 '난 커서도 운동권처럼은 안 될란다'고 적은 일도 있었죠.

그들을 탓하기에 앞서 우리를 돌아보는 게 먼저여야 해요. 당당하고 떳떳한 도덕성이 우리 운동 세력이 갖고 있는 최대의 무기이자 장점인데 지금 그런 것이 보이지 않기 때문에 그런 혹평과 비난, 조롱을 받고 있는 게 아닌가 싶어요. 과거 우리가 비록 숨어서 (운동을) 했더라도 독재정권과 싸우기 위해서 그랬던 거지, 내용이 부당하다거나 옳지 못하다거나 한 게 아니었잖아요. 그런 민주 세력이라면 어떠한 경우에라도 당당하고 떳떳해야 해요. 그런데 내가 보기에는 지금 민주당 정권 사람들은 무능한 데다가 거짓과 위선이 많아요. 무능하면 겸손이라도 해야 하는데 그렇지 못하고 뻔뻔하고 부끄럼을 몰라요. 인사청문회만 봐도 이명박 정부나 박근혜 정부 때보다 두 배나 되는 사람들이 부정부패 의혹을 받았고, 그런데도 임명을 강행했잖아요. 그러니까 사람들에게 조롱을 받죠. 솔직히 말하면, 나는 요새 '이렇게 되려고 우리가 민주화 운동을 했나' 하는 생각이 들 때가 상당히 많아요.

‖ 민주화 운동 세력이 많이 변질됐다고 보시나요?

'풀은 바람보다 먼저 눕는다'는 김수영 시인의 시처럼, 민주화 운동 했던 사람들이 너무 빨리 타락해버린 게 아닌가, 민주화에 대한 열정 등 초심이라는 것을 잊어버린 지가 오래된 것이 아닌가 하는 생각이 들어요. 심지어는 이 사람들이 조국의 현실을 끌어안고 한 번쯤 울어보기라도 했던 사람인가 하는 의문이 들 때도 있어요. 괜히 우는 척했던 사람들이 아닌가 하고 말이죠.

‖ 어떻게 해야 한다고 보세요?

제일 중요한 건 나부터 달라지는 거예요. 모든 개혁은 나부터 시작해야 하거든요. 자꾸 남한테 전가하지 말고, 내가 먼저 달라지고 변하는 그런 운동을 권력에 가까운 사람부터 시작해서 사회 전반적으로 확대해 나가야죠. 그래야 국민 통합을 향한 희망이 싹틀 수 있어요. 또, 그게 민주화 운동이 꿈꿨던 다 같이 사는 길이 아닌가 싶어요.

그는 "지금이야말로 도덕적 쇄신 운동이 필요하다"고도 했다. 그 나름의 절절한 호소가 어떤 이들에게는 '옳은 말씀', '지당한 얘기'로만 들릴지도 모른다. 그러나 적어도 민주화를 위해 밤새 울어본 사람들, 그런 초심을 따르고자 하는 사람들이라면 민주화 운동 경력을 팔지 않는 민주화 대부의 목소리가 다르게 다가오리라.

후기

민주화 운동의 산증인인 김정남(80) 선생의 사무실 문을 열자 중고서점에 온 것처럼 책 곰팡이 냄새가 훅 끼쳐왔습니다. 서울 서초동의 한 오피스텔 건물에 있는 사무실은 그의 것은 물론 아닙니다. 오랜 친구의 사무실에 책상 하나 놓고 사용하고 있습니다. 텔레비전도 없이 팩스와 연결된 유선전화기 한 대만 덩그러니 놓인 사무실에는 온통 책과 자료가 가득했습니다. 그는 인터뷰 내내 자료나 책을 한 번도 뒤지지 않고도 과거 사건의 날짜와 관련 인물, 그들이 한 얘기까지 정확하게 기억했습니다.

그는 민주화 운동 경력을 자랑하거나 자신을 돋보이게 하지 않고 오히려 자신을 낮췄습니다. 대신 민주화라는 대의를 추구하는 과정에서 자신 때문에 피해를 본 사람들에게 진심으로 미안해했습니다. 민주화 운동 당시에나 이후에 자리를 탐하거나 도덕적 추문에 휩싸인 적이 없는 그다웠습니다.

하지만 그는 민주화 세력에 대해서는 "민주화 운동을 했던 사람들이 유능하지도 겸손하지도 않고 뻔뻔하고 부끄러움을 모른다"고 질타했습니다. "권력에 가까이 있는 사람들부터 달라져야 한다"고도 말했습니다. 추상같은 그의 말이 그들에게 가닿아 자성했다는 얘기는 들리지 않았고, 20대 대선에서 정권은 교체되고 말았습니다.

2022년 대선이 끝난 지 얼마 안 돼 통화했더니 그는 윤석열 정부에 대해서도 "나라를 다스리는 것은 얇은 생선을 뒤집는 것처럼 조심스러워야 하는데 왜 저러는지 모르겠다"며 걱정했습니다. 역사적으로 군사 주둔지였던 용산으로 대통령 집무실을 옮기는 것도 문제지만, 당선인이 집무실 이전을 독단적으로 결정해서 밀어붙이는 방식이 더 문제라고 지적했습니다. 위정자들이 성공을 바란다면 그의 말을 귀담아들었으면 좋겠습니다.

(2020년 10월 7일 인터뷰)

"인생은 수학 문제가 아냐, 손해도 좀 보고 여백도 있어야죠"

11

정재민

소설 쓰는 공무원

+ —————————————————————————————

1977년 경북 경주에서 태어났고, 서울대 법학과를 졸업했다. 사법시험에 합격한 뒤 14년간 판사를 하다가 2017년에는 방위사업청의 4급 일반 공무원으로, 2020년부터는 법무부 법무심의관으로 자리를 옮겼다. 장편소설 『보헤미안 랩소디』로 제10회 세계문학상을, 『소설 이사부』로 제1회 포항국제동해문학상 대상을 수상했다. tvN 〈알쓸범잡〉('알아두면 쓸데있는 범죄 잡학사전')에 고정 출연하기도 했다.

판사를 관두고 국방부 외청인 방위사업청(방사청)의 4급 일반 공무원이 됐다. 사법부에서 행정부 일반직으로 자리를 옮긴 것도 독특하지만, 그는 소설 쓰는 판사로도 유명했다. 두 번씩이나 문학상을 받았다. 얼마 전에는 인기 교양 프로그램인 '알쓸범잡'(tvN)의 고정 패널로 출연하기도 했다. 모처럼 '튀는 공무원'을 기대했으나, 정부과천청사의 법무부 사무실에서 만난 정재민 법무심의관은 전혀 튀지 않았다. 한여름인데도 긴팔 흰 셔츠에 무채색의 넥타이를 단정히 맨 채 감색 계통의 싱글 슈트를 갖춰 입은 모습은 전형적인 고위 공직자 그대로였다. 그러나 그의 생각은 당차고 흥미로웠으며, 영혼은 자유로웠다.

॥ 방사청에 있다가 2020년 11월부터 법무부 법무심의관으로 왔죠? 일은 어떠세요?

정부 안의 변호사 같은 역할이 저희가 하는 일입니다. 다른 부처나 국회의원들의 법안에 대해서 정부를 대표해서 법적 의견도 내고, 대통령실이나 총리실 등에 법적 자문도 하고요. 판사로 일할 때는 항상 사후적으로 법을 적용하는 일을 했는데 여기서는 법을 만들죠. 같은 법을 다루지만 성격이 아주 달라서 더 어려운 면도 있고 더 재미있는 것도 있어요.

॥ 요즘 역점을 두는 일은 뭔가요?

저는 원래 미래에 관심이 많아요. 과거를 보는 것보다 미래를 쳐다보는 게 좀 더 건설적이고 통합에도 도움이 되거든요. 여기 와서 직원들과도 그런 방향으로 얘기를 모았고요. '동물은 물건이 아니다'라는 민법 개정안이나 비대면 시대에 온라인으로 법정 변론을 할 수 있게 하는 법 개정 추진, 점차 늘어나는 1인 가구를 위한 법률안들 마련 같은 일들이 그런 것들이죠. 법이 미래를 선도하지는 못해도 과거의 발목을 붙잡고 있어서는 안 되잖아요.

"여기선 비주류지만 제 목소리 항상 내죠"

법무부의 국장급 보직 중 하나인 법무심의관은 역대 정부에서는 잘나가는 고참 부장검사들이 주로 맡았다. 법무심의관 출신으로 검찰총장과 법무부 장관이 된 사람도 많다. 그러나 2년 전 법무부의 탈검찰화를 추진하면서 국장급인 법무심의관도 개방직으로 바뀌었다.

‖ 방사청에서 자리를 잡았을 텐데 다시 새로 시작해야 하는 낯선 부처로 왜 옮겼어요?

여기 법무심의관 공모가 났는데 법 관련이니까 저한테 잘 맞겠다는 생각이 들었어요. 마침 방사청이 가까이 있어서 접근성도 쉬웠는데 여기 업무가 일을 만들어가는 것이어서 그것도 좋았고요. 게다가 국장으로 승진하는 자리고요. 하하. 역대 법무심의관들은 대부분 검찰 출신이었는데 판사 출신은 제가 처음입니다. 그분들과는 좀 다르게 해볼 수 있을 것 같아서 지원했어요.

‖ 방사청 팀장으로 갈 때처럼 이번에도 본인의 뜻이었군요. 잘한 선택이었나요?

잘했죠. 법이라는 게 굉장히 보수적이고 수구적인 것 같지만, 법을 딱 개정하는 순간 미래를 견인하거든요. 그런 일을 하는 게 무척 보람돼요.

제가 어릴 때부터 만드는 것을 좀 좋아했어요. 붕어빵처럼 어딘가에 나를 끼워 맞추는 것보다 내가 틀을 만들어가는 게 훨씬 재밌고 좋았어요.

정재민의 인생에서 가장 큰 변화는 2017년, 14년 동안의 판사 생활을 관두고 행정부 공무원이 된 일이다. 네덜란드 헤이그에 있는 국제재판소에 파견됐을 정도로 장래가 촉망되던 판사였는데 스스로 직업을 바꿨다.

‖ 판사 하다가 행정부 공무원으로 옮긴 것은 유례가 드문 일 아닌가요?

행정부 있다가 판사를 하는 분은 많아도 판사 하다가 정무직이 아닌 저처럼 일반직 공무원이 된 경우는 없었던 것 같아요. 제가 별난 사람이지요. 하하. 사법부는 과거를 수습하는 일인 데 비해 행정부는 일을 만들어가고, 미래를 열어가는 업무를 하는 곳이어서 행정부가 저한테 맞는거 같아요. 판사 때는 사건이 들어오면 사실 재량이 거의 없어요. 둥근 피자에 비유하면 3분의 2는 법률과 양형 기준 등에 따라야 하고, 나머지도 판례 등이 3분의 2를 차지하죠. 징역 8개월로 할지 10개월로 할지를 놓고 고민하는 셈이라고 할까요.

‖ 판사 생활이 본인 캐릭터에 안 맞았나 봐요.

사실 저는 법조인이 되고 싶어 했던 게 아니고, 사법시험에 합격하고 나서도 판사와 검사, 변호사 중에서도 판사가 제일 안 맞는다고 생각했어요. 그런데 결국 판사가 됐는데 처음에는 판사가 되게 좋았어요.

‖ 어떤 점에서요?

판사는 막 이런저런 일을 벌이기보다는 두어 발 멀리 떨어져서 평가하는 거잖아요. 양쪽의 말을 다 들으면서 자기 말을 아끼는 게 답답하긴 했지만, 그게 오히려 좋게 느껴졌어요. 부족한 제가 만약 30대 초반부터 천방지축으로 사회에서 뛰어다니면서 말하고 다녔으면 지금 수습해야 할 게 얼마나 많겠어요. 또, 사물을 한 각도가 아니라 좀 입체적으로 보는 습관이 생긴 것도 좋고요. 우유부단해지는 면이 없지 않지만, 그래도 외눈박이가 되는 것보다는 훨씬 사회와 남들한테 민폐를 덜 끼치잖아요.

‖ 그런데 왜 판사를 관둘 결심을 했어요?

평생 판사 하겠다는 생각은 처음부터 아니었고요. 사실 유학을 가서 뭔가 다른 분야를 공부한 뒤 사회적 기업 등을 해보고 싶었는데 결혼으로 가족이 생기는 바람에 못 했죠. 어쨌든 처음에는 판사 생활이 정의의 여신상이 칼을 들고 있는 것 같았는데 점점 저울로 바뀌면서 갈수록 고민이 많아졌어요. 정의 편에서 불의를 향해 칼을 휘두르면 된다고 생각했는데 막상 판사를 해보니까 뭐가 정의고 불의인지 모르겠더라고요, 대개는 회색지대인데 세상 경험이 없는 사람이 뭐가 얼마나 옳으냐를 매일 판단해서 판결을 하는 게 힘들더라고요. 어떻게 보면 그냥 찍는 거나 다름없죠. 그건 사회를 위해서나 나를 위해서나 적절치 않은 일이라고 생각했어요.

‖ 판사를 관둘 때 주변에서 많이 말리지는 않았어요?

다 말렸죠. 하하. 1년만 더 있으면 부장판사 되니까 1년만 더 있으라고 말입니다. 그런데 부장이 되면 오히려 애늙은이가 되어서 초이스가 너무 없어지고, 그야말로 정해진 트랙대로 가버릴 것 같았어요. 부장 몇 년 차에 옷 벗고 로펌으로 가게 되는 길 말입니다. 그런데 저는 좀 더 젊게 살고 싶었어요. 그즈음 다른 곳에서 국장을 주겠다는 제의도 있었는데 그 자리는 법률적인 일을 하는 데였어요. 저는 법률적인 게 아닌 걸 하고 싶었고, 고위직이 아닌 4급 과장부터 출발하고 싶었어요.

그는 방사청으로 자리를 옮길 때 《신동아》(2017년 3월)에 이렇게 썼다. "모난 돌이 돼 사방에서 정을 맞고 따돌림을 당하더라도 불법과 부패에 부역하지 않을 것이다. 진급과 평판에 인질 잡히지 않고, 옳지 않은 일은 하지 않고, 옳은 일은 반드시 실현시키기 위해 최선을 다하며, 책임지는 것을 회피하지 않는 그런 양심적인 공직 생활을 한번 시도해보고 싶다."

‖ 자리를 옮긴 선택을 잘한 건가요?

그럼요. 제가 재미있게 살지 않습니까. 좋은 일도 많이 하고 말이죠. '동물은 물건이 아니다' 법안은 동물이 몰라줘서 그렇지만요. 하하. 사법부에 계속 있었으면 이렇게 할 수 없었죠. 예전에는 저를 다 말렸는데 요즘은 다 잘했다고 해요. 법률가로서도 지금 포지션이 중요하거든요. 물론 그만큼 힘들었고 그래서 잃는 것도 많았어요. 법조계에서는 서울 법대를 나와서 판사를 하는 제가 주류라고 할 수 있겠지만, 방사청에서는 저 같은 사람이 하나도 없기에 그냥 비주류일 뿐이죠.

‖ 외로움도 있나 봐요?

결코 만만치 않았죠. 텃세도, 태클도 있었지만 제 편도 많이 있어서 많이 배우고 잘 헤쳐나왔어요. 제가 제일 좋아하는 말이 있어요. 니체가 한 말인데 '나를 죽이지 않는 것은 나를 강하게 만든다'는 거예요. 뭐 아직까지 안 죽었으니까 좀 더 강해지지 않았겠습니까.

‖ 행정부 공무원이 될 때 다짐했던 각오를 잘 유지하고 있다는 말로 들립니다. 하하.

최선을 다하고 있습니다. 하하.

인문학 수업 즐겼던 법대생

정재민은 『국제법과 함께 읽는 독도현대사』(2013), 『독도는 법이다』(2021)를 쓴 독도 전문가이기도 하다. 2002년 군법무관 시절 국방부 국제협력관실에서 일할 때 국방부 장관의 국회 답변을 돕기 위해 독도 문제를 접한 뒤 오랫동안 독도에 관한 역사와 국제법 논문 등을 깊고 넓게 공부했다. 독도 문제를 일반인들에게 쉽게 전달하기 위해 소설(『독도 인 더 헤이그』, 2009)을 썼고, 이 책을 읽은 외교부 간부들의 요청으로 외교부 독도법률자문관(2011)으로 일하기도 했다.

『독도 인 더 헤이그』에는 한국 대통령이 독도를 방문해서 일본이 크게 반발하고, 일본 정치에서 야당이 됐던 자민당이 다시 집권하는 내용 등이 담겼다. 실제로 이명박 대통령이 2012년 8월 독도를 방문해 한일 갈등이 본격화됐으며, 자민당의 복귀도 이뤄졌다.

‖ 소설에서 미래 현실을 딱 맞혔어요.

그냥 상상을 했을 뿐인데 현실에서 그대로 나타나서 저도 되게 신기했어요.

‖ 『독도 인 더 헤이그』는 가정 상황이긴 하지만 국제재판소에 가서 재판을 받는 것이고, 『독도는 법이다』는 거기에 가지 말아야 된다는 결론이더군요.

『독도 인 더 헤이그』에서 국제소송 상황을 그린 거는 당시 반일 감정과 독도에 대한 강력 대응의 목소리가 너무 커서 그랬어요. 그렇게 강경 기조로 갈 경우에 어떻게 될지를 소설로 시뮬레이션 해보면서 우리가 뭘 조심해야 하는지를 생각해보자는 취지였어요. 소송하자는 건 아니었고요.

정재민은 사법연수생의 생활을 그린 『농땡이 사법연수생의 짜장면 비비는 법』(2004)을 시작으로 『독도 인 더 헤이그』, 『소설 이사부』(2010), 『보헤미안 랩소디』(2014) 등 지금까지 4권의 소설을 출간한 작가다. 『소설 이사부』는 제1회 포항국제동해문학상 대상, 『보헤미안 랩소디』는 권위 있는 세계문학상 대상(제10회)을 받았다. 두 문학상의 상금은 각각 1억 원이었다.

‖ 소설만 벌써 4권이나 출간했어요?

누가 물으면 『사법연수생의 짜장면』은 빼고 세 권 냈다고만 해요. 하하. 소설이라고 하기엔 너무너무 창피해서요.

‖ 첫 작품은 사법연수원(2001~2002년) 시절에 발표했던 단편소설 『배려』 이더군요. 수험생 시절에 그걸 썼다고요?

공부가 잘 안될 때 잠깐 잠깐씩 썼죠. 원래 공부만 하는 고시생은 없어요. 하하. 다른 고시생이 게임을 하거나 술 먹을 때 저는 게임을 못하니까 그냥 소설을 쓴 거죠.

‖ 주변에서 걱정을 많이 했을 것 같은데요.

많이들 말렸죠. '그래 봤자 작가가 되겠어?'라면서 말이죠. 특히 교수님들이 '좀 더 집중하면 훨씬 성적이 좋아질 텐데 왜 열심히 공부를 안 하냐'고 했어요. 근데 저는 너무 내 밥그릇만 챙긴다는 느낌이 들어서 그런 게 싫었어요. 지금도 손해를 너무 안 보려고 하는 거에 대한 약간의 거부감이 있어요. 인생이 수학 문제가 아니잖아요. 너무 딱딱 맞아떨어지고, 최고점을 찍고 그렇게 하는 건 정답이 아닌 것 같아요. 그렇게 살면 아주 후회할 것 같았어요. 뭔가 좀 여백도 있어야죠. 그래서 결국 저는 딴 길을 택하는 것 같아요. 손해 보는 걸 알고 하는 거예요. 나한테 지금 당장의 손해이지만, 인생이라는 거는 그런 계산적인 것, 플러스 마이너스 득실의 합이 아니라는 것에 대한 생각이 저한테는 좀 있어요. 지금은 좀 덜한데 그런 세상의 꼰대들에 대한 반항심도 있었고요. 이 세상의 길이 얼마나 많은데 꼭 그 많은 전공 중에 '니는 꼭 서울대 중에 법대로 가야 하고, 법대 나온 뒤에 판사가 돼야 되고, 꼭 판사 중에 뭐가 되고' 등등이라고 말하는 사람들이 너무 많았어요. 그런 게 인생의 정답이라는 데 대해 '그렇지 않다'는 거부감이 본능적으로 있었던 거 같아요.

"그냥 한해 한해 잘 살고 싶었어요.
보여주기 위해서 사는 게 아니라
알차고 솔직하게 살고 싶었어요.
솔직하다는 거는 거짓말을 안 한다는
차원이 아니라 삶에 솔직한 거죠.
저는 '리브 액추얼리'(live actually)라는
말을 씁니다. 사는 듯 사는 것 말입니다.
그래서 밥을 먹더라도 억지로 먹는 게 아니라
맛있게, 힘차게 먹죠."

경북 경주가 고향인 정재민은 초등학교 때부터 포항에서 자랐다. 미학이나 철학, 경제학을 전공하고 싶었으나, 어머니 등 가족과 고교(포항제철고) 선생님들의 강권으로 법대를 갔다. 그러나 그는 필수로 규정된 학점 외에는 철학과 문학 등 인문학 수업을 들었다.

‖ 원래 인간에 대한 관심이 많았나 봐요.

자유에 대한 관심이죠. 법이라는 거는 자유의 정반대에 있잖아요. 저는 외우는 것을 잘 못하고 싫어하는데 어릴 때 주변 어른들은 육법전서를 달달 외워서 법대에 가래요. 그래서 법이 되게 재미없는 줄 알았는데 막상 공부를 해보니까 의외로 되게 재미있었어요. 법이 논리적이고 창의적이거든요. 그러나 대학 생활 4년 동안 법 공부와 고시 준비만 하고 싶지는 않았어요. 그렇다고 '니 뭐 할래?' 그러면 뭐 대단한 것도 없었지만 뭔가 다른 걸 하고 싶었어요. 그러던 중에 문학을 알게 된 거죠.

‖ 소설을 쓸 마음을 먹은 계기는 독일어 수업 시간에서였다고요?

네, 독어독문과에서 개설한 고급 독일어 수업을 들었는데 수업 자체는 재미없었어요. 독일어가 법보다 더 규칙을 따지잖아요. 제가 규칙을 별로 안 좋아해서요. 하하. 그런데 어느 날 교수님한테 헤르만 헤세가 쓴 『유리알 유희』에서 유리알 유희가 뭔지 여쭤봤어요. 그 책을 고등학교 문예반 시절에 여섯 번을 읽었는데 도대체 뜻을 알 수 없었거든요. 그 말 자체가 소설을 의미하는 메타포라는 얘기를 듣고 나도 소설을 써볼까라는 생각이 들었어요. 그때부터 쓰기 시작한 게 단편소설 『배려』였어요.

‖ 고교 시절에 문예반을 한 것도 영향이 있었겠군요.

아무래도 영향이 있었지 않았을까요. 그때 문예반을 한 것도 되게 우연이었어요. 〈토담〉이라는 문학 동아리가 인기가 높았는데 거기는 선배들이 자기 출신 학교 후배들을 회원으로 낙점해서 뽑았어요. 포철중학교 출신이 아닌 저는 빽도 없고 아는 사람도 없어서 별생각을 않고 있었는데 어떤 선생님이 권해서 〈토담〉을 하겠다고 했어요. 그런데 쉬는 시간에 한 선배가 와서 "난 너를 뽑은 적이 없다"면서 자진 탈퇴하라고 하더라고요. 나는 자진 탈퇴할 수는 없다고 버텼어요. 그 형은 '뭐 이런 놈이 다 있어?'라면서 여하튼 받아줬고, 그 뒤 문예 활동을 열심히 했죠.

불의와 맞서 싸웠던 판사

『보헤미안 랩소디』는 자전적 소설이자 사회 고발서다. 퇴행성 관절염을 앓는 사람들을 '류마티스'라고 속여 독한 약을 오랫동안 처방해온 의사의 사기 행각이 드러났음에도 검사는 경찰의 기소 의견을 묵살하고 불기소 처분을 한다. 법원도 민사소송에서 보상금으로 피해자 1인당 700만 원만 지급하라는 봐주기 판결을 한다. 서로 유착된 악의 세력과 싸우는 판사 주인공은 정재민 본인이며, 소설 속 피해자는 그의 어머니와 아버지다. 인터뷰 도중 그는 검찰의 불기소 처분장과 판결문 등 당시 기록들을 꺼내 보여줬다. 그 의사는 복지부로부터 경고 처분만 받은 채 지금도 성업 중이다.

▮ 판사인데도 억울하게 당했는데, 불의한 일을 직접 겪어보니까 어땠어요?

그때 진짜 충격이었죠. 대학 때부터 맨날 검찰의 기소권 독점을 규제해야 한다는 데만 집중했는데, '와, 이거 불기소권이 진짜 무섭구나'라는 거를 직접 겪어보니까 알았죠. 제가 너무 순진했구나 싶더라고요. 저는 진짜로 판검사들은 다 정직하고 원칙대로 하는 것이고, 언론에 자꾸 나쁘게 나오지만 실제로는 그렇지 않다고 생각했어요. 저부터가 그럴 리가 없었거든요. 그런데 지금 돌아보니까 그럴 수 있겠구나 하는 생각이 들어요. 힘 있는 사람들이 여기저기 청탁하는 거 가능한 얘기 같아요.

▮ 작품으로 승화시키긴 했지만, 정말 화나고 분했을 것 같아요.

근데 그 일 덕분에 저는 재판할 때 완전히 달라졌어요.

▮ 어떻게요?

그 전과 달리 사람들의 억울한 기분을 아니까 '이게 잘못됐을 때 어떻게 될까'라는 생각을 하면서 당사자들의 말을 주의 깊게 듣게 되더라고요. 아, 저 말이 맞는데 제가 다른 판단을 했을 때는 저 사람은 진짜 병 걸리겠다는 생각이 들더군요. 옛날에는 큰 고민 없이 그냥 쏟아지는 주장들을 퍼즐 맞추듯이 쳐내고 했는데, 그 뒤로는 재판 한건 한건을 신중히 하게 됐어요. 재판이 더 부담스러워서 결국 판사를 관둔 것도 있어요. 정말 재판 한건 한건이 여간 신경 쓰이지 않았어요.

‖ 『보헤미안 랩소디』 개정판(2021년)에 보면 '오히려 그때보다 더 편안하고, 더 많이 웃고, 더 행복해졌다'고 썼어요. 그렇게 억울한 일을 당했는데도 말이죠.

더 이상 순진하지 않고 사람에 대한 기대가 줄었어요. 하하. 너무 반듯한 사람이 되려고 하고 너무 옳은 길을 가야 한다고 하는 사람은 표정이 행복하겠어요? 늘 틀리지 않을까 그런 강박증이 있죠. 한 개인이나 사회나 너무 도덕 도덕 하면 오히려 활기가 떨어지고 마음이 행복하지 않죠. 올바름에 대한 기대를 줄이고, 남을 지적하는 것보다 나 자신을 돌아보면서 어떻게 하면 더하기를 할 수 있을까를 더 생각하게 됐어요.

내 인생 지키려 경쟁 레이스에서 하차

그는 재학 중인 2000년에 사법시험에 합격해 군 복무를 마친 뒤 사법연수원에서 좋은 성적을 거뒀으나 2006년 첫 발령 때 수도권 대신 대구지방법원을 선택했다.

‖ 연수원 성적이 좋았는데 왜 대구를 근무지로 자원했어요?

원래는 검사를 하려고 했지 판사 할 생각은 추호도 없었어요. 그런데 군법무관 때 국방부에서 완전히 딴 일인 독도 문제를 다뤘는데 너무 재미있는 거예요. 그리고 군인들을 보니까 진급을 하지 못하면 너무 피폐해지더라고요. 그것을 보면서 검찰 같은 관료 조직, 피라미드 조직에 가면 나는 행복하지 않을 수 있겠다는 생각이 들었어요. 내가 윗사람 비위 맞추면서 살 수 있는 사람도 아니고, 그렇게 살고 싶지도 않았어요. 검찰총장 꿈이 있는 사람도 아니어서요. 그래서 판사같이 개인 독립이 보장된 걸 하면서 나중에는 유학 가서 좀 다른 공부를 해야겠다고 생각했어요. 판결문을 찍어내듯이 그렇게 바쁘게 살고 싶지 않았어요. 여유를 가지고 한 인간으로서 남는 시간도 좀 있고 봉사도 하려면 고향 근처로 가자고 생각했어요. 그래서 대구에 있다가 고향인 포항에 가서도 5년 이상 근무하면서 봉사 활동도 했어요.

‖ 어떤 봉사를 했어요?

보육원에 가서 아이들을 가르치고 했어요. 그리고 운동도 하고, 혼자 산책하면서 사색도 하고 글도 썼죠. 재판도 사람들을 오래 보면서 했죠. 아버지가 혼자 계셨으니까 가까이에 좀 있고 싶었고요. 친어머니는 제가 사법시험 볼 때 돌아가셨어요. 어머니 때문에 판사가 됐는데 어머니가 안 계셔서 '나는 뭐야 이거' 이렇게 됐죠. 여하튼 그랬던 것 같아요. 숨 좀 쉬면서 인간답게 살고 싶었어요.

‖ 젊었을 때 욕망을 내려놓는 삶을 택하기는 쉽지 않은데요.

욕심이 더 큰 거죠. 저는 대법관이 되고 검찰총장이 되는 걸로 성이 안 차는 거죠. 남한테 보여주기 위해서 삶을 산다는 자체가 성에 안 찼으니까요.

‖ 내면을 채우겠다는 욕심이었군요.

그냥 한해 한해 잘 살고 싶었어요. 보여주기 위해서 사는 게 아니라 알차고 솔직하게 살고 싶었어요. 솔직하다는 거는 거짓말을 안 한다는 차원이 아니라 삶에 솔직한 거죠. 저는 '리브 액추얼리'(live actually)라는 말을 씁니다. 사는 듯 사는 것 말입니다. 그래서 밥을 먹더라도 억지로 먹는 게 아니라 맛있게, 힘차게 먹죠.

‖ 리브 액추얼리란 게 어떤 건가요?

남들이 좋다는 게 아니라 제가 하고픈 직업을 택하고, 돈도 명예도 안 되지만 글을 꾸준히 쓰고, 남들이 별로 안 하는 국제법을 공부하고, 차 대신 땀 흘리며 자전거로 출퇴근하고, '동물은 물건이 아니다'나 코로나 상가임차인 해지권과 같이 사회에 진정으로 도움이 되는 법안을 추진하고, 가족에게 밥해주고, 이렇게 솔직하게 삶을 이야기하는 것, 그런 게 다 리브 액추얼리죠.

정재민은 아직 작가로 불리는 것을 부담스러워한다. "진짜 작가가 되려면 1인칭 소설, 자기 이야기가 아닌 것을 설득력 있게 끌어가야 하는데, 아직 그 정도가 안 되고 그걸 시도할 여건도 안 된다"고 말했다. "전업작가가 될 능력도 욕심도 없다"고 했지만, 그는 지금 '진짜' 소설을 다듬고 있다. 자살과 존엄사 등 죽음에 관한 얘기로, "5~6년 전에 써놨지만 뾰족한 인사이트가 없어서 발표를 못 한 채 시간 날 때마다 고치고 있다." 머지않아 넥타이 맨 '진짜 작가'를 만날 수 있지 않을까.

후기

정재민(45) 법무부 법무심의관과 인터뷰 약속을 잡으면서 만날 장소가 고민이었습니다. 인터뷰이의 내면을 조금이라도 더 들여다보려면 그의 일상 공간이 제일 좋거든요. 정 심의관이 가장 많은 시간을 보내는 곳은 당연히 과천정부청사에 있는 사무실이지만, 인터뷰 초점을 중앙부처 고위 공무원 정재민이 아니라 작가 정재민에 두고 있었기에 그다지 적합한 장소가 아니었습니다. 그러나 그의 바쁜 일정을 감안해 부득이 과천의 법무심의관실로 갔습니다.

국가의 재산이자, 그 역시 잠시 거쳐 갈 뿐인 정부 사무실은 당연히 그의 개성이 담겨 있지 않더군요. 심의관실 바깥에서는 법무부 직원들이 일하고 있어서인지 그는 처음에는 상당히 말을 조심했으며, 웃음도 아꼈습니다. '알쓸범잡' 시즌1에 자유로운 복장으로 출연해 재기발랄하게 활약하던 모습과는 많이 달랐습니다. 이대로 가면 망친 인터뷰가 될 게 뻔했습니다.

정신이 번쩍 들어 사전에 읽고 간 그의 소설 『독도 인 더 헤이그』와 『보헤미안 랩소디』를 소재로 대화를 시작했죠. 소설의 스토리와 플롯에 대한 얘기를 꺼내자, 그는 어느새 작가의 자리로 돌아왔습니다. 그래서 청소년 시절부터 자유를 그리워했던 얘기, 검사 대신 판사로 방향을 튼 이유, 수도권이 아니라 자신의 고향으로 근무지를 선택한 이유 등 오늘의 그가 있기까지의 내력을 자세히 들을 수 있었습니다.

결재를 받으려고 가끔 문을 노크한 직원들에게 "잠시만 기다려주세요. 미안합니다"라고 했지만, 그는 다행히 인터뷰를 서둘러 마치자고 재촉하지는 않았습니다. 3시간에 가까운 인터뷰가 끝나자 "되게 깊이 묻네요. 이렇게까지 심층적인 인터뷰는 처음 해봤어요." 하면서도 밝은 표정이었습니다.

(2021년 8월 12일 인터뷰)

"아이들 존중했더니 교실에서 말화살 싹 사라졌어요"

12

김선희

'공감대화' 교사

1972년 서울에서 태어났고, 국립국악고등학교를 거쳐 한양대 음대를 졸업했다. 1996년 경기도 가평에서 음악 교사를 시작했으며, 경기도의 여러 중학교와 고등학교를 거친 뒤 2020년부터 성남 수내중학교에서 일하고 있다. 2020년 1월부터 2021년 6월까지 1년 반 동안 《한겨레》 칼럼 '김선희의 학교 공감일기'를 연재했다.

"교육 과열 학교의 중2 담임으로 보낸 지난 한 해도 우리 교실은 언제나 젖과 꿀이 흐르는 따사로운 푸른 초장(초원) 같았다. 아이들이 기회만 있으면 '우리 반 분위기 참 좋다'고 가정에서 자랑을 늘어놓아 학부모의 높은 신뢰 속에서 넘치는 응원과 격려를 받았다."(2021년 2월 6일, 김선희 페이스북)

하루가 멀다고 학교폭력 소식이 들려오는 때에 이처럼 아름다운 교실이 있다니! 이거 실화 맞아? 글의 작성자가 1년 가까이 《한겨레》 토요판에 기명칼럼('김선희의 학교 공감일기')을 쓰고 있는 현직 교사라는 사실을 알고 있으면서도 마치 남의 나라 얘기를 듣는 것처럼 비현실적으로 느껴졌다. 사실 그래서 그를 더 만나고 싶었다. 경쟁 위주의 학교 수업과 줄 세우기 입시제도 등의 구조적인 문제들을 바꾸지 않고서는 교육 문제의 근본적인 혁신을 이루기 힘들지만, 구조적 문제와는 별개로 현장에서 교육을 담당하는 교사들의 힘이 얼마나 크고 중요한가를 확인하고픈 마음에서였다.

'푸른 초장'을 보고 싶었지만, 코로나 사태 때문에 외부인의 학교 출입이 어려워 김선희 선생님의 경기도 성남시 분당 자택으로 발길을 돌렸다. 그의 집은 단출하다는 말이 가장 잘 어울릴 정도로 단순했다. 거실에는 소파와 작은 컴퓨터 책상만이 한쪽 벽면과 반대쪽 구석 자리를 차지하고 있을 뿐 다른 가구나 장식물이 없었다. 부엌 쪽의 오래된 식탁과 그 옆의 피아노 한 대, 안방과 건넛방 사이 공간에 놓인 키 낮은 단순한 책장 하나가 오히려 눈길을 끌었다.

"집 안에 물건이 워낙 적으니까 처음 오는 사람들마다 꼭 이사하다 만 집 같다고 해요. 하하." 그의 목소리는 나지막하고 조곤조곤했으며, 웃음소리도 마주 앉은 사람에게만 들릴 정도로 잔잔했다.

교실 변화 주도하는 음악 선생

‖ 코로나 상황에서 학교 수업은 어떻게 해요?

학년마다 1주일씩 돌아가면서 등교해요. 학생들로서는 3주에 한 번씩 학교에 오는 거죠.

> 김선희는 1996년 경기도 가평의 한 공립중학교에서 음악 교사로 교육자의 첫발을 뗐다. 경기도에 있는 여러 중·고교를 거친 뒤 2020년부터는 성남 수내중학교에서 일하고 있다. 2021년 올해는 학생자치회 지도교사를 맡고 있다.

‖ 학급 분위기를 "젖과 꿀이 흐르는 푸른 초장 같다"고 표현했는데 어떤 모습일까 되게 궁금했어요.

서로 격려하고 자기들끼리 도와주고 그랬어요. 그런 모습을 떠올리면 지금도 뭉클해요. 어른들에게 존중받고 공감받는 아이들이 모여 있는 공간에 얼마나 힘찬 평화가 생기는지를 봤어요. 얼마 전 한 아이가 '선생님은 모든 아이들의 손을 잡고 간다'고 제게 편지를 썼어요. 사실 제가 모든 아이들에게 똑같은 시간을 할애하지는 않아요. 예를 들어 ADHD(주의력 결핍 과잉행동 장애)가 있어 보이는 친구하고는 거의 매일 대화를 하다시피 했지만, 어떤 아이는 한 학기에 한 번 정도밖에 깊은 얘기를 못 했어요. 그런데도 아이들은 자기들이 모두 내 손을 잡았다고 느끼더라고요. 그건 친구를 통해서 자신의 자유를 느끼기 때문이에요. 자기들이 보기엔 엉망진창인 아이가 교사에게 존중받는 것을 보면서 어떤 일을 해도 선생님이 나의 존재를 뿌리치지 않는다는 안전한 느낌을 아이들이 갖게 되는 거죠. 일벌백계(一罰百戒)가 아니라 한 아이를 존중함으로써 100명의 아이들이 다 자신이 존중받았다고 느끼는 거죠. 예전에는 '개인 면담으로 1년 동안에 언제 이 많은 아이들의 마음을 변화시킬 수 있을까'라고 생각했는데 마음으로 아이들과 대화를 하면 일파만파인 거 같아요.

‖ 직전 고등학교 있을 때는 어땠어요?

제가 재작년까지 판교고등학교 있었는데 그때 전교에서 3등으로 입학한 친구가 있었어요. 처음에 저랑 얘기하면서 어떻게 하면 1등으로 올라갈 수 있는지 등 학습 경쟁에 굉장히 관심이 많았어요. 그런데 2학기가 되니까 이 아이가 자기 공부뿐 아니라 쉬는 시간에는 학원에 다니지 않는 아이에게 튜터처럼 뭔가를 가르쳐주는 거예요. 제가 협력하라거나 친구를 도우라고 가르치지 않았는데도 말이죠. 또, 몇몇 친구들과 함께 자발적으로 교탁이나 청소도구함 등 먼지가 잘 끼는 곳을 걸레를 들고 닦는 거예요. 제가 놀라서 학원 수업도 많고 바쁠 텐데 이런 건 대청소할 때 서로 나눠서 하면 된다고 했더니 자기 교실을 그렇게 하는 게 기쁘다는 거예요. 여전한 3등으로 학년을 마치면서 그러더라고요. 주변 친구들에게 내가 도움이 될 수 있다는 것이 너무 뿌듯하고 행복했다고 하더군요. 그 말이 감동이었어요.

‖ 이른바 부적응 아이 한두 명을 잘 지도해서 학교생활에 적응하게 만드는 것도 쉽지 않은 일이지만, 학급 전체를 협력적이고 상생하는 분위기로 만드는 것은 대단한 일이죠. 아이들 전체에게 신뢰받는 비결이 뭐예요?

인간 존중에 대한 시각을 가지면 아이들에게 함부로 할 수가 없어요.

'너, 왜 엎드려 자?'라는 식의 말을 할 수 없잖아요. 대신 아이의 등을 토닥토닥하고 귓가에 대고 '오늘 많이 힘드니?'라고 묻죠. 그러면 아이들이 '어? 이상하다'며 저를 관찰하는 거죠. 보통 아이들이 친구한테 미운 말을 하는 것은 '난 쟤가 떠들어서 미워'가 아니에요. 오히려 '쟤가 떠드는 것 때문에 선생님이 흥분할 거 같아. 분위기 나빠질 거 같아. 그러니 야, 좀 조용히 해, 이 새끼야' 이렇게 되는 거거든요. 그런데 떠들거나 주변을 불편하게 하는 아이에게 선생님이 '거기 무슨 일이 있니? 무슨 사정이 있니? 좀 소란한 거 같은데 무슨 일인지 좀 알고 싶네' 이렇게 말을 하면 아이들은 그 언어가 얼마나 안전하고 평화로운지 느끼잖아요. 그러면 그걸 보고 있는 사람도 치유를 받죠. 이런 편안함은 아이들한테 바로 스며드는 거 같아요. 그래서 몇 달이 지나니까 누군가 문제 행동을 했을 때도 아이들이 그 애에게 말화살을 쏘는 걸 별로 못 봤어요. 일단 지켜보고 많이 불편하면 '야, 선생님이 지금 기다리신다. 너, 무슨 일 있어?' 이렇게 서로에게 묻더라고요.

‖ 애들이 떠들어도 차분하고 조용하게 '너 무슨 사정 있니?'라고 묻는 것은 어떻게 보면 무른 행동이잖아요. 그러면 아이들이 얕잡아보고 더 난잡해지지는 않아요?

그렇게 걱정들을 하는데 저는 학기 초에 아이들과 일대일로 꼭 관계를 맺어요. 그렇게 해서 아이들이 '이 선생님이 나를 한 존재로 인정해준다'는 것을 확인하고 나면 그다음부터는 오히려 아이들이 저를 보호해주고 싶어 하는 것 같아요. 그래서 2020년 중2 담임을 몇 년 만에 했는데도 하나도 힘들지 않았어요.

공감대화 적용했더니 교실에 큰 변화

‖ 중2병이라고 할 정도로 그 시기 아이들의 행동이 거친데도요?

제가 '참을 인' 자로 버티는 사람이었는데 중학생과 지내는 것이 너무 힘들어서 3년 전에 고등학교로 간 거예요, 사실은. 아이들이 다른 데서 억압이 심하니까 조금 여리다 싶은 선생님을 만나면 숙변처럼 그동안 참았던 것을 다 쏟아내거든요. 상담 경력이 많았던 저로서도 지치더라고요. 그래서 이제 말이 통하는 고교생들과 지내자는 마음에서 전근했죠.

‖ 다시 중학교로 돌아왔는데 분위기가 완전히 달랐군요. 2년 동안에 아이들이 변하지는 않았을 텐데요.

제가 달라진 거죠. 전에는 교사로서 아이를 길러내는 대상이라고 생각하면서 관리하고 장악하면서 가르치려고 했죠. 지금은 내가 좀 앞서 살았으니까 좋은 여러 보기 중에 하나가 되어주자는 생각을 하면서 아이의 존재를 독립적으로 바라보게 됐어요. 그런 마음으로 바꾸고 나니까 아이들이 너무 귀해서 실제로 함부로 대할 수도 없는 거예요. 옆자리에 앉은 동료 대하듯이 말입니다. 동료가 과제를 빨리 안 했더라도 '왜 그거 안 했어요, 지금까지?'라고 말하지는 않잖아요. '선생님이 뭔 사정이 있었구나' 생각하죠. 아이들에게도 그 마인드 그대로 대해요. 그렇게 대하니까 아이들로서는 자기를 존중해주는 선생님에게 애기 짓을 하고 싶지 않은 거예요. 하하. 아이들을 어떻게 상대해주느냐에 따라 자기의 정체성을 그에 맞게 만드는 것 같아요. 굉장히 산만했던 아이가 참 많이 괜찮아지는 것을 자주 지켜봤어요.

김선희가 아이들과의 만남에서 마음이 편안해지고 자신감을 갖게 된 계기 중 하나는 공감대화법이었다. 공감대화는 상대방에게 섣불리 충고나 조언을 하거나, 상대의 감정이나 생각을 평가 또는 판단('충·조·평·판')하지 않고, 상대의 마음을 있는 그대로 받아들이면서 대등한 위치에서 공감을 주고받는 대화법이다. 2018년 『당신이 옳다』(정혜신·이명수)를 읽고 영감을 얻어 학교에서 적용하기 시작했다.

판교고등학교에 근무할 때 민이(가명)와의 만남은 "아이들과 함께 행복한 교사의 길"이 뭔지를 확실히 깨닫는 계기였다. 대학을 목표로 두지 않고 미용사를 꿈꾸던 민이는 화장 등 손재주가 많았으나, 그런 이유 등으로 인해 선생님들로부터 오히려 안 좋은 평을 받았다. 화장을 했다고 수업 시간에 심하게 꾸지람하는 선생한테 대들기도 하는 등 지도가 어려운 아이로 찍혔다. 그러나 민이는 담임인 김선희와의 대화를 통해 점차 자존감을 회복해갔으며, 나중에는 친구들과 어울리지 못하는 다른 아이들에게 먼저 손을 내미는 등 탁월한 공감자로 성장했다. 2학기 말에는 전교생이 참여하는 대토론회에 나가 보수적 논리를 조목조목 반박해 학교 복장규제를 완화시키는 데 결정적 기여를 하기도 했다.

‖ 아이들과의 상담을 2018년에 처음 한 것은 아니죠?

네. 오래전부터 상담을 잘한다는 이야기를 주변에서 많이 들었어요. 그런데 사실 그것은 저를 갈아넣는 상담이었어요. 철학이 받쳐주지 않는데 상대의 말을 무조건 수용하는 것은 참는 것이거든요. 예를 들어 '선생님, 시험은 잘 보고 싶은데 공부는 하기 싫어요'라는 말에 마음속으로는 '양심이 없구나'라는 생각을 하면서 겉으로는 좋은 말로 답하거든요. 생각의 품이 넓지 않을 때 이런 상담을 하는 것은 아주 피곤한 일이죠. 그러다가 공감대화를 알게 되면서 사람을 대할 때 무엇이 중요한가를 알았죠. 한 마디로 인간의 존엄성을 뛰어넘을 수 있는 가치는 아무것도 없다는 것이었어요. 학력지향 사회에서는 제일 중요한 것과 그다음 중요한 것 등등 위계가 있어요. 그래서 '애는 공부는 못해도 인성은 착하니까'라는 식으로 모든 것을 위계 속에 두고 아이들을 바라보죠. 그러나 아이들을 각각 하나의 존재라고 생각을 하면 그 존재가 가진 모든 역동성이 다 옳은 거잖아요. 그런 시각으로 상담하고부터는 전혀 피곤하지가 않아요. 오히려 '아, 이 아이가 이렇게 꿈틀대는 마음과 생각을 지녔구나'라는 생각에서 아이들이 거룩한 존재로 느껴지죠. 아이들이 거부나 저항을 하면 할수록 굉장히 멋있게 보여요. '어떻게 이렇게까지 다 드러내고 얘기해줄 수 있을까' '나를 정말 신뢰하나 봐' 싶어서 감사한 마음이 들어요. 저의 존엄도 같이 올라가는 걸 느끼고요.

학교의 각종 평가에서는 하위

그러나 그는 동료들에게는 제대로 인정받지 못한다. 오히려 "부모도 포기한 아이를 왜 감싸고도느냐. 그렇게 하면 다른 아이와의 형평성이 깨진다", "아이들과 대화하느라 중요한 행정 업무를 게을리하는 것 아니냐"는 등의 비판을 받기도 한다.

∥ 아이들과의 대화에 시간을 많이 할애하는 게 현장에서는 비판의 대상이 된다고요?

저는 쉬는 시간에도 아이들이랑 얘기를 많이 하는데 어떨 때는 '한가하게 아이들과 얘기나 하고 있다'라는 눈총을 받죠. 그러나 저는 진짜 배움은 관계 속에서 일어난다고 봐요. 아이들 머리에 문제집을 쑤셔 넣는 다고 해서 그들 인생이 크게 바뀌지 않거든요. 수업 시간에 우울하거나 친구에게 까칠한 아이들은 지금 분명히 큰 어려움이 있는 거예요. 그러면 깊은 대화는 아니더라도 '힘들어 보이던데 이제 좀 괜찮니?'라면서 인간으로서 관계를 조금씩 맺어가는 그런 터치가 있어야 되잖아요. 그런데 지금 학교 현장에는 선생님들이 그럴 시간이 없어요. 수업 마치고 자기 자리로 오면 10분 동안 메신저를 보고 빨리 행정 일을 처리해야 해요. 거기에 빨리 응대를 안 하면 다른 선생님들이 기다리게 되니까 화살이 금방 날아오죠. '지금 그럴 때냐. 왜 이렇게 메신저 안 보나 했더니 지금 애랑 수다 떨었어요?'라는 원망을 많이 들었어요. 수다든 깊은 상담이든 아이들하고 대화를 나누는 건 너무나 중요한 일인데 그게 지금의 교육 시스템에서는 잘 안돼요.

‖ **이상주의자라는 얘기를 들을 것 같아요.**

네. 많이 듣고 있어요. 이상주의자라는 말은 '너는 현실에서 통용될 수 없어'라는 거절의 말이죠. 그래서 엄청 외로운 생활이죠, 사실은.

‖ **학교의 각종 평가에서도 좋은 점수를 따기 힘들 거고요.**

교육 수요자인 학생들이 점수를 주는 평가는 높지만 성과급 등 학교 내에서 이루어지는 평가에서는 최하위죠. 하하. 저 같은 마인드를 가진 선생님이 더러 계시는데 다들 마찬가지예요. 이런 분들은 평가를 낮게 받더라도 교육에서 자신이 중요하다고 생각하는 것들을 묵묵히 실천하죠. 승진이나 보직에는 연연해하지 않고요. 그러나 학교에서 승진도 하고 인정받는 성공하는 사람이 되고픈 젊은 교사들이 따라 하기는 힘든 생활이죠. 현재의 보상 및 교사 평가 체제에서 어떤 선생이 우대받고 환영받는지를 다 알거든요. 그래서 다른 선생님들한테 '당신들도 이렇게 해보세요'라고 할 수 없죠. 그 점이 가장 아쉽죠.

‖ 저평가를 받으면 억울한 마음이 들지는 않으세요?

그런 건 별로 신경 안 써요. 교사로서 제가 하는 방식이 학생한테 도움이 되는 거지만 내가 행복한 길이 되기도 하거든요. 아이들하고 마음으로 만날 때 수업 시간이 전혀 피곤하지 않고 행복하니까요. 또 공감적으로 아이를 대하면서 학생 지도를 하니까 업무가 많은 담임을 해도 아이들과 좋은 관계를 지속적으로 맺을 수 있거든요. 그래서 제가 갖는 보상도 굉장히 크다고 생각해요.

서울 빈민가 판자촌에서 자란 김선희는 어릴 때 학교에서 말이 없을 뿐 아니라 존재감이 없는 아이였다. 늘 술에 취해 있는 아버지, 찌든 살림살이를 책임지느라 5남매에게 화를 잘 내는 어머니에 짓눌려 밖에 나가서도 기를 펴지 못했다. 초등학교 5학년 때 육성회비(교육비)를 안 낸다고 선생님한테 전학을 강요받고는 다른 학교로 옮기기도 했다. 그가 자기 목소리를 찾고 자존감을 회복할 수 있었던 것은 학창 시절에 만났던 몇몇 선생님들 때문이었다.

‖ 전학 간 학교에서 처음으로 친구들이 생겼다고요?

부모님이 초라한 행색으로 저를 데리고 새 학교로 갔는데 담임 선생님이 아이들한테 저를 소개하면서 '공부 잘하는 애가 우리 반에 왔으니 너희들 이제부터 긴장해야 돼'라고 하시는 거예요. 지금 생각하면 아주

"학력 지향 사회에서는 제일 중요한 것과
그다음 중요한 것 등등 위계가 있어요.
그래서 '애는 공부는 못해도
인성은 착하니까'라는 식으로 모든 것을
위계 속에 두고 아이들을 바라보죠.
그러나 아이들을 각각 하나의 존재라고
생각을 하면 그 존재가 가진 모든 역동성이
다 옳은 거잖아요."

구식이지만, 덕분에 아이들이 저한테 관심을 갖고 몰려드는 거예요. 그 때 처음으로 친구 관계가 생긴 거예요. 6학년 때 선생님은 미술 시간에 제 그림을 칭찬해주셨고, 그래서 또 친구들이 생겼어요. 지금 생각해보면 선생님이 아이들한테 '이 아이와 너희들이 같이 어울리면 좋겠어'라는 것을 그런 식으로 말씀하신 것 같아요. '얘들아, 쟤 혼자 있잖아, 살펴봐' 이렇게 말하는 건 별 소용이 없거든요. 애들은 교사들이 그 아이를 어떻게 상대하느냐에 따라 다르게 반응하지 교사의 지시대로 움직이지 않아요.

‖ 국악고를 간 것도 중학교 3학년 담임 선생님 덕분이었다면서요.

우리 부모는 제가 빨리 돈을 벌어 집 살림에 보탤 수 있도록 야간 여상을 가라고 했어요. 낮에는 일을 할 수 있게 하려고요. 그런데 언니가 여상에 다녔는데 주판만 봐도 머리가 아플 정도로 제 적성에 안 맞았어요. 대신 노래 부르고 하는 것을 너무 좋아했는데, 어느 날 학교 게시판에 붙어 있는 국립국악고등학교 팸플릿을 봤어요. 더구나 국립이어서 학비가 안 든다길래 담임께 저길 가고 싶다고 말씀드렸죠. 지금 생각해도 이분이 참 탁월하신 분이에요. 왜냐하면 '그래, 너 가난한데 찬밥 더운밥 가릴 게 어딨어, 좋네, 해봐' 이러시지 않고 '그래? 근데 진로를 정하는 건 평생 가는 일인데 너의 취향이 맞는지도 판단해봐야 되지 않을까?'라고 하셨거든요. 그러면서 주말에 당신이 티켓을 끊어서 저를 국악 공연에 데리고 가고, 실기 시험 준비도 음악 선생님께 부탁해서 시켜주셨어요. 사실상 비어 있는 부모의 자리를 채워주셨어요. 너무 감사하고 감동이었죠.

국악고에 입학했지만, 고교 생활은 더 힘들었다. 대부분의 아이들은 이미 선행 학습을 마친 데다 개인 레슨을 따로 받고 있었지만, 그는 그런 것을 엄두도 낼 수 없었기 때문이다. 악기 살 돈이 없어서 판소리를 택했으나 이마저 약한 체력 탓에 감당을 못 해 전통 가곡인 정가를 전공했다. 대학(한양대 음대)에서도 국악을 전공했으나 무대 울렁증 때문에 예인 되기는 일찌감치 포기했다. 대신 공장과 식당, 백화점, 학교 도서관 등에서 닥치는 대로 일을 해 학비를 벌면서 교사 임용고시를 준비했다.

'선한 영향력'이란 별명 얻어

∥ 자기 자신을 챙기기에도 힘들었을 텐데 첫 학교에서부터 아이들에게 관심을 가지게 된 계기가 뭐였어요?

가평의 한 중학교에서 초임 교사로 갔는데 가난해서 굶는 아이, 매 맞는 아이, 부모에게 버려진 아이들이 적지 않았어요. 어릴 적 제가 생각나기도 해서 너무너무 마음이 아팠어요. 혼자 힘으로 어떻게 할 수도 없어서 고민하고 있는데 동료 선생님 한 분이 기독교윤리실천운동이라는 단체의 교사 모임을 알려주면서 수련회에 같이 가자고 이끌어줬어요. 학창 시절에 제가 만난 훌륭한 선생님들의 뒤를 따르고 싶다는 생각이 있었기 때문에 그때부터 기독교윤리실천운동이 만든 '(사)좋은교사운동'에 참여했어요. 교육을 고민하는 선생님들과 함께하면서 마음이 아픈 아이들과 물리적으로 폭력을 당하는 아이들에게 관심을 본격적으로 쏟게 된 거죠.

‖ 큰아이도 오늘의 김선희 선생님이 있게 한 스승이었다고요? 하하.

네, 초등학교에 들어간 큰아이가 학교 가기를 싫어했어요. 하하. 저는 그때만 해도 공교육은 사람을 살리는 구제기관 중 가장 안전한 곳이라고 생각하고 엄청난 프라이드를 가졌는데 저희 아이가 학교를 안 가고 옆으로 새고 하니까 '어, 이것 뭐지?' 하면서 의문을 갖기 시작했죠. 처음에는 아이에게 문제가 있나 했는데 얘기를 들어보니 일률적인 학교 시스템 때문에 생기는 문제였어요. 그즈음 좋은교사운동을 하던 송인수 선생님이 2008년 '사교육걱정없는세상'을 만들었는데 저도 처음부터 참여해서 활동했어요. 거기서 공부하면서 교육의 본질에 대해 고민을 하고, 비판적 사고를 하게 됐어요. 문제를 아이한테서만 찾는 게 아니라 좀 더 확대해서 보게 되고, 그러다 보니까 교사로서의 나 자신을 반성할 수 있었어요. 큰아이한테 종종 말해요. 엄마가 좋은 사람이 되는 데 네가 많이 기여했다고요. 정말 그렇게 생각해요, 저는. 우리 아이를 통해서 학교에 얼마나 강압적 요소가 많은지를 제가 잘 알게 됐고, 그 덕에 교사로서 자신감을 갖게 됐거든요.

2020년 한 학급에서 국어 시간에 삼행시 짓기를 했다. 그때 한 아이가 '김선희' 글자에 맞춰 "김선희 선생님께서는/ 선한 영향력으로 학생들을 이끌어주시고/ 희망을 주시며 포기라는 절벽에서 학생들을 구해주십니다"라고 적었다. 김선희는 그 얘기를 전해 듣고는 글자에 맞추느라 그런가 보다고 짐짓 웃어넘겼지만, 2021년 학기 초 아이들이 자신의 별명을 아예 "선한 영향력"이라고 지어 부른다는 얘기를 또 다른 교사한테 들었다. 선생이 받을 수 있는 최고의 찬사다. 그 일을 슬쩍 물었더니 "그때 정말 울컥했어요"라고만 답했다. 새 별명을 얻은 직후 그가 페이스북에 남긴 각오는 이렇다.

"세상천지가 무능한 교사의 꼬리표를 달아주거나 말거나, 아이들이 달아준 '선한 영향력'이라는 이름표를 가슴에 꽉 차게 달고 여전히 불합리한 교육 체제에 부적응하는 초임 교사의 마음으로 묵묵히 교육 활동에 임할 것이다. 꽃다발같이 안겨 오는 아이들의 환대와 한낮의 폭죽처럼 터지는 뜨거운 교실 속 만남의 감동이 있는 한 누가 뭐라 해도 흥에 겨워 나의 길을 가리라!"

후기

저의 고등학교 3학년 때 일입니다. 학기 초 어느 휴일 날, 담임 선생님이 자취방 주인집으로 전화를 주셨습니다. 개별 상담이었던 것 같습니다. "철아, 시골에서 부모님이 농사지어서 니 뒷바라지를 하시는데 공부 열심히 하고 있지? 너희 누나도 돈 벌어서 니 학비 보태는 것 같던데 더 열심히 공부 하거래이"라고 하셨습니다. 특별한 것 없는 내용이었지만, 선생님의 말씀에 울먹이고 말았습니다. 그날부터 책상 앞에 앉아 있는 시간이 더 늘었죠.

이처럼 선생님의 말 한마디에 큰 힘을 얻는 게 아이들이죠. 그런데 학생들한테 "선한 영향력"이라고 불리는 선생님이 있습니다! 경기도 분당의 한 중학교 음악 교사인 김선희(50) 선생님입니다. 그를 알아가면서 나도 초·중·고 학창 시절에 이런 선생님을 한 분이라도 만났더라면 하는 생각이 저절로 들더군요.

김 교사는 공부 잘하는 아이뿐 아니라 학교에서 문제아로 낙인찍힌 아이들, 수업 시간에 산만한 아이들, 성적이 나쁜 아이들을 가리지 않고 가슴으로 품어줍니다. 아이들을 훈육 대상이 아니라 동료를 대하듯 하나의 인격체로 존중하고요.

그는 두 아들에 대해서도 마찬가지로 대합니다. 인터뷰를 위해 그의 집에 갔을 때 코로나로 인해 고교생인 두 아들이 집에 있었습니다. 큰아이는 인터뷰가 끝날 때까지 거실에서 컴퓨터 게임을 하고 있었지만, 어머니인 김 교사는 꾸지람은커녕 아무런 간섭을 하지 않더군요. 아이들 게임하는 것 보면 속 터지지 않느냐고 물었더니 "그 세계에 뭐가 있는지 제가 모르는데 하지 말라고 하는 것은 아닌 것 같아요. 대신 평소 대화를 충분히 해요"라고 말했습니다.

바쁜 교육 현장에서는 그처럼 아이들에게 시간과 사랑을 무한정 쏟는 교사가 환영받지 못하고 있지만, 김선희 선생님 같은 분들이 학교 현장에 적지 않다는 사실에 아직 희망을 봅니다.

(2021년 4월 27일 인터뷰)

"광대만큼 진보적인 사람도 없어, 시대를 직접 애기하잖아요"

13

김덕수

광대 60년

1952년 대전에서 태어났다. 다섯 살 때 조치원의 난장 무대에서 광대가 되었고, 이후 남사당패에서 활동하며 '장구 신동'으로 이름을 알렸다. 1978년 꽹과리와 징, 장구, 북 등 네 종류의 타악기로 빚어낸 사물놀이를 처음으로 선보였다. 1997년 미국 대학의 교수직을 거절하고 한국예술종합학교의 연희과 교수를 맡았으며, 2017년 말 한예종에서 정년 퇴임한 뒤 명예교수로 수업을 진행하고 있다.

달리 예인이 아니었다. 우리 가락을 얘기할 때는 자리에서 일어서서 사뿐사뿐 춤사위를 걸었다. 팔은 손끝에서 어깨까지 공중에서 더덩실 굽이쳤다. 우리 징의 고유한 소리를 설명할 때는 커졌다가 작아졌다가 하는 열두 번의 소리 고비가 그의 입 속에서 살아났다. 김덕수 사단법인 사물놀이 한울림 예술감독이 뿜어내는 에너지는 약 3시간 동안 사물놀이 전용 공연장인 서울 인사아트홀 사무실을 꽉 채웠다.

∥ 광대 데뷔 60년(2017년) 기념 공연 열어주지 못해서 주변 분들이 미안해 하더군요.

젊었을 때는 나도 과시하고자 하는 마음이 있었으나 나이 들고 철이 들어서인지 이제는 그런 것 없어요. 60주년이라고 특별할 것 없으니 그냥 하던 대로 하자고 생각했죠. 1월 2일 인사동에서 길놀이로 올해를 열었어요. 매년 연초에 하는 일이에요. 제 나름대로는 60주년을 기념해서 한 일이 하나 있어요. 일본에 가서 '하나로 사물놀이단'을 만들고 왔죠. 일본의 제자들 가운데 남쪽 국적 두 명과 북쪽 국적 두 명 등 네 명으로 구성했어요. 남과 북이 유일하게 동질적으로 하나가 될 수 있는 게 바로 사물놀이더군요. 남북 민족이 하나가 될 수 있는 가교를 사물놀이단이 놓았으면 해서요.

밥 빌어먹을 남사당으로 이끈 아버지

김덕수의 광대 인생은 1957년 추석날 시작됐다. 그의 나이 다섯 살 때였다. 차례가 끝나자, 아버지 김문학(작고)은 둘째 아들의 손을 잡고 대전 집을 나섰다. 어머니는 어린 덕수가 대문을 나설 때 가없는 눈물을 흘렸다. 형과 누이들은 전날 밤 그를 꼭 껴안고는 말없이 울었다. "밥을 평생 빌어먹어야 할 텐데 왜 그런 곳에 아들을 데려가느냐고 생각했던 것 같아요. 당시에는 광대는 무시하다 못해 천시당했거든요. 어머니로서 마음이 아팠을 수밖에 없었을 겁니다."

그가 간 곳은 조치원의 축제장이었다. 의용소방대 창설 기금을 마련하기 위한 난장 무대였다. 무대의 주인공은 남사당패였다. 남사당패는 조선 후기에 전국을 유랑하면서 풍물과 줄타기, 탈춤, 땅재주 등 각종 기예를 자랑하고 굿판을 벌였던 유랑 예인 집단 가운데 하나였다. 남자로만 구성된 남사당패는 주로 경기도 일원에서 활동했으며, 1964년 해체될 때까지 가장 오래 존속했다. 김덕수의 아버지는 해방 직후 일본 징용에서 돌아온 뒤 남사당패의 일원이 돼, 꽹과리 치는 상쇠와 벅구놀이(소고춤과 상모 돌리기) 등을 도맡았다. 아버지는 둘째 아들인 덕수를 어릴 때부터 자신의 후계자로 점찍었다. 조치원 난장에서 김덕수는 인간탑 위의 꼭대기에서 춤을 추는 무동, 즉 새미를 맡았다. 새미는 아이만이 할 수 있는 역할이었다.

∥ 새미가 됐을 때의 느낌은 어땠나요?

자세하게는 그날 상황이 기억 안 나요. 내가 좋아했던 장터의 국밥에서 김이 나던 모습, 사람들이 박수 치면서 환호하는 광경 등을 어른들 어깨 위에서 보는 게 좋았다는 느낌으로 남아 있어요. 그게 안 좋았다면 그 길로 안 갔겠죠. 오히려 집보다 유랑하는 게 대우가 더 좋았어요. 최고의 광대 집단이어서 그랬는지 몰라도 남들이 보리밥 먹을 때 우리는 쌀밥에 육회를 먹었죠. 솔직히 그래서 어른들이 그 천대에도 버텼구나 하는 생각이 가끔 들곤 해요.

‖ 무동 할 때 느낌이 좋게 남아있는 것을 보면 어릴 때부터 광대가 체질이었던 거 같아요.

즐겁지 않으면 못 합니다. 나는 일찍부터 우리 신명으로 사람들에게 즐거움을 주는 일이 좋았어요. 그래서 아마 한평생 한길을 걸을 수 있었던 것 같아요.

그날 이후 김덕수는 양도일 등 남사당의 전문 예인들에게 장구와 북, 꽹과리 등 사물뿐 아니라 어름(줄타기)과 땅재주 등 남사당의 여섯 가지 기예를 모두 전수받았다. 할아버지로부터 아버지, 작은아버지 등으로 이어진 광대 기질을 타고난 그는 특히 장구에 뛰어난 솜씨를 보였다. 장구 신동이란 별명이 붙은 그는 일곱 살 때인 1959년 전국 농악경연대회에서 대통령상을 받았다. 이때부터 전국적인 스타였다. 국악예술학교(현 국립전통예술중고)에 입학하면서부터는 세계 무대로 진출했다. 1965년에 한국민속가무예술단과 리틀엔젤스 단원에 뽑히면서 국위선양 차원의 각종 해외 공연에는 빠짐없이 참가했다.

그냥 그렇게 장구 치고 상모 돌리면서 국위선양단의 공연 활동에 만족했다면 김덕수는 재주 많은 전통놀이꾼의 한 명으로만 기억되고 말았을 것이다. 하지만 그는 사라져가는 민속예술을 어떻게 계승, 발전시킬지를 놓고 치열하게 고민했다. 1960년대 근대화 바람이 불면서 전통예술은 점차 설 자리를 잃어갔다. 새마을운동이 시작되면서는 농촌 마을에서 농악은 낡은 것으로 지목돼 사실상 금지됐으며, 대학가에서는 시위를 북돋는 데 사용된 풍물 도구가 압수되기도 했다.

김수근·심우성, 사물놀이 탄생의 배후

이러한 전통예술의 급격한 내리막길에 대응해 1978년 김덕수가 내놓은 것이 바로 '사물놀이'였다. 꽹과리와 징, 장구, 북 등 네 종류의 타악기로 빚어낸 음악은 익숙하면서도 완전히 새로운 것이었다. 고을마다 전승되어오던 풍물 가락이라는 점에서는 우리 고유의 것이었지만, 마당에서 뛰면서가 아니라 실내의 무대 위에 앉아서 악기 네 개로 화음을 만들었다는 점에서는 새로운 예술의 창조였다. 사물놀이가 우리 국악뿐 아니라 세계 음악계에 던진 파장은 깊고도 넓었다.

∥ 사물놀이 탄생은 건축가 김수근(1986년 작고) 선생과도 밀접하게 연관돼 있다면서요?

맞아요. 김수근 선생을 만나지 못했다면 사물놀이는 탄생하지 못했거나 훨씬 늦었을 겁니다. 1970년대에 들어 나는 뭔가 다른 살길을 찾아야겠다는 생각이 들었어요. 공연판에 쫓아다니느라 대학(단국대 요업과)도 중퇴했는데 우리 전통음악은 자꾸 밀리고 위축되는 상황이어서 앞이 막막했거든요. 그래서 일본의 대학으로 무대 연출을 공부하러 가기로 결심하고는 그것을 자문하려고 평소 나를 아껴주던 김수근 선생 등 선배들을 찾아갔어요. 말을 꺼내자마자 박살이 났죠. '야, 이 미친놈아, 무대 연출은 아무나 할 수 있다. 하지만 우리의 전통 연희는 네가 아니면 누가 할 수 있느냐'면서 혼을 내더라고요. 그러면서 '공간' 사옥에서 전통예술의 밤을 한번 운영해보라고 해요. 김수근 선생이 지은 서울 창덕궁 옆의 '공간' 사옥에서는 시 낭송회와 재즈 연주회, 무용 등 다양한 문화 모임이 한 달에 한 번씩 열리고 있던 때였어요. 그래 한번 해보자 싶어서 동료들과 머리를 맞대고 무엇을 어떻게 무대에 올릴까 고민했죠. 그때 민속학자인 심우성 선생이 꽹과리와 징, 장구, 북 등 농악의 기본 네 악기를 사용하는 게 어떻겠느냐고 제안했어요. 사물놀이라는 이름도 심 선생이 지었어요.

그해 2월 22일 제1회 전통예술의 밤에 사물놀이가 첫선을 보였다. 장구는 김덕수가 잡고, 꽹과리는 당시 최고 고수인 김용배(작고)가 맡았다. 북은 이종대, 징은 최태현이 잡았다. 경기도 용인 지방에서 전해 내려오던 흥겹고 신명 넘치는 윗다리 풍물가락이 '공간'을 꽉 채웠다.

∥ 첫 반응부터 굉장했다던데 사물놀이가 성공할 것이라고 예상했나요?

그 전에도 이미 수없는 공연을 해봤지만, 사물놀이를 무대에 처음 올렸을 때부터 '이것이다'라는 확신이 왔어요. 공연이 끝나자 '저럴 수도 있나?' '와! 좋다'에서부터 '미친놈들 아니냐'는 등 어느 쪽이든 놀랍다는 반응이 쏟아졌지요. 전통을 기본으로 하되 포맷을 완전히 바꿨기 때문이에요. 기존의 연희가 시각적이었다면 사물놀이는 청각적인 것이죠. 하지만 어렵게 생각할 필요도 없어요. 시대 상황이 변한 만큼 새로운 레퍼토리가 필요했고, 무대도 실내, 즉 서양화된 무대로 들어와야 했어요. 시대 흐름과 딱 맞아떨어진 것이죠.

명맥이 끊겨가던 농악은 사물놀이라는 타악 4중주로 새로 태어났다. "국악계에서 지진이 날 정도의 강력한 사건"이라는 황병기 이화여대 명예교수의 당시 평처럼 음악인들은 충격을 받았으며, 대중은 열광했다. "온 국민이 속앓이하던 유신 말기 울분의 시기"에 "무대에서 꽹과리며 북이며 장구며 징을 땀을 뻘뻘 흘리며 두들겨대는 사물놀이는 일시에 시대적 분노를 날려버렸"(한명희 이미시문화서원 좌장)기 때문이다. 사물놀이 공연 때마다 관중들이 넘쳤고, 그의 제자가 되려는 젊은 이들이 줄을 섰다. 김덕수는 1982년 가을 사물놀이를 들고 세계 무대 도전에 나섰다. 김덕수의 사물놀이패는 미국 댈러스에서 열린 '세계 타악인대회'(PASIC 82)를 말 그대로 흔들었다. 신명 난 연주가 끝나자, 관중들은 10분 이상 기립 박수를 쳤다. 뉴욕 필하모닉의 수석 타악기 연주자인 모리스 랭은 당시 《뉴욕 타임스》에 "처음에 무대 위에 겨우 네 개의 악기와 깃대 하나만 서 있는 것을 보고는 별다른 기대감을 갖지 않았다. 그러나 불과 몇 분이 지나기도 전에 나는 모든 청중이 그들의 소리에 함몰되어 있음을 알 수 있었다"고 썼다.

∥ '사물놀이'는 백과사전에 보통명사로 등재돼 있고, 또 세계 여러 나라 음대에서도 사물놀이를 수업하고 있다면서요?

네, 사물놀이가 탄생한 지가 40년이 넘었는데, 그동안 세계화와 대중화가 많이 이뤄졌어요. 1984년 영국 더럼대학 음대에서 사물놀이가 처음 정식 과목이 됐는데 그 이후 세계 각국에서 사물놀이팀이 만들어졌어요. 지금 전 세계 50여 개국에 사물놀이팀이 있고, 미국엔 대학에만 200개가 넘어요. 사물놀이를 전공으로 하는 교수가 나왔고, 그 제자들도 배출되고 있죠. 이제는 세계 어디를 가도 우리의 호흡으로, 우리의 타법으로 그리고 우리의 보법으로 하는 사물놀이를 볼 수 있어요. 타악기 하는 사람들은 우리의 꽹과리 하나, 장구 하나는 다 갖고 있죠. 세계 음악인들이 우리의 신명을 모티브로 많은 곡을 쓰고 있어요. 우리의 신명을 그만큼 세계인에게 전수시킨 거죠.

"K-POP 성공하려면 우리의 신명 접목해야"

‖ 사물놀이의 어떤 점이 세계 음악인을 사로잡았나요?

신명입니다. 신명은 음악적으로 말하면 리듬이죠. 쿠바의 살사, 아르헨티나의 탱고, 브라질의 삼바, 그리고 자메이카의 레게도 전부 리듬이에요. 각 나라에 고유한 리듬이 먼저 있고, 작곡가나 편곡자가 이를 모티브로 대중들이 즐기는 음악으로 발전시킨 겁니다. 사물놀이가 구현하는 우리의 리듬은 메트로놈 기반인 서양의 리듬과는 달라요. 그들의 것이 직각 보행이라면 우리의 리듬은 혼합박이죠. 그 리듬 골이 수백 개인데 그러한 새롭고 깊은 우리 가락이 세계 음악의 새로운 에너지로 떠오른 것이죠.

김덕수는 사물놀이를 우리 고유의 어떤 특별한 것으로 가두지 않았다. 서양 고전음악이나 대중음악과의 협연 등 실험적인 공동 작업을 끊임없이 해왔다. 1995년 유엔 창립 50주년을 맞아 미국 뉴욕의 유엔 총회장에서 가진 특별무대가 대표적이다. 그는 이날 정명훈이 지휘하는 KBS 관현악단과 함께 '사물놀이를 위한 협주곡 〈마당〉'을 연주했다. 또 김수철이 기타 산조를 만들고, 서태지가 〈하여가〉 작업을 할 때도 김덕수가 옆에 있었다. 무언극 〈난타〉도 그가 예술감독으로서 사물놀이 장단을 다듬어 만든 작품이다.

‖ 가수 김수철 씨와도 작업을 같이 했다고요?

네, 김수철 씨의 기타 솜씨가 최고잖아요. 수철이한테 '야, 기타 갖고 우리 전통의 산조를 한번 연주해보라'고 제안해서 삼십여 년간 같이하고 있어요. 서양의 블루스처럼 산조 음악을 기타로 즐긴다면 얼마나 좋겠어요. 음악도 고정돼 있으면 안 돼요. 대학의 국악과에서도 실용적 음악을 가르쳐야 해요. 창의와 융복합 교육이라고 말만 하지 실제로는 없어요. 가야금이든 대금이든 시대의 흐름에 맞춘 교육을 해서 자연스레 전통을 재창조해야 해요. 가야금도 꼭 오동나무에 명주실을 고집하지 말고, 베니어합판에 나일론 줄을 맨 보급형을 만들어야죠. 왜 전통악기를 꼭 비싸게만 만들어야 해요? 싸게 만들어 많은 사람들이 이용해야 뭔가 새로운 음악이 나오죠.

‖ 그동안 다른 음악과의 협주 등을 꾸준히 해왔는데요.

서로 섞이고 교류하는 것은 당연해요. 사물놀이가 우리 것이라고 해서 혼자만 고여 있어서는 아무것도 아닙니다. 사물놀이의 바탕인 농악도 문화사적으로 보면 일찍이 이웃 나라와 교류하고, 우리 사회에서도 동네마다 다르게 진화해서 우리 세대로 넘어온 것이잖아요. 시대의 변화에 맞게 스스로도 변하고, 다른 음악과도 만나면서 새롭게 나아가야 하죠.

‖ 일렉트릭 사물놀이는 그런 모색의 결과인가요?

낙랑악극단이라고 혜은이 아버지가 단장을 맡았던 유랑 악극단에서 1960년대 초 활동한 적이 있어요. 윤복희, 혜은이, 하춘화 등 극단 멤버가 화려했죠. 거기에 장구 치러 갔다가 드럼도 배웠어요. 그때 드럼을 치면서 상모를 돌렸죠. 하하. 일종의 음악적인 융복합이었죠. 내 제자 중에는 버클리 음대를 간 친구도 있고, 지금 미국인 제자가 한국예술종합학교(한예종)에 유학을 오기도 해요. 그들에게도 그런 식으로 가르칩니다. 드럼 치면서 상모 돌리듯이 동서양 음악을 융합하라고 말입니다. 그래야 세계 최고가 돼요. 일렉트릭 사물놀이는 3년 전에 상상마당에서 처음으로 연주했지요. 지금까지 12곡을 만들었는데 곧 음원도 출시할까 해요.

클럽에서 들을 수 있는 일반적인 사운드에 꽹과리와 징, 장구, 북소리를 넣었어요. 한마디로 말해서 전자음을 우리 것으로 만든 것이죠. 이런게 굉장히 중요하다고 봐요. 이렇게 하면 청년들이 우리의 신명을 우리악기로 접할 수 있거든요. 지금 K-팝이 세계적으로 뜨고 있는데 그것도 좋지만 진정한 한류가 탄생하려면 우리의 신명이 접목되어야 한다고 봅니다. 지금의 K-팝은 결국 마이클 잭슨류이고, 서양의 신명이 아니겠어요? 우리 것이 없으면 남의 나라 흉내 내기밖에는 안 되죠.

▮ 우리 것을 바탕으로 한 음악적 융복합이 핵심이라는 뜻인가요?

그렇죠. 그건 절대적입니다. 주변 국가에 가면 사람들이 나한테 엎드려 절합니다. 우리 민족이 가지고 있는 에너지, 신기(神氣) 같은 것을 알려줘서 고맙다는 거죠. 우리가 가지고 있는 이런 것은 앞으로 인류 미래를 위한 큰 재산이 아닌가 싶어요. 우리의 이런 기운을 4차 산업혁명 시대에 맞게 앞으로 새롭게 창조해야 하죠. 전통의 한국적인 게 가장 세계적이라는 말에 해답이 있다고 봐요. 신명이라는 본질은 영원하겠지만, 형태가 앞으로 어떻게 변할지는 아무도 모릅니다. 어쩌면 장구에 전기선을 연결해야 할 수도 있고요. 전자 꽹과리도 나오지 않을까요. 기계음과 합성음이 우리 가락에도 들어올 겁니다. 필요하다면 그것도 해야 하죠. 시대 흐름을 받아들여야 살아남아요. 물론 근본은 안 변해야 하지만요.

‖ 변하지 말아야 할 근본은 뭔가요?

우리가 갖고 있는 맛과 멋이죠. 호흡에 따라 덩실대고, 둥글게 감기는 소리가 그것이에요. 전통 무예인 택견의 동작과도 닮았죠. 이건 학문적으로 보면 우주의 원리에 뿌리를 둔 동양 문화에 가닿아요. 덩실대고 감아 싸는 장단의 구조가 바로 우리 가락이 가지고 있는 힘이에요. 그게 없으면 아무도 안 들어요. 이건 엄청난 가치를 지니고 있어요.

미국 대학 대신 한예종을 택한 까닭

영감을 주는 세계적 음악가 김덕수에게 미국 워싱턴주립대학은 종족음악과 교수직을 제안했다. 1997년 무렵이었다. 미국 교수직은 사물놀이를 세계화하려는 그의 바람과도 부합했다. 그는 시애틀에 집까지 구했다. 그즈음 한예종에서 전통예술원을 만들면서 연희과 교수를 맡아줄 것을 부탁했다. 그는 곧바로 방향을 틀었다.

‖ 미국 대학이 더 끌릴 수도 있었을 텐데 왜 한예종을 택했어요?

간단했어요. 말로는 농악을 우리 민족문화의 풀뿌리라고 하면서도 그것을 전문적으로 하는 사람들에 대해서는 그동안 천대해왔어요. 그런 속에서도 꿋꿋하게 해왔던 예인들이 있었고요. 이제 우리의 놀이판, 즉 연희가 대학 과정에 생긴다는데 그것을 외면하고 떠날 수는 없는 것 아닌가요. 연희과를 만든다는 얘기를 듣고 우리 예인들은 만세를 불렀어요. 미국에서 사물놀이를 널리 알리는 것도 의미가 있겠지만 사물놀이의 고향에서 우리 음악의 기본을 정리할 수 있는 기회가 있다면 그 일을 당연히 해야 한다고 생각했죠.

그는 판소리 명인 안숙선 등과 함께 교육부 심사를 통과해 한예종 교수가 됐다.

‖ 처음 만들어지는 학과여서 어려움이 많았을 것 같아요.

국악과는 1959년 서울대 음대에 생겼지만 주로 기악 중심이었어요. 한예종의 연희과는 우리의 전통적인 공연예술을 5천 년 역사에서 처음으로 대학 과정에 끌어들였어요. 모든 게 처음이다 보니 전공도 교재도 다 새로 만들어야 했죠. 연희, 무속, 풍물을 지역적으로는 영남과 중부, 북쪽 등 3개 지역으로 나눠서 총 10개의 전공을 만들었어요. 말도 안 되는 어마어마한 일이었죠. 교재도 그동안 10개를 썼어요. 그러다 보니 20년이 훌쩍 지났어요. 그랬더니 이제야 졸업생들에 의해 새로운 창작 연희 집단이 만들어지더군요.

‖ 앞으로 계획은 뭔가요?

디지로그 사물놀이를 해볼까 구상하고 있어요. 예전에도 실험은 해봤는데 이번에는 디지털과 아날로그를 완전히 결합시키려고 해요. 즉, 디지털로 만든 홀로그램 영상과 아날로그 사물놀이의 라이브 음악 및 춤을 극장 전체를 무대로 결합한 작품이 될 것입니다. 대본도 이미 나왔어요. 작품 이름도 '사물놀이전'으로 붙였고요. 혼란스러운 이 시대를 얘기하는 작품이에요. 반응이 좋으면 롱런시키려고요. 브로드웨이에 가면 수십 년 하는 뮤지컬이 있잖아요. 사물놀이전도 잘되면 그렇게 해도 괜찮을 것 같기도 한데 어떻게 될지는 모르겠어요.

‖ 또다시 새로운 도전을 시작하는 건가요?

그렇게 안 하면 살아남지 못합니다. 원래 전문 예인 정신은 끝없는 도전 정신이기도 하거든요. 자기는 망해도 누군가에게는 영향을 주고 그 길을 따라오게 만드는 그런 도전 말입니다.

저항정신 담긴 김덕수의 수염

김덕수의 트레이드마크는 수염이다. 반짝일 정도로 윤기 나는 뺨에 덥수룩하게 자란 그의 콧수염과 턱수염은 예인 김덕수의 상징이 됐다. 하지만 그의 수염은 멋이 아니라 저항정신이다. 서울에서 열린 88올림픽을 1년 앞둔 1987년 그는 연초부터 일종의 문화사절단으로 사물놀이패를 이끌고 전 세계를 돌고 있었다. 올림픽 홍보의 일환으로 한국관광공사가 주최한 순회공연이었다. 미국과 유럽 공연을 마치고 동남아 지역만 남겨둔 상태에서 그해 6월 연세대생 이한열이 최루탄을 맞고 쓰러졌다. 그는 보따리를 싸서 귀국했다. 그러고는 자신이 할 수 있는 예술로 시대에 참여했다.

‖ 6월항쟁 때부터 콧수염을 기르기 시작했다고요?

그해 초 '경찰이 책상을 탁 치니까 박종철이 억 하고 죽었다'는 말도 안 되는 얘기에 이어 7월에는 이한열이 죽었어요. 그런데 공연문화예술계에서 시국선언만 하지 작품으로 시대를 얘기하는 사람이 없었어요. 우리가 해보자는 생각에서 동남아에서의 사물놀이 공연을 포기하고 중도 귀국했죠. 그러면서부터 수염을 길렀어요. 백기완 선생이 작명한 시국춤인 '바람맞이'를 대학로 연우극장에 올렸죠. 우리의 사물놀이 연주에 맞춰 춤꾼 이애주 서울대 교수가 물고문, 불고문을 몸으로 표현했고요. 꽹과리와 징, 장구, 북이 내는 울림은 그 시대의 아픔을 토해내는 뼈저린 울음이었죠. 김민기 형이 스태프로 일했던 연우극장에 사람이 많이 몰려서 난리가 났어요. 수입금은 전부 민중문화운동협의회(민문협)에 기금으로 냈습니다. 앙코르 공연을 연세대 노천극장에서 했는데 끝나면 참가자들이 바로 시위에 나섰어요. 우리는 할 수 없이 뒷문으로 나오고 그랬죠. 바람맞이 공연 때는 잡혀갈 각오였는데 다행히 안 잡아가더군요. 아무튼 그것은 현실 참여였죠.

‖ 원래 예술이라는 게 시대와 호흡하지 않나요?

맞아요. 사람들이 진보니 보수니 얘기를 하는데 우리 광대만큼 진보적인 사람도 없어요. 그 시대를 직접 얘기하는 사람들이기 때문이죠. 전통 시대에도 광대들은 당시 시대를 비꼬고 풍자했잖아요. 승려가 잘못한 것이나 세도가의 위세 부리기 등등 당시 힘 있는 사람들의 모습을 해학적으로 그렸죠. 물론 예나 지금이나 막힌 것을 풀어주는 해원상생(解冤相生)이 기본이고요. 나는 1980년대 초에도 이른바 비판적인 작품에 출연했어요. 1981년 서울 세실극장에서 현대판 토끼전인 '토선생전' 공연이 있었는데 당시 쿠데타로 집권한 전두환을 문어에 비유한 작품이었죠. 연출가 임진택이 연출하고, 나중에 국회의원을 지낸 최종원이 토선생 역을 맡았어요. 잡혀갈 수도 있었지만 아랑곳하지 않고 참가했죠. 그런 삶을 사는 게 광대들입니다. 요즘도 마찬가지고요. 세월호 사태 때 우리 연희과 학생들이 가장 먼저 치고 나가더군요. 죽은 이의 혼을 달래고, 사람들을 신명 나게 하는 게 우리가 하는 일이기 때문입니다. 그게 예술의 본질이죠.

"디지로그 사물놀이를 해볼까 구상하고 있어요.
예전에도 실험은 해봤는데 이번에는 디지털과
아날로그를 완전히 결합시키려고 해요.
원래 전문 예인 정신은 끝없는
도전 정신이기도 하거든요. 자기는 망해도
누군가에게는 영향을 주고 그 길을
따라오게 만드는 그런 도전 말입니다."

‖ 그런 면에서 보면 이명박, 박근혜 정부에서 블랙리스트를 만들어 문화예술인들을 탄압한 것은 무식한 일이었죠.

과거 정권에서 어느 정도의 블랙리스트나 화이트리스트는 다 있었겠지만, 박근혜 정권에서는 너무했어요. 박종철, 이한열의 죽음 등 극한 상황을 지내온 건데 너무나 심하게 노골적으로 문화예술계를 나눠서 관리했거든요. 나도 한때 혼난 적이 있어요. 노무현 대통령이 2007년 대선에 출마했을 때인데 그의 행보가 너무 신선하고 충격적이었어요. 그래서 고인이 된 가수 신해철과 노란 돼지저금통 모금운동을 하는 등 생전 처음으로 정치인 지지 운동을 했어요. 그 뒤 정권이 한나라당(현 '국민의힘'의 전신)으로 바뀌더니 그전에 했던 일도 못 하게 막더군요. 후배들이 나한테 '형은 좌빨로 분류돼 있다'는 얘기를 전해주더군요. 나는 물론 전혀 개의치 않았어요. 앞으로는 정치적으로 예술인을 재단해서 차별하는 일이 없어야 합니다. 어떤 정권이든 예술가들이 자기 목소리를 내도록 하고 그것을 인정하면 되잖아요.

"쓰러질 때까지 장구채 안 놓을 것"

세계 음악 수업에 사물놀이가 정식으로 들어가는 것이 김덕수의 마지막 꿈이다. 그 기초는 이미 마련했다. 피아노를 오선지에 그렸듯이, 책으로 우리의 리듬을 익힐 수 있는 교칙본을 피아니스트 임동창과 함께 그가 만들었다. 1990년 '장구의 바이엘'로 불리는 장구 책이 그것이다. 이제 책과 비디오만 있으면 세계 어디서나 장구 등 사물 악기를 배울 수 있다. 그는 태권도의 전 세계 보급에 주요한 구실을 한 태권도협회처럼 사물놀이협회도 만들 계획이다. 또 대한민국 타악을 총정리하는 타악 대강을 쓰는 것도 필생의 목표 중 하나다.

‖ 세계 음악 교실에 사물놀이 수업이 포함되는 날이 올까요?

장기적으로는 그래야 사물놀이가 살아남을 수 있어요. 나도 최선을 다하겠지만, 내가 다 못 하면 후배들이 해줬으면 좋겠어요. 레퍼토리는 무궁무진합니다. 미국 같은 경우 우리의 농악이나 마찬가지인 마칭밴드에 사물놀이를 접목하도록 해야 해요. 그렇게 되면 정규 교육화가 빨라질 겁니다. 일종의 사물 고적대를 만들어서 슈퍼볼 하프타임 때 나가게 하는 거죠. 이것은 지금 진행하고 있는 사안이기도 하고요.

‖ 갈수록 할 일이 더 많은 것 같은데요.

사물놀이를 다음 세대에 안정적으로 물려주기 위한 작업들을 마저 해야죠. 물론 저라는 존재의 본질은 연주입니다. 저는 연주하기 위해 존재하고 있고, 그게 최종 목표죠. 연주를 하면 힘이 나고 재충전되거든요. 쓰러지는 순간까지 장구채를 손에서 놓지 않으려고 합니다. 저는 다시 태어나도 두드리는 예인이 될 겁니다. 타악은 아주 단순하고 원시적인 것이면서 동시에 창조적인 것입니다. 대화와 선율도 없이 진동에 의해 만들어지는데 이 진동은 심장 박동과 비슷하거든요. 하늘이 준 근본과 비슷하잖아요. 그래서 끝없이 도전할 수 있어요.

인터뷰가 끝나갈 즈음, 우연히도 방송인 송해가 인사동의 인근 식당에 왔다며 그에게 전화를 걸어왔다. 둘은 낙랑악극단에서 함께 활동했다. 인사하러 식당에 들른 김덕수를 보고, 송해는 "우리 민족의 마음을 몸으로 표현해내는 사람"이라고 반겼다. 김덕수가 표현해온 게 어디 '우

리 민족의 마음'뿐일까. 세계인의 마음을 인간의 심장 소리로 움직이
고 있지 않는가.

후기

김덕수 선생을 인터뷰한 지가 4년이 훌쩍 지났기에 그동안 어떤 변화가 있었는지, 업데이트할 내용이 뭔지 알기 위해 전화를 했습니다. 신호는 가는데 응답이 없었습니다. 마음속으로 은근히 걱정이 됐습니다만, 문자로 용건을 남겼습니다. 그러고도 몇 시간이 지난 뒤에야 전화가 왔습니다.

예의 쾌활하고 힘찬 목소리여서 저도 반가웠지만, 선생은 더 반가워하셨습니다. 한예종(한국예술종합학교)에서 사물놀이 수업 중이어서 전화를 못 받았다고 하셨습니다. 그는 2017년 말 한예종에서 정년 퇴임을 한 뒤에도 명예교수로 수업을 진행하고 있습니다. 대략의 질문 요지를 보내주고, 다시 시간을 잡기로 했습니다.

그러나 선생과의 통화는 여러 번 연기됐습니다. 오후 5시에 겨우 전화가 연결됐는데 막 점심을 끝냈다고 했습니다. "강의하고 연주하고, 사람들과 만나느라 점심 끼니를 놓쳤어요. 이런 일은 다반사입니다"라고 하셨습니다.

그가 인터뷰 당시에 얘기했던 사물놀이 고적대 창설이나 타악 대강 집필 등은 아직 완성되지 못했습니다. "너무 바쁜 데다가 코로나 상황으로 인해 제대로 진척시키지 못했는데 반드시 해내야죠"라고 하시더군요. 그러게요. 그의 열정과 창조 정신이 포기를 허용할 리가 없죠.

참, 그리고 2020년 5월 세종문화회관에서는 음악극 〈김덕수전〉이 처음 무대에 올랐습니다. 사물놀이 창시자 김덕수의 일생을 그린 창작 작품입니다. 한예종 이동연 교수가 극본을 쓴 이 음악극에 김덕수 선생도 직접 출연했고요. 〈김덕수전〉이 다시 무대에 오를 날을 기다려봅니다.

(2017년 12월 12일 인터뷰)

"저희 두 사람의 영화 DNA는 남들과 다른 것 같아요"

14

심재명·이은

'영화 예술인' 부부

심재명은 1963년 서울에서 태어났고, 동덕여대 국문학과를 졸업했다. 이은은
1961년 서울에서 태어나 중앙대 연극영화학과를 졸업했다. 심재명은 상업영화
마케팅·기획 전문가로 일했고, 이은은 대학 시절부터 독립영화를 만들며 영화
운동을 했다. 두 사람은 1994년 결혼한 뒤 1995년 함께 '명필름'을 설립했다.
'명필름'은 설립 후 27년 동안 한국의 대표적인 영화 제작사로 자리매김했다.

오락물이 판치는 영화판에서 '영화는 예술이다'라는 생각을 고수하는 사람이 있다. 영화가 단지 유희나 심심풀이용 창작물에 그쳐서는 안 되고, 인간과 사회를 깊이 있게 들여다보는 작품이 되어야 한다고 여기는 사람이다. 그렇다고 영화를 예술의 수단으로 삼지는 않으며, 무겁게 접근하지도 않는다. 인간의 본성과 한계, 갈등과 연대 등을 영화 속에 자연스럽게 녹여낸다.

30년 가깝게 쌓아 올린 필모그래피(영화 목록)는 그 자체가 '예술적'이라고 할 만큼 주제와 소재가 다양하다. 사랑을 다룬 〈접속〉(1997년)과 〈건축학개론〉(2012년), 분단 현실을 그린 〈공동경비구역 JSA〉(2000년), 일본군 '위안부'에 관한 〈아이 캔 스피크〉(2017년), 사법 정의를 다룬 〈부러진 화살〉(2012년), 비정규직 여성 노동자와 장애인 얘기를 꺼내든 〈카트〉(2014년)와 〈나의 특별한 형제〉(2019년) 등이 대표적이다. 영화제작사 '명필름'의 공동대표인 심재명, 이은이 그들이다.

명필름은 2021년 가을 애니메이션 〈태일이〉와 다큐멘터리 〈노회찬6411〉을 내놓았으며, 2022년에는 〈싱글 인 서울〉의 개봉을 앞두고 있다. 앞의 두 영화가 각각 전태일과 노회찬의 삶을 다룬 데 비해 〈싱글 인 서울〉은 혼자 사는 청춘들에 관한 로맨틱 코미디 영화다. 이처럼 사회성 영화와 상업성 영화를 절묘하게 조화시키는 영화 제작자 부부 심재명, 이은 씨를 경기도 파주에 있는 명필름아트센터에서 만났다.

영화인으로서의 가치관이 〈태일이〉에 농축

∥ 〈태일이〉는 이은 대표님의 오랜 숙제였다고요.

네, 〈태일이〉는 사실 30년 전에 만들려고 했어요. 1990년 〈파업전야〉

260 각별한 당신

상영이 끝난 뒤 영화창작단체인 '장산곶매'의 다음 프로젝트로 동료들과 준비했는데 뜻대로 안 되었고, 이제야 마치게 되었죠. 왠지 꼭 하고 넘어가야 될 것 같았어요. 영화 하는 사람으로서 말이죠. (이은)

‖ 왜 꼭 해야 한다고 생각했어요?

전태일은 산업화되고 민주화된 우리 시대와 사회를 규정하는 출발선인 것 같아요. 전태일의 영향을 안 받은 사람이 없잖아요. 제가 대학을 갔을 때 대학생들이 다 전태일의 영향을 받아서 올바로 살아야 되겠다고 그랬어요. 그렇게 영향이 큰 사람인데 지금은 시간이 갈수록 전태일이 누군지를 모르는 것 같고, 이웃에 대해서도 별로 생각을 안 하는 것 같아요. 그래서 전태일이 더 생각나죠. (이은)

외국에는 켄 로치라든가 다르덴 형제 등 전문적으로 노동자나 사회적 약자를 담은 영화들을 만드는 사람들이 있는데 한국 영화계의 이른바 주류에서는 노동을 거의 다루지 않고 있기도 하고요. 그런 면에서 저희 두 사람의 영화 DNA는 다른 것 같아요. 하하. 영화인으로서 저희 가치관이나 태도가 〈태일이〉에 응축된 것이 아닌가 생각해요. (심재명)

이은과 심재명은 비슷한 시기에 영화계에 발을 들여놨지만, 출발점은 반대였다. 이은은 대학 3학년 때 독립영화 단편 〈공장의 불빛〉으로 영화계에 첫 이름을 알렸다. 이후 1980년 광주를 소재로 한 〈오! 꿈의 나라〉(1989년)는 연출을, 평범한 노동자가 노동운동에 참여하는 과정을 그린 〈파업전야〉(1990년)는 제작으로 참여하는 등 영화 운동을 했다. 반면에 심재명은 1987년 서울극장·합동영화사에 공채로 입사한 상업영화 마케팅·기획 전문가였다. 둘은 1994년에 결혼한 뒤 이듬해 명필름을 설립했다. 첫 영화인 〈코르셋〉이 흥행에 실패했지만, 두 번째인 〈접속〉부터 연이어 흥행에 성공하면서 심재명은 '미다스의 손'이라는 별명을 얻었다.

‖ 명필름이 만들어진 지 30년이 다가오는데 이렇게 오래된 영화제작사가 우리나라에 또 있나요?

저희랑 같이 출발했던 영화사들도 있지만 저희처럼 꾸준히 만드는 영화사는 굉장히 적은 편이죠. 영화산업이 워낙 역동적이고 변화가 빠르다 보니까 세대 교체도 굉장히 빨리 이루어지거든요. 영화산업의 장점이기도 하면서 단점이기도 하죠. (심재명)

‖ 롱런하면서 여전히 활약하는 비결이 뭐예요? 두 분의 시너지 효과인가요?

시너지가 제일 큰 것 같고요. 서로 약점이 보완이 되거든요. 그리고 영화는 관객을 만나는 매체인데 저희가 시대 변화에 안주하지 않고 계속 관찰하고 그랬기 때문이 아닐까 싶어요. (이은)

지금 보면 저희 말고도 부부 영화사가 굉장한 데가 많아요. 〈모가디슈〉 등 히트 친 영화를 많이 만드는 외유내강도 부부(강혜정 대표, 류승완 감독)가 하고 있고, 〈암살〉을 만든 케이퍼필름도 부부(안수현 대표, 최동훈 감독)죠. 해외도 그런 회사가 굉장히 많아요. 각자의 재능을 상호 보완하면서 버텨주고 힘이 되고 그런 것 같아요. 저도 만약 혼자 영화사를 했으면 훨씬 더 힘들었을 것 같아요. 그리고, 저는 최고의 거작을 평생 하나 남기고 가는 사람보다는 꾸준히 지속적으로 작품을 만드는 것이 더 미덕이라고 생각해요. 그런 성실함의 측면에서는 저희를 따라올 사람이 없을 것 같아요. 그걸로 버티는 것 같은데요, 엉덩이 힘으로. 하하. (심재명)

‖ 지속적으로 좋은 작품을 만든다는 게 사실 쉽지 않을 것 같아요. 영화사를 만든 그때는 두 분이 30대여서 젊은 사람들의 트렌드를 같이 호흡하고 있었지만, 지금은 그렇지는 않을 텐데 어떻게 시대 흐름을 파악하는 촉을 유지하세요?

트렌드를 쫓아가는 데는 감이 많이 떨어졌죠. 〈접속〉 때만 해도 주 관객층이랑 나이 차이가 서너 살밖에 안 됐지만 지금은 서른 살 차이가 나니까요. 그렇기 때문에 저희는 저희가 관심 있고 고민하는 것들을 영화로 만들어야 경쟁력이 있다고 생각해요. 그러다 보니까 최근에 만든 영화들은 예전과는 다른 것 같아요. 예를 들면, 위안부 피해자 이야기인 〈아이 캔 스피크〉가 그렇고, 흥행은 아쉬웠지만 늙은 해녀의 이야기인 〈빛나는 순간〉이 나왔죠. 저희가 만드는 영화의 결이 달라지고 있는데 그럴 수밖에 없는 것 같아요. 저희가 갑자기 시대 트렌드를 쫓아가면 다리가 찢어지는 셈인 거잖아요. 〈태일이〉나 〈노회찬6411〉도 그런 의미에서 우리 나이대의 고민들이 반영됐다는 생각이 들어요. (심재명)

‖ 영화 시나리오를 고를 때의 기준은 뭔가요?

먼저, 그 시나리오가 무엇을 얘기하려고 하는지가 명확한가를 먼저 봅니다. 두 번째는 이제 우리가 그것을 만들고 싶은지, 즉, 이게 만들 가치가 있는 얘기인지를 따지죠. 모든 사회 활동도 그렇지만, 영화도 자기가 하기 싫은 일을 억지로 하는 건 의미가 없다고 생각하기에 '이 이야기를 세상에 내놓고 싶은가'라고 스스로 자문을 하죠. 그리고 제작사로서 손해를 보지 않을 것인지 그런 고민을 해요. 하하. 물론, 첫 번째 기준에 부합하면 마지막 기준은 자신이 없는데도 용기를 낼 때도 있어요. (심재명)

심 대표가 만든 원칙으로 줄곧 지켜왔습니다. (이은)

‖ 요즘은 흥행을 좀 덜 따지는 것 아닌가 싶은데요.

그건 아니에요. 사실 제작자면 예술영화를 만들더라도 손해를 보지 않아야 해요. 그래야 다음 영화를 만들 수 있거든요. 제작자의 가장 큰 덕목은 손해 보지 않는 것이죠. 물론 그게 예측하기가 굉장히 어려운 문제고요. (심재명)

예측이 불가능해지는 것은 산업이 발달했을 때 생기는 현상입니다. 유일하게 제작비가 회수되는 것은 큰 영화입니다. 그러니까 저희도 만약에 회수하려고 하면 방법이 있긴 해요. 즉, 100억 원이 넘는 영화를 기획해서 그 조건에 맞게 흥행 감독과 스타 배우들을 붙이는 겁니다. 그렇게 하면 영화 완성도와 상관없이 이익이 날 수 있어요. 영화산업의 구조가 그렇게 바뀐 거예요. 그런 면에서는 이제 저희의 경쟁력이 좀 떨어졌다고 할 수 있겠죠. 그러다 보니까 대기업 영화사와는 다른 이야기를 가지고, 다양하게 애니메이션도 하고 다큐멘터리도 하고 예술영화도 하면서 살아남을 수 있는 방법이 있는지 끊임없이 고민하고 있죠. 그게 굉장히 힘든 일이에요. (이은)

명필름은 창사 초부터 유명 감독이 아니라 이름은 덜 알려졌으나 실력 있는 감독들을 선호했다. 박찬욱, 임순례 감독이 대표적이다. 배우도 마찬가지였다. 전도연(〈접속〉)과 도경수(〈카트〉) 씨 등이 명필름이 발굴해 띄운 연기자다.

∥ 숨은 진주를 발굴하는 능력이 뛰어난데 제작비 절감을 위한 일종의 전략인가요?

그게 전략이라기보다는 현실적으로도 필요한 선택이었어요. 물론 무턱대고 신인에게만 의지하는 것은 리스크가 되게 크죠. 〈접속〉 같은 경우는 한석규라는 당대의 스타가 없었으면 전도연 배우를 캐스팅하는 용기를 내기 어려웠겠죠. 〈카트〉 같은 경우에도 도경수 씨를 캐스팅하는 건 그 영화가 비정규직 노동자 얘기였기 때문이에요. 아이돌 스타를 캐스팅하면 대중적인 인지도를 얻고 젊은 관객들을 끌어들이는 데 도움이 되겠다는 생각에서 그랬죠. (심재명)

신인 배우들한테 기회를 주는 것도 있고, 또 대중들이 신선한 얼굴을 원하기도 하거든요. 그러다 보니까 신선한 캐스팅이 저희 회사의 브랜드 같은 게 됐죠. (이은)

솔직히 얘기하면, 스타 감독과 스타 배우에만 의존하는 제작자는 되고 싶지 않아요. 물론 스타 감독과 스타 배우를 기용하는 것도 굉장히 탁월한 능력이긴 한데 그렇게까지 하고 싶지 않은 그런 DNA가 저희한테는 있는 것 같고요. 그리고, 영화 속에는 새로운 얼굴이 있어야 해요. 뉴페이스가 만들어내는 이슈가 또 있거든요. 그냥 익숙한 얼굴로만 만들어진 영화보다는 익숙한 얼굴 속에 새로운 얼굴을 넣었을 때 영화가 훨씬 주목받고 롱런하는 데 도움이 되거든요. 예를 들면 〈건축학개론〉의

납득이 조정석 씨 같은 경우처럼 말이죠. (심재명)

‖ 그런 신인을 발굴하는 눈이 여간 예리하지 않으면 안 될 것 같아요.

그게 직관이에요. 개봉 예정인 〈싱글 인 서울〉에도 이상이라는 젊은
신인 배우가 있어요. 심 대표가 집에서 텔레비전 프로를 보면서 그 배우
를 딱 찍더라고요. 저는 이 사람이 어떤 사람인지 알려면 한 3년 걸리는
데 심 대표는 3분이면 정확하게 알아요. 하하. (이은)

‖ 그건 타고나신 거겠죠?

그거라도 있어야죠. 하하. (심재명)

명필름은 〈카트〉와 〈나의 특별한 형제〉 등 노동이나 사회적 약자 등에
관한 영화도 끊임없이 만들어왔다. 다른 영화사와 차이 나는 부분이다.

**‖ 약자를 다룬 영화는 흥행이라는 측면에서 제작자들이 잘 안 나서지 않나
요?**

저는 정신적으로나 다른 뭔가의 결함이 있는 주인공들이 그것을 극복
하거나 성장하는 게 영화의 기본 플롯이라고 생각해요. 상업영화도 마
찬가지고요. 그러니까 결국 대부분의 영화들은 누군가의 성장담이고 변
화하는 이야기죠. 주인공이 변화하지 않으면 재미가 없죠. 그런데 명필
름은 그 결함을 개인이 아니라 사회 속의 약자나 소외된 사람 쪽에서 찾
는 거죠. 그런 면에서 저희는 약자들이야말로 영화적으로 만들어볼 만
한 굉장한 인물이라고 생각해요. 한국 사회에서 약자인 여성도 마찬가

지고요. 영화를 만들기 시작하면서부터는 여성으로서 목소리를 내야 되겠다, 내가 할 수 있는 역할을 해야 되겠다는 생각을 했었죠. (심재명)

저희 회사가 사회적인 얘기를 두드러지게 다룬다기보다는 우리나라 영화가 대체로 그걸 못 다루고 있는 거죠. 미국 영화를 롤모델로 하고 영화 산업을 대기업이 주도하다 보니까 영화는 오락상품이고 돈 벌기 위한 일종의 사업이라고 생각들 하죠. 따라서 창작자들이 영화를 예술로 추구하기가 힘든 환경이고, 관객들은 다양한 영화를 볼 권리를 놓치고 있고요. 그러나 예술의 본질, 그러니까 사람들이 예술을 찾는 이유는 당대의 문제점들을 찾고 공감하기 위해서가 아닌가요? 저희는 여건이 약간 허락해서 그런 것을 나름대로 꾸준히 하고 있는 정도라고 보면 맞을 것 같아요. (이은)

〈카트〉는 심재명이 먼저 제안

‖ 여건이 허락했다는 것은 무슨 뜻인가요?

〈접속〉부터 〈조용한 가족〉, 〈해피엔드〉 그리고 〈해가 서쪽에서 뜬다면〉 등 4편이 만드는 족족 다 성공을 했어요. 사람들이 미다스의 손이라고 말하기도 해서 우리도 너무 상업영화만 하지 말고 다른 것도 좀 해보자고 용기를 낼 수 있었죠. 그게 〈공동경비구역 JSA〉예요. 소설 원작을 보고 나서, 영화적으로 모험이 되더라도 분단이 얼마나 심각한지 문제를 제기해보자고 결심했죠. 당시에 서해교전이 일어나고 해서 자칫하면 국가보안법 위반으로 걸려서 감옥에 갈 수도 있겠다는 각오까지 했었는데 흥행이 또 됐잖아요. 그래서 그다음부터는 저희가 모든 걸 좀 자신 있게 했고, 예술성 있는 거나 사회적으로 중요한 것에 계속 도전했죠. 그런 진정성이 사람들한테 먹혔던 것 같아요. 돌이켜보면 그래서 좀 편했던 것 같아요. (이은)

지금은 그런 결과로 흥행 성적이 별로 안 좋습니다. 하하. 삶이란 게 그렇게 도는 거잖아요. 〈공동경비구역 JSA〉가 크게 성공하니까 주변부 인물들의 얘기인 〈와이키키 브라더스〉를 만들었고, 그게 흥행이 안 돼서 다시 정신 차리고 그랬죠. 하하. (심재명)

∥ 심 대표님이 흥행이 잘되는 영화를 기획해서 돈을 벌면 이 대표님이 사회성 짙은 영화나 예술영화를 해서 밑지는 그런 패턴 아닌가요? 하하.

그렇지는 않아요. 초반에는 각자 다른 부분이 있었는데 어느 순간 교집합처럼 만나게 되더라고요. 그래서 이제는 만들려고 하는 영화나 세상을 보는 가치관이 서로 비슷해져서 더 고생하고 있습니다. 하하. (심재명)

맨 처음의 저희를 생각하면 그렇게 생각할 수도 있어요. 심 대표는 굉장히 유명한 감각적인 영화 마케터였고, 저는 영화 운동을 했잖아요. 우리 둘이 결혼할 때 정지영 감독님이 사회주의와 자본주의의 결합이라고 농담까지 할 정도였죠. 그런데 오래 같이 일하면서 영화적 성향 등이 섞여버렸고, 지금은 어떻게 보면 좀 반대예요. 심 대표가 저보다 더 과격하고 저는 상당히 부드럽고요. 하하. (이은)

‖ 어떻게 과격해요?

〈카트〉 같은 거를 막 하는 거죠. 돈이 안 될 것 같다고 제가 말해도. 하하. (이은)

‖ 앞서 심 대표님도 말씀하셨지만, 명필름에서는 여성에 관한 이야기들도 많이 했었잖아요. 첫 영화인 〈코르셋〉은 날씬한 여성이 아니라 뚱뚱한 여성을 주인공으로 내세웠고, 〈카트〉는 여성 비정규직 노동자가 주인공이었어요. 〈아이 캔 스피크〉도 여성이 주인공이었고요.

한국 사회에서 여성은 사회적 약자잖아요. 그리고 제가 여성으로서의 삶을 살고 있어서 영화를 만들면서부터는 여성으로서 목소리를 내야 되겠다, 내가 할 수 있는 역할을 해야 되겠다는 생각을 했죠. 여성으로서 자연스럽게 느끼는 생각들이 저희가 만든 영화에 반영이 되는 것이죠. (심재명)

‖ 영화 제작을 하면서 여성으로서 불이익이나 억압을 느낀 적이 있나요?

한국영화가 1919년에 시작됐는데, 1990년대까지 여성 감독은 5명이 나왔어요. 엄청나게 적은 거죠. 지금도 여성 관객은 많은데 영화계 안에서의 여성의 목소리나 입지는 정말 작아요. 그러다 보니까 대부분 남성 중심적인 영화였죠. 이건 한국만이 아니라 전 세계적으로도 마찬가지죠. 그래서 저희 영화가 성공하고 자리를 잡아가면서 저 스스로 의식적으로 여성 영화인들과 함께 작업하고, 여성이 주인공인 영화, 여성 서사의 이야기들을 만들어야겠다고 노력을 해왔어요. 영화 만드는 것 말고도 2018년에 '든든'(한국영화성평등센터)을 만들었는데 많은 혜택을 누린

사람으로서 후배 여성 영화인들을 위해 기여해야겠다고 생각하고 있어요. (심재명)

심재명은 어릴 때부터 할리우드 키즈였다. 중학교 1학년 때 텔레비전에서 방영하는 '주말의 명화'를 보고는 처음 영화의 매력에 빠졌다. 그때부터 혼자 일기 쓰듯 영화 감상문을 썼으며, 대학(동덕여대 국문학과) 때는 외화를 보기 위해 프랑스 문화원과 독일 문화원을 자주 드나들었다. 또, 영화 월간지 《스크린》의 대학생 모니터 기자 활동을 하기도 했다.

‖ 영화를 좋아했는데 왜 연극영화과를 안 가고 국문과를 갔어요?

집이 너무 가난해서 영화 전공은 특별한 사람들이나 하는 줄 알았어요. 그러나 대학 때도 영화 관련 책을 읽는 등 영화를 좋아했어요. 저희 학교는 당시에 영화 동아리도 없어서 다른 학교 영화 동아리를 기웃거리면서 거기서 비디오테이프를 빌려와 학교 축제 때 혼자 행정실에서 허락받아 영화를 틀고 그랬었죠. 하하. (심재명)

‖ 졸업 후 출판사에 취직해 일하다가 영화사 직원 모집 광고를 보고 영화 일을 하게 됐다고요?

네, 영화 일은 하고 싶었는데 연출이나 감독 등 영화 현장에 갈 용기는 없었어요. 저는 고정적인 생활비를 따박따박 벌어야 하는 사람이었는데 현장은 돈을 못 번다고 알려져 있었거든요. 그런데 영화사 직원 광고가 있길래 영화 일도 하고 월급도 받을 수 있는 기회다 싶어서 면접을 봤죠. 아마 어느 학교를 나왔는지 전공이 뭔지 물었다면 떨어졌을 텐데 그때

운 좋게도 영화 광고 카피라이팅을 가지고 시험을 봤어요. 제가 영화 잡지 《스크린》의 대학생 기자를 하면서 감상문 쓰면서 영화 광고 카피에 관심이 많아서 익숙했거든요. (심재명)

> 이은이 영화계에 발을 들여놓은 건 우연의 결과였다. "중·고교 때 공부
> 안 하고 아무 생각 없이 놀다 보니" 입시 때 갈 만한 대학이 없었다. '너
> 는 사람을 잘 웃기니까 연극영화학과에 가는 게 어때?'라는 친구의 말
> 에 부랴부랴 실기 준비를 해서 1981년 중앙대 연극영화학과에 들어갔
> 지만, 대학에서는 탈춤반 동아리 활동을 더 열심히 했다.

‖ 처음에는 영화에 관심이 없었다면서요?

네, 학과에 갔더니 대부분의 친구들이 몇 년씩 재수해서 오는 등 자기가 여기 들어오려고 얼마나 고생했는지를 영웅 영화처럼 막 얘기하는 거예요. 별생각 없이 들어온 전 좀 부끄러웠죠. 전공은 연극 연출이었는데 학과 공부에는 관심이 없이 동아리에서 마당극 연출 등을 열심히 했어요. 군 제대할 즈음에 동아리 친구들이 많이 감옥에 가고 해서 저도 당시 친구들처럼 노동 현장을 기웃거리기도 했는데 그건 자신도 없었고 적성에도 맞지 않는 것 같아서 복학했어요. 뭘 할까 하다가 당시 주목받던 임권택 감독님처럼 좋은 영화를 만들어 사회에 목소리를 내자고 결심했죠. 당시 이장호 감독님이 만든 〈바보선언〉에서 한국 영화의 새로운 가능성을 보기도 했고요. 뒤늦게 바닥에서부터 영화를 배웠죠. (이은)

‖ 졸업하기 전부터 독립영화 운동을 시작했죠?

졸업작품으로 1980년 광주를 소재로 한 〈오! 꿈의 나라〉를 만들면서

다른 대학에서 영화를 하는 친구들과 공동작업을 했어요. 그것을 예술극장 한마당에서 상영하는데 주최 쪽 이름이 있어야 해서 홍기선 선배가 '장산곶매'라고 붙였어요. 영화 공동창작 그룹이었는데, 당시 막 분출하던 노동운동을 다룬 〈파업전야〉와 전교조 선생님들의 이야기인 〈닫힌 교문을 열며〉가 당시 인기 있었죠. (이은)

충무로에서 영화 마케팅으로 유명한 심재명과 독립영화판에서 이름난 이은이 만난 것은 영화 일 때문이었다. 당시 이은은 홍기선(2016년 작고) 감독과 함께 독립영화를 한 편 만들고 있었다. 문화부에서 지원금을 받기로 했는데 홍 감독이 시국선언에 서명했다는 이유로 문화부가 지원을 철회했다. 이에 이은은 문화부에 항의하기 위한 영화계 서명을 받으러 주요 영화사와 극장 기획실 모임에 나갔고, 거기에서 심재명을 처음 만났다.

‖ 영화적인 관심이나 성향이 당시에는 달랐는데 어떻게 서로 사귀게 됐어요?

상업 영화를 시장에서 어떻게 잘 팔 것인가 하는 일을 주로 하던 제 입장에서는 이은 대표가 하는 일들이 낯설면서도 되게 신기했어요. 연애를 막 시작할 때였는데 한양대 강당에서 〈닫힌 교문을 열며〉의 후반작업을 하는 걸 봤어요. 배우와 스태프들이 턱없이 부족한 장비를 가지고 효과음을 만들고 하는 장면이 충격적이고 감동적이었어요. 이렇게 영화를 하는 사람들도 있구나 싶어서요. 그런 열정에 마음이 끌린 거겠죠. 하하. (심재명)

명필름은 2015년 신진 영화인을 양성하는 명필름영화학교(현 명필름랩)을 만들었다. 매년 감독과 시나리오 작가 2~3명을 뽑아서 2년간 무료로 숙식을 제공하면서 영화 제작을 돕는다. 영화로 번 돈을 영화계의 발전을 위해 투자하고 있다. 〈환절기〉, 〈박화영〉, 〈국도극장〉, 〈빛나는 순간〉 등이 명필름랩에서 만든 영화들이다.

‖ 영화로 돈을 번 많은 사람들은 대부분 부동산이나 강남의 빌딩을 사던데 두 분은 영화학교를 만들었는데요.

저희 둘 다 크게 부족한 것이 없고, 특별히 사적인 재산이 필요한 것도 아니고요. 그리고 저희들이 해온 영화적 성과는 사실 저희 둘만의 것이 아니고 동료 영화인들하고 같이 해온 것이기 때문에 그런 연장선상에서 가치를 유지하고 싶어요. (이은)

‖ 두 분 다 영화 일을 한 지가 30여 년이 넘었는데 제가 보기엔 성공적이었던 것 같아요.

돌아보면 운이 엄청 좋았던 것 같아요. 저는 영화로 돈을 벌겠다거나 영화로 사회를 바꾸겠다는 거창한 목표가 아니라 그냥 영화 리얼리즘을 한번 해보자는 게 미학적 기준이었어요. 사회 현실을 진실하게 담는 영화를 하면서 더도 말고 덜도 말고 평생 영화 노동자로 살아야지 하는 게 제 소박한 꿈이었죠. 독립영화사에도 약간의 흔적을 남겼고, 상업 영화를 할 때도 남들이 안 해본 성과를 이룬 것도 있으니까 결과적으로 보면 보람을 느끼고 되게 감사하죠. (이은)

저희도 노력을 많이 했지만, 시대적 운이 너무 좋았다고 생각해요, 영화 산업 안에서 상생과 공존을 하면서도 저희도 생존해야 하는 것이 과

거보다 점점 벅차고 힘들기도 하지만, 나이 든 지금도 영화를 할 수 있다는 게 다행이죠. (심재명)

∥ 영화인 중에서 존경하는 분이나 따르고 싶은 모델은 누구인지요?

국내에서는 임권택 감독님하고 이장호 감독님의 작품에 영향을 받았어요. 존경하고 따르는 선배님은 정지영 감독님입니다. 정 감독님은 독립영화 하던 시절부터 지금까지 늘 젊고 양심적이고 비판적이면서 당신의 작업에 충실하시죠. 외국 분 중에서는 영국의 켄 로치 감독을 좋아합니다. (이은)

예전에 좋아하던 분이 있었는데, 지금은 제가 페미니스트가 됐기 때문에 여성을 얘기하고 싶어요. 같은 세대인 임순례 감독님을 좋아해요. 좋은 영화를 많이 만들었고 또 여전히 현역이면서도 여성 영화인들이나 동물권을 위한 활동 등 사회적 목소리를 내고 계시는 모습이 존경스럽죠. (심재명)

〈오징어 게임〉 이면 한국영화 그늘 짙어

최근 한국 영화와 드라마가 전 세계적으로 선풍적인 인기를 얻고 있다. 봉준호 감독이 만든 〈기생충〉이 2019년 칸 국제영화제에서 대상인 황금종려상을 받은 데 이어 미국 아카데미 시상식(2020년)에서도 작품상과 감독상 등 4개 부분을 석권했다. 또, 황동혁 감독의 〈오징어 게임〉은 2021년 넷플릭스가 정식 서비스되는 전 세계 모든 나라에서 시청률 1위를 기록했다. K-콘텐츠에 대한 두 사람의 시선이 궁금했다.

"시나리오를 고를 때는 '이 이야기를 세상에
내놓고 싶은가'라고 스스로 자문을 하죠.
그리고 제작사로서 손해를 보지 않을 것인지
고민해요. 첫 번째 기준에 부합하면
두 번째 기준은 자신이 없는데도
용기를 낼 때도 있어요."

‖ 한국 영화와 드라마가 이렇게 세계인의 주목을 받은 적이 없는 것 같은데 어떻게 보세요?

〈기생충〉이나 〈오징어 게임〉에서 보듯 대중문화에서의 이른바 K-콘텐츠의 역량은 대단한 것 같아요. 세계로 진출할 수 있는 통로도 있고요. 그러나 그 속에는 짙은 그늘이 있죠. 저희와 함께 활동했던 작은 영화제작사와 영화인들이 거의 다 사라졌잖아요. 문화에서 가장 중요한 다양성이 점점 약해지고 있다는 증거죠. 저희도 언제까지 할 수 있을지 모르겠어요. (심재명)

영화인의 한 사람으로서 정말 부러운 거는 프랑스가 갖고 있는 영화제도예요. 그들은 조그마한 영화사들이 영화를 계속 만들 수 있게 해주고, 사람들이 자기 동네의 조그만 영화관에서 영화를 볼 수 있게 해줘요. 그런데 우리는 그런 게 다 사라질 동안 온 국민의 관심은 누가 프랑스 칸의 황금종려상이나 미국 아카데미상을 받느냐 마느냐에 쏠려 있죠. 대통령도 그런 거 받으면 축전을 보내고 아이돌과 함께 유엔에 나가고, 국민들은 그걸 보고 기뻐하는 시대에 살고 있어요. 그러는 동안에 한국 영화는 다양성이라는 측면에서 제일 큰 피해를 보고 있거든요. 정말 십수 년 동안 좋은 영화사와 저희 동료들이 다 사라졌어요. 성실히 영화를 만드는 사람은 영화를 만들 수 있도록 해줘야 하는데 지금은 아무도 돌봐주지 않고 있어요. 이것은 굉장히 심각한 문제죠. (이은)

‖ 제일 큰 문제가 스크린 독과점 독점인가요?

크게 보면 그렇게 볼 수 있고요. 영화라는 산업은 완전히 풀어놓으면 승자독식입니다. 우리나라는 지금 영화라는 문화를 그렇게 놔둔 거죠.

이제 바뀌어야 될 때가 온 거죠. 정책 하는 사람들은 지금 엄청나게 혼동하고 있어요. 예를 들어 국회의원들은 글로벌 자본인 넷플릭스가 우리나라 영화계를 위기에 빠트리고 있다면서 국내 대기업 자본을 어떻게 살릴지에 관한 법안만 고민하고 있어요. 작은 영화사들, 작은 배급사들, 예술 영화관들에 대해서는 아무런 개념도 없고요. 다양성을 해치는 스크린 독과점에 대해서도 관심이 없고요. 대자본 영화에 대한 지원은 산업통상자원부가 하면 되고, 문화체육관광부와 영화진흥위원회는 다양성을 보호하는 정책을 펴야 해요. 그건 돈이 많이 들지도 않고, 생각만 바꾸면 되는 일이에요. 그래야 한국 영화의 건강함이 유지될 텐데, 지금 이대로 가면 젊고 좋은 영화인들이 다음 영화를 한다는 보장이 없어요. (이은)

Ⅱ 영화인으로서 계획이나 꿈은 뭐예요?

꿈이라기보다도 언제까지 현업에서 영화를 할 수 있을지 되게 고민이 많아지는 시점이에요. 남은 인생을 보람 있게 살려면 무엇을 어떻게 해야 할 것인지를 고민하고 있어요. (심재명)

저희가 다큐멘터리와 애니메이션을 시작한 데 이어 텔레비전이나 OTT 시리즈물을 준비하고 있어요. 시리즈물은 그동안에도 생각은 있었지만 안 하고 있었거든요. 방영 채널이 텔레비전인데 방송사에서 제작비를 너무 조금 주니까 완성도를 유지할 수가 없었거든요. 그러나 이제 온라인에 기반한 OTT가 글로벌해지는 등 환경이 바뀌었기 때문에 저희도 영화로 준비하던 것 중에 이야기가 긴 것들은 시리즈로 만들려고 해요. 그런 시스템을 잘 갖춰놓으면 우리 회사 후배들에게 일을 좀 맡기고 우리는 이제 여유를 좀 가질까 생각해요. (이은)

한국 영화의 기준을 높여왔던 심재명, 이은이 내놓을 명필름표 OTT 시리즈물을 기대해도 좋을 것 같지 않은가. 하물며 영화 DNA가 다른 사람들이 만드는 작품임에야.

후기

영화를 포함한 예술이 사람들에게 어떻게 받아들여지는지는 참 종잡기가 어렵습니다. 내용적으로 아무리 훌륭하고 좋은 의미가 담겼더라도 당대의 대중이 그것을 좋아할지 여부는 다른 차원의 일이기 때문입니다. 살아 있는 동안에는 단 한 장의 그림밖에 팔지 못해서 생활고에 시달렸던 반 고흐가 쉬운 예이죠.

명필름이 2021년 12월 야심 차게 개봉한 애니메이션 〈태일이〉를 영화관에서 보면서도 '이 영화가 성공할 수 있을까'라는 걱정이 마음 한편에 있었습니다. 내용적으로는 울컥하는 대목들이 많이 있었지만, 인물들의 동작 구현이 완벽하지 않은 등 영화 기술적으로는 아쉬움이 느껴졌기 때문입니다. 코로나 상황 악화 등 영화 외적인 변수도 있었지만, 극장 관객수는 결국 11만 명에 그쳤습니다. 같은 해에 나온 〈모가디슈〉가 360만 명을 영화관으로 불러냈던 데 비하면 흥행에서는 실패였습니다.

그러나 〈태일이〉는 포털 '다음' 영화 사이트에서 일반 관객들로부터 9.5점(10점 만점)을 받을 정도로 평이 좋았습니다. 또, 애니메이션의 칸 영화제라고 불리는 프랑스 안시 애니메이션 영화제에도 초청받았습니다. 작품성만큼은 국내외 영화인들로부터 인정을 받은 셈입니다.

〈태일이〉의 이런 성적표를 명필름의 심재명(59), 이은(61) 공동대표는 어느 정도 예상하지 않았을까요? "영화 제작자로서 손해를 보지 않는 것이 중요하다"라고 했지만, "세상에 내놓을 가치가 있다면 때로는 손해가 나더라도 용기를 낼 때가 있다"고 했던 말이 기억났거든요. 아, 그러고 보니 이것이야말로 이 부부가 가진 영화 DNA라는 생각이 듭니다. 영화 예술을 사랑하는 이들이 만드는 좋은 영화를 오랫동안 볼 수 있기를 바랍니다.

(2021년 10월 5일 인터뷰)

"아내 행복 위해 세끼 밥 차렸는데 내가 더 행복해졌어요"

15

조영학

번역가, 그리고 '상 차리는 남자'

+ ───────────────────────────────

1960년 경기도 동두천에서 태어났다. 집이 가난해 초등학교 중퇴를 한 뒤 갖은 직업을 전전하다가 검정고시로 한양대 영문과에 들어간 뒤, 같은 학교 대학원에서 박사과정을 수료했다. 2000년대 초부터 100종에 가까운 책을 번역했으며, 번역 수업을 통해 5백 명이 넘는 번역 지망생과 기성 번역가를 지도했다. 혼자 익힌 야생화에 대한 지식도 해박하다. 17년 전 다리를 다친 아내를 위해 가사노동을 전담하기로 마음먹은 뒤 집안일을 도맡아 하고 있다.

요리가 취미인 남자들은 많지만, 삼시 세끼 밥상을 책임지는 사람은 매우 드물다. 가끔 하는 요리는 폼 나지만, 일상적으로 집밥을 차리는 것은 엄연한 노동이기 때문이다. 장르 소설을 전문적으로 다루는 조영학 번역가는 벌써 10여 년 동안 가사노동을 전담하는 주부로 일하고 있다. 볕 따뜻한 가을에 경기도 남양주시 화도에 있는 그의 집에서 그를 만났다.

집 안이 누추하다는 말에도 번역가 조영학 씨의 집을 인터뷰 장소로 고집한 것은 두 가지 이유에서였다. 하나는 장르 소설 분야에서 손꼽히는 번역 작가의 작업실을 엿보고 싶었다. 다른 하나는 '상 차리는 남자'로 유명한 주부 조영학의 부엌 등 살림살이하는 모습을 직접 확인하고 싶었다.

집 안에서 먼저 시선을 사로잡은 것은 곳곳에 펼쳐져 있는 살림이었다. 먼저, 거실의 양지를 차지한 채 가을 햇살에 몸을 맡기고 있는 흙 묻은 고구마와 땅콩이 눈길을 끌었다. 시골집 마당이나 마루가 아니라 도시 아파트의 거실에서 만나리라고는 미처 예상하지 못한 것들이었다. 그의 텃밭에서 수확해 온 것들인데 며칠간 햇볕에 말리는 후숙 과정을 거쳐야 맛이 더 좋아진다고 했다. 햇볕이 닿지 않는 거실 한쪽에는 숙성 중인 수제 맥주병이 가지런히 놓여 있었다. 또, 부엌 쪽에는 가지말랭이와 말린 다래순 등이 담긴 큰 플라스틱 통이 놓여 있었다.

조영학이 직접 만들거나 키워서 갈무리해 둔 것들을 하나하나 살펴본 다음에야 구석진 방에 있는 그의 작업실에 갔다. 작업실은 단출하고 소박했다. 평범한 책상과 작은 책장 하나, 방바닥의 매트리스가 전부였다. 책상 위에는 컴퓨터 모니터와 작은 스탠드 하나가 놓여 있고, 책장에는 그가 번역했거나 의뢰받은 원서만 몇 권 꽂혀 있었다.

번역은 부업, 요리와 텃밭이 주업

‖ 번역 작업을 여기서 해요?

네, 보통 새벽 4시에 일어나서 집사람을 깨우는 6시까지 두 시간 정도 일하고, 아침밥 먹고 식구들이 일터로, 학교로 가고 나면 다시 일하는 공간입니다. 요즘은 이곳에 머무는 시간이 그렇게 많지는 않아요. 텃밭에 가고 산에도 가느라 바쁘거든요.

조영학은 2000년대 초부터 본격적으로 번역 일을 시작했다. 그동안 옮긴 책은 90권이 넘는다. 호러와 스릴러, 판타지 등 남들이 어려워하는 장르 소설이 그의 전문 분야다. 좀비 소설의 고전인 『나는 전설이다』를 비롯해 『고스트라이터』, 『히스토리언』, 『바그다드의 프랑켄슈타인』, 『콘클라베』 등이 모두 그의 손을 거쳐 나왔다. 번역에 관한 책인 『여백을 번역하라』를 썼으며, KT&G 상상마당 등에서 번역 지망생을 대상으로 출판 번역에 관한 강연도 여러 차례 해왔다.

‖ 좋은 번역이란 어떤 건가요?

사람들이 의역이니 직역이니 또는 작가의 의도를 살려서 원작을 중시해야 한다고 말을 하는데, 저는 좋은 번역은 좋은 글이어야 한다고 생각해요. 좋은 글이 되려면 쉽게 읽히고 주제도 선명해야 하죠. 그러려면 우리말답게 써야 해요. 예를 들면 'I have a good memory'를 원문에 충실하게 하면 '나는 좋은 기억력을 가지고 있다'가 되죠. 그러나 우리말은 영어의 형용사+명사 체계가 아니라 명사+서술어 체계이기에 '나는 기억력이 좋다'라고 해야 맞아요. 또, 영어와 우리말의 차이, 시대나 작가의 배경 등을 이해해야 우리말다운 번역이 나옵니다. 'To understand is to forgive'를 영어 문법대로 해서 보통 '이해하는 것이 용서하는 것'이라고 하잖아요. 우리말 체계로 하면 '이해해야 용서도 가능하다'가 자연스럽죠. 그러나 저는 '이해 없이는 용서도 없다'고 번역합니다. 그게 가장 우리말답다고 생각해요. 결국 좋은 번역을 하려면 역사와 사회에 대한 폭넓은 이해와 우리말에 대한 공부가 관건이죠.

> 인터뷰 당시 그는 달 탐사선인 아폴로 11호에 탑승했던 마이클 콜린스의 자서전인 『달로 가는 길』(Carrying the Fire)을 번역하고 있었다. 필자의 인터뷰 모음집을 준비하는 2022년 4월에는 『자본주의와 장애』(Capitalism & Disability)를 작업 중이다.

∥ 그동안 작업 중에 가장 기억에 남는 작품은 뭔가?

못해서 기억에 남는 것과 잘해서 기억에 남는 것이 있어요. 못해서 남는 것은 번역 작업 초기에 했던 『히스토리언』(김영사)입니다. 초보 번역이다 보니 실수가 꽤 많았어요. 나중에 판권이 RHK(알에이치코리아)로 넘어가서 다시 찍을 때 출판사에서는 몇 군데만 수정하자고 했지만 제가 번역료를 적게 받을 테니 새로 번역하자고 요구했어요. 그래서 완전히 새로 번역한 일이 있어요. 의미 있게 기억나는 것은 『아서왕 연대기』 3부작이에요. 4~5세기 로마어와 스코틀랜드 및 웨일즈의 옛말들이 많은 소설인데, 그 분야 전문가를 찾아 함께 용어 표기를 정리했어요. 책도 재밌었지만, 학문적인 연구까지 겸했던 일이어서 뿌듯합니다.

‖ 인공지능 번역 얘기도 나오고 있는데 어떻게 보세요?

미묘한 말의 뉘앙스 차이를 인공지능이 옮기기도 쉽지 않지만, 인공지능이 번역을 하더라도 표준을 만들어야 해요. 인공지능의 번역이 제대로 나오려면 최소 2억 건의 데이터가 필요하다고 합니다. 그 2억 건을 누가 만드나요? 다 번역가들이 하는 작업이잖아요. 그런데 지금처럼 가면 번역이 망하기 전에 번역가가 다 굶어 죽을 판입니다. 번역은 한 국가의 지식 인프라잖아요. 그 인프라를 방치하지 말고 국가가 나서서 무슨 방도를 찾아야 한다고 봐요.

'번역기계'라는 별명이 붙을 정도로 속도와 실력을 갖춘 조영학은 번역 외에도 여러 분야에서 훌륭한 재능을 가진 만능 재주꾼이다. 순전히 독학으로 익힌 야생화에 대한 지식은 전문 연구자에 뒤지지 않는다.『천마산에는 꽃이 있다』와『우리 봄꽃 탐구생활』등 야생화에 관한 책도 여러 권 냈다.『우리 봄꽃 탐구생활』은 아들(지훈)이 꽃 그림을 그렸다. 그는 젊었을 때 노래를 만들어 부르기도 했다. 가수 김상배가 부른〈당신〉,〈이 깊은 밤에〉등이 그가 만든 노래다.

또, 집밥을 맛깔나게 차리는 가정 요리사 겸 주부이기도 하다. 페이스북 등 SNS에서는 번역가 조영학보다 '붱덱' 조영학으로 더 유명하다. 부엌데기를 줄인 붱덱을 자신의 호처럼 사용한다. 부엌데기는 원래 주부를 폄하해서 이르는 말이지만, 단어를 극도로 압축해 '붱덱=당당한 주부'라는 새로운 이미지를 만들어냈다. 조영학의 재치가 돋보이는 조어다.

‖ 번역가와 작곡가, 가사 주부, 텃밭 농사꾼, 야생화 전문가 등 하는 일이 많은데 스스로 가장 중요하게 여기는 것은 뭐예요?

저는 음식하고 텃밭 농사일을 하는 게 가장 좋아요.

‖ 집안일이 좋다고요?

네, 처음에 가사노동을 도맡아 하겠다고 할 때는 약속을 지킬 수 있을까 속으로 걱정도 했었는데 지금 와서 보니까 이렇게 사는 게 행복해요, 정말. 아내도 나를 신뢰하고 아이들도 아빠를 대하는 태도가 달라졌어요. 지금의 모습이 다 밥상을 차리면서 시작됐는데 전혀 예상하지 못했던 결과예요. 지금 저에게 번역은 먹고살기 위해 하는 부업일 뿐이고, 살림하고 텃밭 가꾸기가 주업입니다. 하하.

‖ 누가 집안일을 도와주지 않아요?

집사람이 운동을 핑계 대면서 가끔 빨래나 설거지를 해요. 가사를 조금이라도 분담하려고 하는 것 같아요. 그리고 청소할 때 아들이 가끔 도와주기도 하죠. 그것도 제가 부탁할 때만 그래요. 하하.

‖ 혹시 가족들이 '맛있다, 잘한다'면서 조 선생님을 부추겨서 열심히 하는 건 아닌가요? 하하.

잘한다고 하면 기분은 좋죠. 하하. 그런데 처음에는 지금처럼 열심히 음식 맛을 내고 그러지는 않았어요. 초창기에는 번역 일이 많기도 했지만, 밥하겠다고 했으니 밥만 해주면 된다고 생각했지 그런 것은 생각조차 못 했죠. 그러다가 조금씩 맛을 알게 됐고, 맛에 신경을 쓰면 아이들도 더 좋아하는 것을 보고 나름 정성을 더 들이게 됐어요.

"내 요리는 아내 전용"

그가 부엌일을 비롯한 집안일을 도맡은 것은 2005년 교사인 아내가 계단을 헛디뎌 발목을 다쳤을 때였다. 아내를 부축해 병원을 오갔는데 아내는 아픈 몸으로 식구들의 밥을 챙기면서 '바보처럼 넘어지는 바람에 남편을 고생시켜 미안하다'고 말했다. 순간 조영학은 진짜 미안해할 사람은 자신임을 깨달았다고 했다. 결혼생활 10년 동안 돈을 벌어주기는커녕 직장 다닌다는 핑계로 술 마시면서 밖으로만 나돌았기 때문이다. 사랑하는 이에게 해줄 수 있는 실제적인 도움이 뭘까 고민하다가 집안일을 떠올렸다. 그는 아내 손을 잡고 "앞으로 부엌일은 내가 알아서 할게"라고 말했다. 마침 1년 전 대학 시간강사를 그만두고 집에서 번역 일에만 전념하고 있었다. 그날 이후 매일 아침 아침밥을 지어 상을 차리고, 부인과 아이들 도시락을 챙긴다. 낮에는 집 안을 청소하고, 저녁에는 퇴근하는 아내를 위한 저녁상을 준비한다.

‖ 요즘은 집에서 요리하는 남자들도 꽤 있지만, 약 20년 전 조 선생님이 가사를 전담할 때만 해도 사회 분위기가 달랐죠. 남자의 체면이 상한다고 생각하는데 그런 부담은 없었어요?

제가 가진 게 없으니 체면을 차려야 할 것도 없고 자존감이 센 사람도 아니에요. 하하. 제가 학력이 좋길 해요, 그렇다고 돈을 잘 법니까? 그래서 나 믿고 결혼한 사람을 행복하게 해주면 그게 어쩌면 나라는 남자가 해야 할 가장 큰 일이 될 수 있겠다고 생각했죠.

∥ 집에 둘이만 생활할 때야 상관없겠지만, 가부장적인 문화가 강한 한국사회에서는 부모 형제 등 가족들이 더 남자의 부엌일을 싫어하기도 하는데요.

저희 친가나 처가 쪽은 그런 걸 따지지 않아요. 장모님도 제가 집에서 일하는 걸 자연스럽게 받아주셨고, 친가 쪽 형네 가족도 명절에 와서 아무런 거부감을 보이지 않아요.

∥ 처가 등 친지 집에 갔을 때도 해요?

저는 제 집사람 전용입니다. 하하. 제가 밥상 차리는 것은 아내를 편하게 해주고 싶어서이지 음식 만드는 자체가 너무 좋아서 하는 일은 아니니까 밖에 나가서는 안 해요.

∥ 아이들은 어때요?

아이 둘 다 자기 친구들을 자주 데려와서 아빠의 실력을 발휘해달라고 요청하곤 해요. 자기들이 워낙 어릴 때 밥하기 시작했기 때문에 얘들은 아빠가 해주는 것밖에 몰라요. 가끔 제가 출장을 가거나 하면 집사람이 해주는데 엄마표 밥은 맛이 없다고 해요. 하하.

조영학은 일곱 살 때 부모가 이혼하면서 가족이 뿔뿔이 흩어졌다. 집이 너무 가난해 정규 교육은 초등학교 6학년 1학기까지만 받고는 정식 학교가 아닌 동두천 재건중학교에서 중학교 과정을 마쳤다. 술만 취하면 행패를 부리는 새엄마가 무서워 열일곱 살 때 한 살 어린 동생을 데

"하루 세끼 늘 밥을 차리는 사람들은
그것을 좋아해서가 아니며.
재능이 있어서도 아니에요. 밥상 차리는 건
누군가를 위해 자기 시간을 들여
희생하면서 봉사하는 일이죠.
각 가정마다 사정이 다르겠지만,
남자들도 집안일을 나눠 하는 게
중요하다고 봅니다."

리고 가출했다. 어린 나이에 도금공장과 금은세공, 인쇄소 등에서 일했다. 군대에서 폐결핵에 걸려 중간에 제대했지만, 몸이 아파 공장에 더 다닐 수가 없게 됐다. 공부를 하고 싶었던 그는 공장 노동자로 일하는 형에게 도움을 요청했고, 형이 모아놓은 돈으로 학비를 보태줘 뒤늦게 검정고시 공부를 시작했다. 1년 만에 고교 과정을 끝낸 그는 1985년 4년 장학생으로 한양대 영문과에 입학했다. 동기생들보다 여섯 살이나 많았지만, 2학년 때 학생장, 4학년 때 과 대표에 선출될 정도로 동료들과 잘 어울렸다. 대학원생일 때 후배였던 지금의 부인을 만났다.

‖ 무슨 요리를 주로 해요?

된장찌개나 된장국, 나물 반찬 등등을 많이 하고, 아이들이 좋아하는 족발이라든지 감자탕 같은 것을 자주 해요. 뼈 우리고 하는 데 시간이 걸리고 손이 많이 가지만, 그게 제일 싸거든요. 하하. 그리고 텃밭에서 나오는 것을 이용하는 요리를 많이 해요.

‖ 조영학표 맛의 비결은 뭐예요?

비결이랄 것도 없어요. 주부들은 다 아는 건데 육수죠. 처음에는 그걸 몰라서 뭘 해도 맛이 없었어요. 그러다가 다시마와 멸치 등을 우려낸 육수를 알게 됐죠. 육수를 잘 만들려고 책도 샀어요. 하하. 육수를 사용하니 된장찌개나 김치찌개의 맛이 달라지더라고요.

∥ 스스로 자청했지만, 식단 고민부터 밥 짓기, 설거지까지 대부분 혼자서만 할 때 억울하거나 서운한 생각은 안 들어요?

처음 결심할 때 '어차피 잘나갈 인생도 아닌데 사랑하는 사람 한 명이 나마 행복하게 해주자'며 시작했던 일이에요. 그러려면 내가 하는 일을 공치사하지 말고 짜증 내지 말자, 또 절대로 귀찮아하지 말자고 다짐하고는 지켜오고 있어요. 그러기에 아내나 애들이 집안일을 하는지 마는 지에 대한 의식이 아예 없어요. 돌이켜 보면 그것은 기적의 선택이었어요. 제가 얻은 게 너무 많거든요.

∥ 그게 뭔가요?

그 전의 삶은 최악이었어요. 대학원 박사과정 때 페미니즘으로 논문 준비도 했지만, 결혼생활은 여느 사람들과 똑같았어요. 직장 동료나 친구들과 밤늦게까지 어울려 놀았고, 가사노동은 아내 차지였죠. 결혼생활은 다 그런 거라고 생각했어요. 학자가 되고 싶었지만, 김영삼 정부 때 국제화를 부르짖으면서 영문학자는 해외에서 박사학위를 따지 않으면 교수가 안 되는 분위기여서 돈도 없고 해서 논문을 포기했어요. 그러고는 출판사와 모 대학 기획팀장 등의 일도 좀 했지만, 다 실패했고요. 사는 게 서로 힘들고 지치다 보니 부부 싸움이 잦았죠. 이혼 얘기도 오갔고, 괴롭고 힘들어서 죽고 싶다는 생각까지 할 정도로 최악이었어요. 그런데 밥상을 내가 차리면서 부부 싸움을 한 번도 안 했어요. 지금은 서로 100% 신뢰하는 사이가 됐고, 번역 일거리도 끊이지 않고 들어왔으니 저한테는 기적의 선택이죠.

‖ 정말 행복해 보여요.

맞아요. 아내를 행복하게 해주려고 시작했는데 돌이켜보면 내가 더 행복해진 것 같아요.

"가사노동 자임한 건 기적의 선택"

조영학이 행복한 건 자기 기준이 분명하기 때문이다. 그 기준은 돈이나 남의 시선이 아니라 자기만족과 삶의 여유다. 그는 특급 번역자이지만 여전히 가난한 편이다. 경기 남양주의 집도 전세이고, 세간살이의 상당수가 재활용품이다. 당근마켓은 그가 가장 애용하는 사이트다. 그러나 그는 좋아하는 텃밭 농사를 위해 몇 년 전부터는 돈벌이인 번역 일을 확 줄였다. 집 근처에서 매년 분양받아 하던 텃밭 농사가 감질나서 그즈음 가평 산골짜기의 맹지(접근로가 없는 땅) 400여 평을 아예 샀다. 집에서 차로 한 시간가량 가야 하지만, 매 주말에는 부인과 함께 텃밭에 가는 게 최고의 낙이다.

‖ 농사일을 좋아하나요?

서울 살다가 돈이 없어서 이곳으로 왔는데 아파트에서 조금만 나가면 빈터가 많이 있고, 거기에서 주말농장으로 땅을 빌려주는 거예요. 번역하다가 머리도 식힐 겸 주말농장을 시작했는데 작물이 크는 게 신기하고 재미있어서 저한테는 주말이 아니라 주중 농장이 됐어요. 하하. 어느 날 집사람 친구랑 같이 얘기하다가 제가 '번역보다 텃밭이 더 재미있어진다'고 했더니 집사람이 '형(대학 때의 호칭을 지금도 사용)은 행복해질 자격이 있다, 원하는 대로 하라'고 하더군요. 그래서 우리가 감당할 수 있는 곳의 땅을 사서 아예 제 전용 텃밭으로 만들었죠.

‖ 조 선생님의 삶을 보면, 집밥을 차리면서 180도로 삶의 태도가 바뀐 것 같아요.

제가 부엌일을 한다고 하면 흔히 '요리를 좋아하나 봐요?'라고 저한테 물어봐요. 또 어떤 사람들은 '나는 요리에는 재능이 없어요'라고 당당히 말하기도 하는데요. 두 말에는 부엌일은 본래 여자가 하는 것이라는 고정관념이 깔려 있거든요. 그러나 하루 세 끼 늘 밥을 차리는 사람들은 그것을 좋아해서가 아니며, 재능이 있어서도 아니에요. 밥상 차리는 건 누군가를 위해 자기 시간을 들여 희생하면서 봉사하는 일이죠. 각 가정마다 사정이 다르겠지만, 남자들도 집안일을 나눠 하는 게 중요하다고 봅니다. 그럴 수 없다면 상대의 헌신에 고마운 마음이라도 가져야 해요. 그런 자세가 각자의 행복을 더해줄 수 있다고 봐요.

‖ 앞으로의 계획이 있다면요.

『여백을 번역하라』를 출간한 뒤 한 라디오 프로그램에 나갔더니 진행자가 저한테 '선생 같은 분이 번역계를 위해 큰일을 해야 한다'고 하더라고요. 제가 뭐랬냐 하면 '나는 집에서 밥하고 지내는 게 좋다'고 했어요. 지난 시절 저도 나름대로 치열하게 부대끼고 살았는데 이제는 그렇게는 못 살 것 같아요. 그래서 다른 계획은 없고, 지금 이대로 살다가 죽으면 제일 좋죠.

인터뷰를 마치고 나가려고 하자, 그가 붙잡아 세웠다. 그러고는 싱크대 서랍에서 작은 비닐봉투 3개를 꺼내 수제 맥주와 고구마, 다래순 나물을 각각 담았다. "솔직히 저는 나눠 먹는 게 제일 좋아요. 김영란법에 저촉되지 않도록 조금씩만 담았으니 맛이나 보세요"라면서 봉다리를 손에 쥐어줬다. 조영학표 행복을 느껴보고 싶어 못 이긴 척 슬며시 비닐봉투를 받아들었다.

후기

행복은 어디에 있을까요. 조영학(63) 씨를 보면, 행복은 어떤 기준을 두고 열심히 추구한다고 생기는 게 아니라 일상의 삶에서 저절로 돋아나는 것 같습니다. 돈이 많거나, 아이들이 공부를 잘하거나, 사회적 지위가 높은 것과는 정말 큰 상관이 없고요.

좀비물 등 주로 장르 소설을 전문적으로 번역하는 일을 30년 넘게 계속해오고 있지만, 그는 전혀 부자가 아닙니다. 번역료가 처음 일을 시작할 때나 지금이나 비슷하기 때문이죠. 집 없이 전세살이를 하고 있어도 그의 마음은 늘 넉넉합니다.

자녀교육에서도 남매를 완전히 자유롭게 키우면서 그들과 게임도 같이 하는 등 즐거운 시간을 보내는 것을 더 중히 여깁니다. 아이들 역시 어릴 때부터 자기 결정으로 하고픈 것을 다 하고 자라서인지 학교 성적이 별로였지만, 각자 원하는 학교와 직장 등을 잡았답니다.

조 씨가 처음부터 이랬던 것은 아닙니다. 그도 결혼 초기에는 부인과 자주 다투는 등 가정불화를 심하게 겪었다고 합니다. 그의 변화는 아내를 위해 밥을 지으면서 시작됐습니다. 발을 다친 아내를 기쁘게 해주겠다는 단순한 동기에서 시작한 일이 삶에 대한 그의 태도와 가치관을 송두리째 바꿨습니다. 그는 "지금 이대로가 족하다"고 진심으로 말했습니다. 그렇다고 그가 자기 일가만을 챙기는 가족 지상주의자는 아니랍니다. 사회적 발언을 소신껏 하며, 공동체를 위해 자신이 할 수 있는 만큼의 행동을 실천하면서 살고 있죠.

그를 만난 뒤 제 삶을 돌아보게 됐답니다. 저도 시간 날 때 밥도 짓고 설거지와 청소 등 집안일을 하지만, 그처럼 진정으로 행복감을 느끼면서 했던 것 같지는 않거든요. 특히 아이들과의 관계에서는 게임 시간 통제에만 신경 썼던 지난날이 아프게 다가왔습니다.

(2018년 10월 16일 인터뷰)

"분노를 노래했으나, 이젠 위로를 부르렵니다"

16

윤선애

'노래하는 사람'

1965년 서울에서 태어나 1984년 서울대 지구과학교육과에 입학했다. 대학 노래패 '메아리'와 노래운동 단체인 '새벽'에서 활동했고, 1980년대와 1990년대 대학가와 집회 시위 현장을 지키는 '민중가요의 디바'로 널리 알려졌다. 2005년 첫 앨범 「하산」을 내며 가수로 데뷔했고, 2021년에는 과거와 현재를 담은 두 음반 「민주주의의 노래」와 「강은구의 마음의 노래 14」를 발표했다.

1984년 7월 제5회 MBC 강변가요제에 20살의 대학생 이선희가 〈J에게〉를 불러 일약 스타가 됐다. 강변가요제는 당시 대학가요제와 함께 신인가수들의 등용문이었다. "J, 스치는 바람에/ J, 그대 모습 보이면/ 난 오늘도 조용히 그댈 그리워하네" 그는 폭발적인 가창력으로, 애틋한 사랑을 갈구하는 청춘들의 마음을 흔들었다.

두 달 뒤인 그해 9월 서울대 중앙도서관 앞 광장의 임시 연단에 19살의 대학 새내기인 윤선애가 올라 〈민주〉를 불렀다. 독재정권이 강요했던 학도호국단을 해산하고, 학생 자치기구인 총학생회를 부활시키는 출범식이 열리는 자리였다. "너는 햇살 햇살이었다/ 산다는 일 고달프고 답답해도/ 네가 있는 곳 찬란하게 빛나고/ 네가 가는 길 환하게 밝았다…" 그는 청아하면서도 처연한 목소리로, 민주주의에 목마른 청년들의 가슴에 불을 질렀다.

군사독재 시대가 저물어가던 1980년대가 낳은 두 뮤지션이 걸어온 길은 데뷔 무대만큼이나 다르다. 이선희가 걸출한 대중가수로서 한국 가요계에 자리를 확고하게 잡은 반면, 윤선애는 민중가요계의 디바라는 별명을 얻었음에도 대중들에게는 잊히다시피 했다. 하지만 윤선애는 한 번도 노래를 떠난 적이 없다. 투쟁이나 집회 현장의 무대에서 내려온 지는 오래됐지만, 자신만의 음악을 찾는 여정을 계속하고 있다. 2021년에 발매한 두 음반 「민주주의의 노래」와 「강은구의 마음의 노래 14」는 그의 노래가 계속 진화하고 있음을 잘 보여준다. 경기도 의왕시 백운호수 근처의 한 카페에서 여전히 활발한 현역인 윤선애를 만났다.

예전의 쟁쟁함 빠진 목소리가 더 편해

인터뷰를 위해 마주 앉자마자 윤선애는 작은 고민부터 말했다. "예전 인터뷰 때 솔직하게 얘기했더니 함께 노래했던 사람을 비롯해 주변 사람들이 다 싫어하더라고요. 약간 고민이 되긴 했는데 그래도 솔직하게 얘기할래요." 실제로 그는 과거를 포장하지도, 현재를 다듬지도, 미래를 채색하지도 않았다. 있는 그대로의 자신 속에서 편안해했다.

‖ 코로나 사태 이후로는 공연도 못 할 텐데 어떻게 지내고 있어요?

작은 초청 공연이나 6·10 항쟁 기념식 등에는 참가했지만, 팬들과 만나는 무대를 갖지는 못하고 있죠.

윤선애는 2021년 4월 경기도 성남아트센터에서 「민주주의의 노래」 음반 발표회(쇼케이스)를 조그맣게 열었다. 경기문화재단이 기획 제작한 「민주주의의 노래」에는 윤선애가 부른 〈솔아 솔아 푸르른 솔아〉, 〈벗이여 해방이 온다〉, 〈그날이 오면〉 등 민중가요 10곡이 수록됐다. 음반 발표회 때 그는 〈언제나 시작은 눈물로〉라는 노래를 가장 먼저 불렀다. 윤선애가 "…앞을 보라 당당히 가자/ 진실은 눈물로 피는 꽃이니/ 자유는 그 꽃을 향한 미소/ 가자 승리 위해"라고 노래하는 동안 화면에서는 군사정권에 항의해 투쟁하는 미얀마 시민들의 모습이 미얀마어 가사 자막과 함께 흘렀다. 시대와 국경을 뛰어넘는 노래의 힘이 느껴졌다.

‖ 「민주주의의 노래」 음반을 지금 낸 이유나 의미가 있나요?

딱히 지금이어야만 하는 이유는 없지만, 이런 작업을 하고 싶다는 생각이 늘 있었어요. 비합법 테이프에만 들어 있던 노래들을 정식 기록으로 남기고 싶었거든요.

1980~90년대의 민중가요는 당시 정부가 음반 발매를 허가해주지 않는 바람에 거의 대부분 비공식 테이프에 수록돼 시중에 나돌았다.

‖ 음반 발표회 때 '이제 마침표를 찍었다'고 말한 게 그 뜻이군요.

네, 그날 '이 노래들로 2030 젊은 세대한테 무슨 얘기를 하고 싶냐'는 질문을 받고는 너무 죄송하고 미안했어요. 젊은 사람들이 이걸 좋아할 거라는 생각은 사실 없었거든요. 그렇다고 '우리 이랬는데 니들 좀 들어봐'라고 꼰대 짓을 하고픈 생각도 없었고요. 단지 당시 비합법으로만 유통됐기에 기록되지 못했던 노래를 지금이라도 내 목소리로 마무리 짓고 싶었어요.

민중문화운동연합(민문연) 12집 「저 평등의 땅에」(1988년) 등 비합법 테이프에 들어 있는 윤선애의 목소리와 「민주주의의 노래」에 담긴 윤선애 소리는 달랐다. 과거 윤선애의 소리가 차가운 겨울 새벽 얼음이 갈라지는 소리처럼 쩽쩽했다면 현재 음반의 목소리는 여전히 맑고 곱되 각진 데 없이 부드럽다.

‖ 같은 곡이라도 예전과는 느낌이 달라요.

사람마다 다르게 느끼는 것 같아요. 어떤 분들은 '어쩜 그렇게 옛날하고 목소리가 똑같아요'라고 하고, 어떤 분들은 '쨍쨍하게 불렀던 옛날 노래가 훨씬 좋아'라고 해요. 특히 저랑 당시 음악 활동을 같이 했던 분들은 '너의 매력은 지르는 거였어. 지금의 니 목소리는 뭐가 빠진 거 같아'라고 해요. 저는 지금이 좋아요. 예전에는 무대에 설 때 되게 힘들었거든요. 제 깜냥보다 더 크고 우렁찬 소리, 그것도 생목으로 막 지르면서 표현해야 되니까 노래하다가 소리가 뒤집히는 피치브레이크가 올까 봐 늘 공포스러웠어요. 지금은 목에 힘을 빼고 부르니 편안해요.

총학생회 부활을 노래로 이끈 신입생

「민주주의의 노래」가 지나온 과거에 대한 정리의 의미라면, 「강은구의 마음의 노래 14」는 실험적 성격을 띤 완전히 새로운 노래다. 전통적 노래인 정가의 여창(여성 가객이 부르는 노래)을 작곡가 강은구가 현대적으로 재창조했다. 국악과 서양 클래식이 조화를 이루고, 윤선애의 목소리와 피아노, 대금의 소리가 어우러져서 독특하고 신비한, 그러면서도 평온한 분위기를 만든다.

‖ 「마음의 노래」는 기존 음악과는 완전히 다르던데 반응이 어때요?

조용하죠. 하하. 제 나름으로는 굉장히 의미 있는 작업이었는데 많은 분들이 듣는 것 같지는 않아서 좀 안타깝죠. 이 음반은 제가 여태까지 불렀던 스타일이랑은 많이 달라요. 그동안에는 제가 좀 꽉 찬 소리로 노래를 했는데 이것은 가성을 써서 음역을 좀 넓혔어요. 제가 추구하는 창법의 한 부분이죠. 강은구 씨가 함께 작업하면서 저한테 이러는 거예요. '왜 좁은 영역에서 혼자 놀이하듯이 하고 있어요? 장르 가리지 말고, 윤선애 씨만의 창법으로 클래식 쪽으로도 영역을 넓힐 수 있지 않겠어요?' 라고요. 그러면서 저를 위해 1년간 14곡을 만든 거예요. 아직 미흡한 부분이 많지만, 제가 부른 이 노래들을 들으면 '아, 내가 이렇게 부를 수도 있구나' 싶으면서 제가 좋아져요.

‖ 그런 식으로 독특한 것도 의미 있지만, 이왕이면 대중들한테 쉽게 다가갈 수 있는 경쾌하고 비트가 빠른 노래가 낫지 않아요?

좀 밝고 리듬감 있는 노래를 하라는 얘기를 많이 들었죠. 그런데 사람들이 좋아하는 것을 좇아가는 거는 저한테 안 맞는 거 같아요. 요즘엔 트로트가 다른 것을 완전 뒤엎어 버리는데 그렇게 한쪽으로 확 쏠리는 게 너무 싫어요. 저라도 그런 거에 휘둘리지 않고 제가 할 수 있는 음악적 영역을 쭉 가져가려고요.

윤선애가 노래를 처음 제대로 부른 것은 서울 강서구 개화동의 한 초등학교 4학년 때였다. 그의 목소리가 고운 것을 안 담임 선생님이 수업이 끝난 뒤 불러서 풍금 반주를 하면서 노래를 부르게 했지만, 학년이 올라가면서 끝났다. 중학교 때 친구를 따라 갔던 교회의 성가대에서 잠깐 활동하기도 했으나, 중·고교 시절에는 모범적인 우등생으로 학교 공부를 하기에 바빴다. 그가 노래 부르는 사람의 길에 서게 된 것은 1984년 대학(서울대 지구과학교육과)에 들어가면서였다.

‖ 대학 갈 때까지 혜은이의 〈당신은 모르실 거야〉 등 유행가만 불렀다고요? 그런데 입학 초에 노래 동아리인 '메아리'를 스스로 찾아갔다고요?

제가 맏딸이고, 집에서 문화를 향유할 만한 형편이 아니어서 청소년기에는 그냥 텔레비전 이런 데 나오는 유행가를 따라 불렀어요. 그래서 대중가요밖에 아는 노래가 없었는데 대학교 신입생 오리엔테이션에 갔더니 김민기 노래가 나오는 거예요. 뭐 저런 노래가 다 있나 싶었죠. 대중가요도 아닌데 되게 신선했어요. 저기 가서 저런 노래를 배워야겠다는 생각에서 바로 동아리방을 찾아갔어요. 갔더니 노래 얘기는 별로 안 하고, 선배들이 '80년 광주에서 말이야' '역사란 무엇인가'라는 얘기를 주로 해서 엄청 무서웠어요. 하하.

‖ 그해 가을 총학생회 출범식에서 〈민주〉를 불렀는데, 수천 명의 청중 앞에서 노래 부른 건 처음이라면서요?

네. 저는 그런 집회가 있다는 것도 몰랐어요. 그날 선배들이 동아리방에서 '민주'를 불러보라고 해서 불렀더니 '지금 도서관 앞 광장인 아크로폴리스에서 집회가 있는데 거기 가서 그 노래를 부르라'는 거예요. 저는 힘들어도 내가 해야 되는 일이면 해내는 스타일이라서 엄청 긴장이 되는데도 올라가서 불렀죠. 제 목소리의 날카로운 요소들이 그날 집회와 좀 어울리겠다고 선배들이 생각했던 것 같아요.

전두환 정권은 결국 학생들이 출범시킨 총학생회를 이듬해 인정했으며, 다른 대학에서도 일제히 학생회가 부활했다. 각 대학의 총학생회는 1980년대와 90년대 민주화 시위 등 각종 투쟁의 중심이 됐다. 노래 하나로 학생회 부활을 이끌었던 윤선애는 그러나 이듬해 초 메아리를

"음악을 하는 것은 우리의 마음을
표현하는 것이죠. 인간을 이롭게 하는,
인간을 위한 그런 마음이 담긴 음악 말이에요.
사람들이 좋아하는 것을 끄집어내 돈 버는
음악이 아니라 우리를 위로할 수 있고,
스스로를 위로할 수 있는 음악이요."

탈퇴했다. 운동에 대한 자기 확신이 없었던 데다 메아리에 계속 있다 가는 자칫 교사 발령이 안 날까 두려웠기 때문이었다.

그러나 노래가 없는 삶은 그에겐 더 큰 고역이었다. 학업에 몰두하기가 힘들었고, 저녁에는 잠도 잘 오지 않았다. 결국 1986년 노래운동 집단인 '새벽'에 합류했다. 새벽은 1984년 고려대 노래 동아리 '노래얼' 출신의 표신중, 서울대 메아리 출신의 문승현 등이 만든 노래패로, 메아리 출신의 이창학 등이 합류하면서 86년부터 본격적인 활동을 시작했다. 문승현은 〈그날이 오면〉, 〈오월의 노래〉, 이창학은 〈벗이여 해방이 온다〉, 〈부활하는 산하〉 등을 만든 민중가요 작곡가들이다.

"바깥 말고 자기 몸을 울려봐요"

‖ '새벽'은 '메아리'보다 훨씬 운동성이 강했는데, 메아리를 관뒀던 사람이 새벽에 합류를 했어요.

메아리를 나온 뒤에는 사는 게 뭔지 갑자기 삶의 의미가 없어진 것 같아서 되게 힘들었어요. 그렇게 힘없이 지내는데 이창학 선배가 와서 '너는 노래만 해'라면서 새벽을 같이 하자고 설득했고, 저도 노래가 하고 싶어서 합류한 거죠.

‖ 새벽 활동을 열심히 하셨죠?

저 스스로 '자, 사회가 이러니 이걸 알리기 위해서 난 이런 노래를 부를 거야'라는 건 아니지만, 노래하는 사람으로서 '이런 노래가 지금 필요하다면 해야 되지 않겠나'라고 생각하면서 열심히 했어요. 그러나 '넌 왜

이 노래를 하니? 어떤 이념에서 하니?'라고 물어보면 난 정말 자신이 없었어요. 그래서 항상 선배들을 괴롭혔어요. '이런 건 어떤 논리적인 맥락이에요?'라고 계속 물어보곤 했죠. 하하.

> 노래패 새벽을 대표하는 여성 보컬 윤선애는 민중가요계뿐 아니라 운동권의 스타였다. 당시 고 김광석, 안치환, 권진원 등 다른 새벽 동료들보다 더 유명했다. 높게 내지르는 그의 목소리는 투쟁을 북돋는 함성이자 청량제였으며, 나지막이 부르는 소리는 동시대인들의 설움과 아픔을 다독이는 위로였다. 그는 새벽 소속이었지만, 당시 대중적인 활동을 했던 '노래를 찾는 사람들'(노찾사) 공연에도 자주 불려갔다. 새벽 활동에 열중하느라 중학교 과학 교사직을 발령받은 지 3년 반 만에 그만뒀다. 대신 생계유지가 안 돼 입시학원 강사 일을 병행하면서 1993년 새벽이 해체될 때까지 새벽에서 활동했다. 그는 2020년까지 입시학원에서 강사로 일했다.

∥ 새벽에서 같이 활동하던 김광석, 안치환, 권진원 등은 대중가수가 됐는데 윤 선생님은 왜 안 했어요?

1987년 6월항쟁 때 새벽이 공연을 했는데 시민들 반응이 정말 뜨거운 걸 보고, 문승현 선배가 합법적인 단체를 띄워야겠다며 '노래를 찾는 사람들'을 정식으로 만들었어요. 그래서 안치환, 김광석 등이 노찾사 2집을 만들면서 가수로 나가게 됐죠. 안치환은 노래를 잘하기도 했지만 원래 그런 쪽으로 가고 싶어 했어요. 김광석 선배도 노래 시작을 대중가요 쪽에서 하셨으니까 거기로 가는 것이 자연스러웠고요. 선배들이 저한테는 새벽에 계속 있으라고 해서 있었죠.

‖ 나도 저렇게 유명해지고 싶다는 생각은 안 들었어요?

많이 알려지고 싶다는 욕심은 있었지만, 저렇게 하고 싶다는 생각은 없었어요. 저 자신을 노래 부르는 사람으로만 규정했기에 그때는 가수란 말은 저와는 거리가 먼 단어였어요. 또 대중가요 쪽에서 전문적으로 노래할 자신이 없었어요. 그분들과 달리 작곡을 못 하고, 연주도 못 하니까 대중가수로 나갈 수 없다고 생각했죠.

‖ 노래운동의 의미를 어떻게 평가할 수 있을까요?

새벽 등 당시 노래운동은 1980년 광주민주항쟁 등 시대가 만든 거죠. 처음에는 학생들 사이에서 노래 가사 바꿔 부르기가 유행했어요. 그러다가 '이런 싸움을 노래로 표현하면 좋지 않을까'라면서 음악성까지 확보한 저항가요를 만들기 시작했죠. 대학생 노래 서클이 사회 저항의 노래를 만들고, 이들이 연합해 전문적인 노래운동 단체들을 만든 예는 우리나라밖에 없는 것 같아요. 당시 나름대로는 열심히 했지만, 돌아보면 우리는 아마추어였어요. 민중가요가 하나의 음악 장르로 살아남지 못했죠. 그런 역사를 토대로 또 다른 음악적 모색이 있어야 하지 않을까 싶어요.

문승현은 1992년 러시아로 유학을 떠나면서 윤선애에게 국악의 정가를 배울 것을 권했다. 모범생 윤선애는 새벽 해체 뒤에 선배의 조언대로 한국예술종합학교 등에서 정가를 10년 가까이 배웠다. "승현이 형 입장에서는 정가를 배운 뒤 그걸 접목시켜서 제가 음악계를 흔들 수 있는 정도의 뭔가를 하기를 바랐대요. 그런데 그걸 못 하는 것을 보고 기대를 접었다고 하더라고요. 하하." 그때 익힌 국악의 창법은 그에게 큰 음악적 자산이 됐다.

하지만 윤선애 음악의 제2막은 포크송 가수인 김의철을 만나면서 부터였다. 윤선애가 첫 앨범인 「하산」(2005년)을 발표한 뒤 홍대 앞 클럽에서 가진 공연을 보러 온 김의철을 처음 만났다. 김의철은 고교 시절 〈불행아〉(「저 하늘의 구름 따라」, 1974년)를 만들었다가 유신 독재정권에 의해 곡이 난도질당하자 독일과 미국에 건너가 클래식 기타를 오래 공부했다. 그는 10여 년 동안 경기도 파주 자신의 집으로 윤선애를 일주일에 한 번씩 불러 노래를 부르게 하고는 미진한 것을 가르쳤다.

‖ 전문적인 노래 공부는 그때가 처음인가요?

전문적이라기보다는 음악을 일상으로 한 게 처음이죠. 처음 김 선생님을 만났을 때는 특별한 게 없는 것 같았어요. 전문 용어도 안 나오고 특별한 스킬을 가르쳐주는 것도 아니었거든요. 대신 '바람에 흔들리는 나뭇가지처럼 노래해요. 그리고 노래에 마음이 들어가 있어야 해요. 윤선애 씨는 형식적으로 부르는 느낌이 들어요. 소리하고 마음이 따로 가는 거 같아요'라는 걸 짚어주시는 거예요. 결국 목에 힘을 빼고, 소리에 마음을 담을 수 있다는 것을 배웠어요.

‖ 목에서 힘이 빠졌다고요?

처음에는 김의철 선생님 말씀을 안 믿었어요. 아니, 힘 빼고 노래하면 그게 무슨 노래냐고 생각했죠. 그런데 그렇게 힘껏 노래하면 얼마 부르지도 않아서 목이 막 아픈 거죠. 선생님이 10년 동안 기타 연주를 해주시면서 '자, 이렇게 한번 불러보세요. 여긴 힘이 많이 들어갔네요? 힘 빼고 불러봐요'라고 계속 반복해서 습관화를 시켜주셨죠. 그래서 마침내 제가 〈그날이 오면〉을 다 부를 수 있게 됐어요. 그 노래는 젊었을 때도 앞부분만 제가 부르고 뒷부분은 합창으로 소화했는데, 김 선생님한테 배우고 난 뒤에 혼자 부르게 됐어요.

∥ 노래 경연 프로그램에서 감정을 실으라는 이야기는 많이 들었는데 소리에 마음을 담는다는 말은 처음 들어요.

네. 음악을 하는 것은 우리의 마음을 표현하는 것이죠. 인간을 이롭게 하는, 인간을 위한 그런 마음이 담긴 음악 말이에요. 사람들이 좋아하는 것을 끄집어내 돈 버는 음악이 아니라 우리를 위로할 수 있고, 스스로를 위로할 수 있는 음악이요. 그런데 저는 계속 남들한테 들려주려고 음악을 했던 거예요. 들려줄 때 '아, 뭐가 이렇게 미흡하지?'라면서 저를 막 채찍질하곤 했어요. 근데 어느 순간 그냥 내가 부르는 게 좋은 거예요. 지금도 혼자 기타 치면서 노래하는 그 시간이 요가를 수련하는 시간 같은 느낌이에요. 선생님이 했던 얘기 중에 '노래를 하면서 바깥을 울리려고 하지 말고 자기 몸을 울려요. 몸이 울리면 저절로 바깥으로 울려서 들리는 거예요. 자기를 위로하면 남들도 위로가 돼요'라고 한 말이 생각나요. 그런 것이 진정한 노래 같아요.

김의철을 만난 뒤 윤선애는 그동안 '운동성'에 갇혀뒀던 음악적 울타리를 사랑과 우애 등 보다 깊은 '인간성'으로 넓혔다. 「아름다운 이야기」(2009년), 「그 향기 그리워」(2012년) 등에 실린 노래는 음악적 색깔에서 이전과 뚜렷이 달랐다.

"아름다운 이야기 하나 파세요/ 아름다운 얘기를/ 세상에 즐겁고 행복한 얘기를/ 하나만 파세요/ 휴식을 구하는 이에게 주렵니다/ 고독한 사람에게 주겠어요…" 〈아름다운 이야기〉처럼 그의 노래는 대부분 노랫말도 곡도 잔잔하고 따뜻하다. 2020년 tvN 드라마 〈화양연화〉 주제곡으로 클랑이 불렀던 〈다시 만날 날이 있겠죠〉는 2007년에 윤선애가 발표했던 노래다. 그만큼 윤선애의 새 노래들은 대중적인 호소력도 가지고 있다.

가장 들려주고픈 노래, '그날이 오면'

‖ 과거에는 마음속에 화가 많았다고요?

분노가 참 많았죠. 태어나면서부터 삶의 조건이 결정되는 사회 구조에 대한 분노, 가부장 중심주의에 대한 분노, '기집애가 어쩌고' 하는 사회적인 성차별에 대한 분노 등이 강했어요. 대학에서 그런 것을 바꿀 수 있는 사회변혁이 가능하다고 듣고는 그런 분노를 담아서 노래를 불렀죠. 부르고 나면 긴장했던 몸이 확 풀리면서 마음도 좀 정리되는 듯했어요.

‖ 독재나, 불의 등에 대한 분노였나요?

그런 것도 있지만, 젠더와 관련된 분노도 있었어요. 우리 사회가 되게 남성 중심적이었잖아요. 어렸을 때 집이나 학교에서 걸핏하면 '계집애가 어쩌고'라고 구박받거나 일방적으로 혼나면 억울해서 막 패주고 싶은데 힘이 없잖아요. 버스나 지하철 등에서 성추행을 겪기도 하고 많이 목격도 했어요. 그런 것들이 제 분노에 불을 지폈던 것 같아요. 그런데 음악 공부를 하면서 어느 순간 제 마음이 편안해지고 분노가 사라졌어요.

‖ 음반 발표회 때 저도 현장에 있었는데 그때 이런 말을 하더군요. "이제는 치열함뿐 아니라 따뜻함까지 아우르고 갔으면 한다"고요. 따뜻한 마음이 자라서 그런 것 아닐까요?

그럴지도 모르겠어요. 저는 제가 많이 변했다고는 생각하지 않아요. 나만이 아니라 더불어 다 같이 잘 사는 사회를 만들어야 한다는 생각은 여전해요. 그런 세상을 위해 힘이 되는 한 제가 도울 수 있고 할 수 있는 부분은 노래로든 뭐든 하고파요. 그러나 예전에는 치열하게 사는 사람들에게 주로 맞췄지만, 지금은 동시대 사람들을 위로할 수 있다면 그게 꼭 진보 세력이든 보수 세력이든 무슨 상관이 있겠나 싶어요. 누구든 위로해줄 수 있는 것, 이런 게 제 노래가 해야 할 역할이 아닌가 싶어요. 특히 좀 더 아래로, 그리고 좀 힘든 분들한테 다가가서 위로해주는 그런 작은 공연을 더 많이 하려고 해요.

　윤선애가 대중들과 거리가 있는 비주류의 길을 걷는 동안에 한국의 대중음악은 K-팝이라는 장르로 불릴 만큼 전 세계에서 사랑받고 있다. BTS, 블랙핑크 등 많은 가수들의 노래가 빌보드 차트 상위권을 자주 차지하고 있다.

‖ K-팝이 세계적으로 유행하고 있는 것은 어떻게 보세요?

돈과 집중 교육 프로그램이 다른 나라와 달라서 가능한 게 아닌가 싶어요. 어렸을 때부터 연습을 반복시키고, 돈을 들여 여러 작곡가들을 투입시켜서 나오는 결과가 아닌가요? 우리의 정서나 이런 걸 담고 있는 특별한 음악 문법은 아니잖아요.

‖ BTS는 인간의 보편성을 노래해서 호소력을 가지고 있다는 평도 많은데요.

BTS 같은 경우는 세계의 젊은이들한테 다가가는 음악적 감성을 가졌다는 점에서 긍정적일 수 있어요. 그러나 우리나라 음악계 전체적으로는 음악적 줄기가 더 많아야 한다는 생각이 들어요. 물량으로 음악을 공급하고 사람들이 그걸 수동적으로 듣는 그런 시스템에서 벗어난 음악 말이에요. 지금 우리나라의 음악 문화는 한쪽으로 확 쏠려버리거든요. 물론 좀 더 주된 것이 그때그때 있을 수 있겠지만 다양한 음악이 풍부했으면 좋겠어요. 그렇지 않으면 지금 잘나가는 음악이나 음악가가 인기를 잃고 퇴조하면 다 없어지게 되는 거잖아요. 그런 게 걱정이에요.

‖ 젊은 뮤지션들 중에 눈여겨보는 사람은 누구예요?

제가 텔레비전 등을 잘 안 봐서 다 알지는 못하는데 자주 노출되는 사람 중에서는 아이유가 눈에 띄더라고요. 창법이 굉장히 효율적이고, 질투심이 날 정도로 노래를 잘하는 것 같아요.

인터뷰를 마무리하면서 가장 애정이 가는 노래가 뭔지 물었다. 문승현이 만든 〈오월의 노래〉를 들며 "들을 때 빨려 들어가는 느낌"이라고 했다. 사람들에게 가장 들려주고 싶은 노래도 궁금했다. 〈다시 만날 날이 있겠죠〉나 세월호의 아픔을 다룬 영화 〈생일〉의 주제곡이었던 〈편지〉가 아닐까 생각했으나 그는 새벽 시절의 노래인 〈그날이 오면〉을 들었다.

"'그때 힘들 때, 무모하기도 했고 나약하게 흔들렸던 그때, 그래도 잘했어'라고 사람들을 토닥토닥 위로해주고 싶어요. 저 자신에게도요.

스스로를 다독인 뒤 더 넓고 따뜻하게 다른 사람들을 보듬을 수 있는 이 노래를 부르면서 젊은 시절의 나를 만났거든요."

말을 하는 그의 눈에는 어느새 눈물이 가득 고였다.

돌아오는 길에 그가 새로 부른 〈그날이 오면〉을 차 안에서 반복해서 들으며 문득 깨달았다. 과거에 대한 마침표라는 그의 말과 달리 앞으로 가야 할 미래의 노래임을.

"…드넓은 평화의 바다에/ 정의의 물결 넘치는 꿈/ 그날이 오면/ 그날이 오면…"

후기

수십 년간 가수 생활을 한 사람들도 무대에 오르면 마이크를 쥔 손을 떠는 등 긴장하는 모습을 음악 경연 방송 등에서 흔히 볼 수 있습니다. 그런데 수천 명의 청중 앞에서 처음 무대에 오른 사람이 차분하게 자신의 노래 실력을 100퍼센트 발휘했다고 하면 믿어지나요? 그것도 가수로서의 훈련을 한 번도 받은 적이 없는 사람이라면 더 그렇죠.

바로 가수 윤선애(57) 씨가 그랬답니다. 한 번도 공개 무대에서 노래를 부른 적이 없는 윤선애 씨는 1984년 가을 서울대 중앙도서관 앞 광장에서 열린 총학생회 출범식 무대에 섰답니다. 독재정권 시절에 사라졌던 총학생회를 학생들이 정부나 학교 당국의 제지에도 불구하고 부활시키는 행사여서 사복경찰이 주변에 쫙 깔려 있고 학생들도 광장을 꽉 채워서 긴장이 고조된 행사였죠.

노래 동아리 선배들의 권유로 무대에 오른 1학년 새내기 윤선애 씨는 〈민주〉라는 노래를 청아한 목소리로 불렀습니다. 윤 씨는 "처음엔 긴장했는데 노래를 시작하니까 그 많은 사람들이 한 덩어리로 보이면서 떨리지 않더라"고 회상했습니다.

그 얘기를 들으면서 타고난 가수라는 생각이 들었습니다. 공식 데뷔는 늦게 했지만, 윤 씨의 음악 세계는 넓고 깊습니다. 대중들의 정서에 맞는 가요뿐 아니라 우리 전통의 노래인 정가까지 소화하고 있습니다. 최근에는 기타 한 대로만 반주한 노래들을 자신의 페이스북이나 유튜브에 올리고 있습니다. 마음이 차분해지고 따뜻해지는 노래들이어서 저는 자주 찾아 듣습니다. 독자 여러분도, '과거에 이랬던' 가수가 아니라 '오늘을 사는' 가수 윤선애 씨를 한번 만나보시기 바랍니다.

(2021년 4월 19일 인터뷰)

"깊은 애정이 담긴 무관심이 필요해요, 아이 교육엔"

17

이병곤

제천간디학교 교장

1965년 서울에서 태어났다. 고려대 교육학과에서 학사와 석사학위를 받고, 월간 《우리교육》에서 기자로 일한 뒤 런던대학교 교육연구대학원에서 박사과정을 수료했다. 귀국 뒤에는 광명시평생학습원장과 경기도교육연구원 전문연구원으로 일하기도 했다. 2017년 초부터 제3대 제천간디학교 교장을 맡고 있다.

개교 이후 23년 동안 당해 연도 졸업생의 대학 진학률이 0%인 학교. 스스로 서고, 더불어 사는 삶을 가르치는 곳. 졸업해도 학력 인정을 받지 못하는 비인가 학교. 그럼에도 학생과 교사, 학부모 등 학교 구성원 모두가 행복한 곳. 충북 제천시 덕산면에 있는 제천간디학교다.

학교를 찾은 날은 마침 '열린 수요일'이었다. 매주 수요일은 교사에게 가르침을 받는 대신에 학생들이 스스로 하고픈 일을 찾아서 하는 자율수업 시간이다. 무엇을 하든 자유이며, 어디에 있든 자율이다. 도서관에서 책 읽는 아이, 강당에서 피아노 치는 아이, 운동장에서 축구와 농구를 하는 아이, 컴퓨터실에서 인터넷을 이용하는 아이, 음식 작업장에서 요리하는 아이, 교실에서 글 쓰는 아이. 학교 카페에서 삼삼오오 모여 얘기하는 아이, 교실 한복판에서 이불을 안고 잠을 보충하는 아이, 면 소재지에 있는 마을공동체 공간인 '마실'에 간 아이 등 각자가 자기 시간을 오롯이 소유하고 있었다. 교장 선생이 불쑥 나타나도 반갑게 인사만 할 뿐 자신의 시간을 멈추거나 내주지 않았다. 이병곤 교장도 아이들을 조금도 방해하지 않았다.

사실 이 학교에서는 교장이 거의 안 보인다. 교사 채용과 신입생 모집, 수업 배정 등을 하는 교사회의, 학교 규칙을 정하는 가족회의의 좌장은 교장이 아니라 교사 대표와 학생회장이다. 교장은 회의 참석자 중 한 명일 뿐이다. 교장실 문에도 '이병곤' 이름 석 자만 있다. 학생이나 선생들이 부르는 호칭도 '교장 선생님'이 아니라 '곤쌤' 또는 별명인 '곤블리'다. 하지만 교장은 어디에나 있다. 선생들은 늦은 밤에도 그를 불러내거나 집으로 찾아가며, 아이들은 수시로 '곤블도어'(교장실 문)를 두드린다. 교장실 안의 낮은 탁자 위에 빼곡한 그림과 글씨 등 이른바 낙서들은 아이들이 남긴 사랑과 존경의 징표다.

1~4학년 통합 학급은 관계 역량 강화

‖ 2022학년도 신입생 모집을 위한 입학 설명회가 곧 있던데 잘돼가나요?

90명이 참석을 신청했어요. 보통 부모와 아이 등 한 집에서 3명씩 오니까 가구 수로 따지면 대략 30가구 안팎이죠.

‖ 한 학년 정원이 20명 안팎이니까 탈락자가 나오겠네요.

안타깝지만 매년 있죠. 아이들 2차 전형을 2박 3일 동안 하고, 부모도 따로 면담하는 등 매우 까다롭게 선발합니다. 전학이나 편입을 받지 않기 때문에 학생이 중간에 그만두게 되면 다른 가정의 학습 기회가 그만큼 빼앗기게 되잖아요.

‖ 가장 중요한 선발 기준은 뭐예요?

대학 입학이 아니라 제대로 된 인성과 공동체에 꼭 필요한 시민성을 키우는 데 중점을 두는 학교 취지를 잘 이해하고 있는가 하는 점입니다. 아이의 입학 의지와 부모님의 교육 철학이 맞아떨어지는지도 보고요. 엄마와 아빠, 아이 세 축의 의견 일치를 보기가 사실 쉽지 않아요. 기숙사 생활을 하기 때문에 함께 잘 지낼 수 있을지도 되게 중요한 부분이죠. 예를 들면 지나친 경쟁심이나 폭력성이나 기타 등등 이런 것들이 있으면 안 되고요. 그런 기준들에 부합하지 않으면 비록 재정상으로 어려움이 있더라도 정원(20명)을 다 안 채워요. 그동안 축적된 경험을 보면, 우리 학교 취지에 맞지 않는 학생을 무리하게 같이 지내도록 했을 때 다른 아이들과 교사들이 겪는 정신적인 소모가 너무 크거든요.

자체 기준을 통과해 선발된 2022학년도 신입생은 21명이었으나, 코로나 등의 상황으로 3명이 입학을 포기했다.

Ⅱ 필기시험은 안 보지만, 학생이나 부모나 굉장히 어려운 관문을 통과해야 입학할 수 있군요. 어릴 때 자기 진로를 선택한 경험은 인생에서 소중할 것 같아요.

네. 저희가 대학 진학을 그렇게 중요하게 여기지는 않습니다만, 졸업생들 가운데는 고교 검정고시를 마치고 대학을 가는 아이들이 매년 서너 명씩은 있어요. 아예 유학을 가는 친구들도 있는데 지금 영국의 옥스퍼드대학에 가 있는 친구도 있어요. 서울에 있는 한 대학의 총학생회장을 했던 친구도 있고요. 하여튼 어릴 때부터 자기 주도적인 삶을 살아서 그런지 우리 학생들은 자기가 원하는 공부를 원하는 시점에 시작을 하면 해내더라고요. 그런 게 좀 중요한 것 같습니다.

제천간디학교는 2002년 산청간디학교의 중학교 과정이 분리·이전하면서 덕산면에 자리 잡았다. 2005년부터는 고교 과정을 신설해 중·고 통합과정 6년의 명실상부한 대안학교가 됐다. 민주주의와 공동체, 생태 등 간디 정신을 따르는 이 학교는 교육과정이나 운영 방식이 독특하다. 1학년에서 4학년까지는 나이 차가 나는 아이들이 함께 생활하는 통합 학급을 운영하며, 3~4학년은 필수 과정으로 음식 만들기와 목공, 농사 등 작업장 교육을 받는다. 또 3학년 때는 논문을 쓴다. 논문의 주제나 소재는 글쓰기뿐 아니라 음악 연주나 그림 등 다양하다.

‖ 중학교 1학년부터 고교 1학년에 해당하는 아이들을 한 반에 모으는 것은 이점이 있어서일 텐데요?

예전에는 4~5학년을 통합반으로 했었는데 해보니까 나이를 낮추는 게 낫다는 판단이 나왔어요. 아이들의 성장과 발달에는 지적인 영향과 자극도 중요하지만, 관계 역량이 큰 도움을 줍니다. 100명이 같이 산다고 해서 100명이 다 서로 친한 게 아니라 각자 주변에 친한 그룹들이 몇몇 있죠. 그런데 학년 중심일 때는 관계 역량의 확산이 좀 안 되더라고요. 나이 차이를 뛰어넘어 서로가 도움을 주고받을 수 있을 때 더 효과적이거든요. 그래서 좀 인위적으로라도 고루 섞이게 할 필요성을 선생님들이 많이 느꼈죠. 다만, 이것은 기초 교육, 회의와 성찰할 수 있는 능력, 협업 능력을 키우는 게 목표예요. 지적인 교과를 함께 가르칠 수는 물론 없고요. 그것은 선택형 수업으로 각자 수준에 맞는 교육을 받죠.

‖ 어릴 때 시골 마을에서는 큰아이와 작은아이가 함께 놀면서 자랐죠. 형들과 누나들을 보면서 작은아이들이 여러 가지를 자연스럽게 배울 수 있었고요.

네, 그리고 통합반은 성별 차이를 완화하는 데도 도움이 됩니다. 무슨 말이냐 하면 어릴 때 여자아이들이 남자아이들보다 성장이 한 2년 정도 빠른 것 같아요. 그때 학년끼리 있게 되면 여러 면에서 차이가 크게 나요. 여자애들은 준비성도 철저하고 토론 능력도 있는데 남자애들은 그런 게 아직 힘들거든요. 그러면 '쟤는 회의 시간에 찌그러져 있네'라는 생각과 안 좋은 인상을 갖게 되고, 한 번 각인된 역할 인식은 나머지 5년 동안 쭉 이어져서 남자애들이 맥을 못 춰요. 통합반을 하게 되면 여자아이들도 선배 오빠들과 뭔가 일을 해보면서 성 역할에 대한 고정관념이 약해지고, 저학년 남자애들은 형들이 좀 챙겨주면서 역동성을 찾아가더라고요. 그런 면에서 상당한 이점이 있는 것 같아요.

행복감 느낄 학교가 하나는 있어야

‖ 통합 학급에 대한 아이들의 만족도는 어때요?

1학년과 2학년들은 대체로 통합반에 대해서 75에서 80점의 높은 만족도를 보이고요. 3, 4학년은 60점 정도가 나와요. 1, 2학년은 형들이나 오빠, 누나, 언니들한테 도움을 많이 받는 거죠. 그리고 고학년이 되면 조금 지루한 면도 있고요. 그래서 그 정도 선에서 밸런스를 유지합니다.

‖ 논문 쓰기는 아이들이 힘들어하지 않나요?

교과 시험이 없는 대신에 중학교 3학년쯤 되면 글쓰기와 생각하기 그리고 자신의 어떤 능력에 대한 확인을 아이들이 받고 싶어 해요. 그런 요소들을 통합할 수 있는 게 논문 쓰기죠. 물론 아이들이 가장 힘들어하는 교육과정 중 하나인데 지내놓고 나면 가장 뿌듯해하죠. 조사를 해보면 중등 과정 3년에 가장 큰 영향을 받은 게 논문 쓰기라고 해요.

‖ 두 번째로 영향을 받는 것은 뭐래요?

월요일과 목요일 오후 시간을 모두 할애하는 작업장이라고 대답한 아이들이 많아요. 자신의 손과 발, 머리를 움직여서 노동의 전체 사이클을 한번 해보는 경험을 갖는 시간이죠. 거기서 만들어진 생산물을 나누는 방식도 스스로 결정을 하는데 그러한 작업장 회의를 통해 민주주의도 자연스레 배우거든요. 생활기술 작업장의 경우는 아이들이 혼자 사는 어르신 집을 찾아서 겨울철 방풍 작업을 한 적이 있어요. 창에 방풍지를 바르는 등의 시공을 하면서 툇마루에 앉아 계신 할아버지한테 마을의 역사 등에 대한 산 공부를 했죠. 그러면서 농촌의 현실과 문제점 등에 대한 감각을 배우는 거죠. 농사 작업장은 한 15분 정도 학교에서 걸어가야 있는데 아이들이 수업이 없는 때에 자기가 키우는 거 보러 가는 거예요. 그런 걸 보면서 지적인 교과 못지않게 정서적 자극을 줄 수 있는 작업장 교육이 중요하구나 하는 것을 느껴요.

‖ 제3자의 눈에는 그런 교육은 한가하게 보일 겁니다. 하하.

근데 아이들의 삶을 들여다보면 특히 고학년으로 올라갈수록 너무 바빠요. 학생회 활동 등 학교를 끌어가야 하죠, 동아리 활동 있죠, 관심그룹이라고 해서 젠더나 기후 위기, 통일 문제 등 관심 있는 모임에 참가해 공부하고 토론하죠, 생활관이라고 기숙사 안에서도 자치회가 있죠, 그리고 교과 수업에서 내준 리포트 등 과제가 있죠, 정말 바빠요.

‖ 왜 공부 더 안 가르치고 작업 시간을 많이 배정하느냐고 항의하는 부모나 아이는 없어요?

그건 없어요. 교육과정에 대한 설명을 듣고 동의를 하고 왔으니까요. 저희는 자본주의 사회에 필요한 노동력을 갖춰주려고 아이들을 키워내는 게 아니라 아이들의 발달 수준과 호기심 속도에 맞춰서 교육을 제공하고 있어요. 그게 진짜 공부죠. 또 정보 기술이 발달한 미래 사회에 필요한 역량 중심의 교육이기도 하고요.

‖ 보통은 미래 사회에 대비하려면 외국어도 능통하고, 과학과 수학 등의 개별 지식을 많이 갖춰야 한다고 생각하잖아요. 간디학교는 그런 교육 방향이 아닌데 미래 사회에 더 적합하다고요?

네. 미래 사회가 필요로 하는 아이들의 능력은 어려움을 당했을 때 협력해서 풀어내는 능력, 창의력, 나랑 어울리기 힘든 사람하고도 함께 프로젝트를 할 수 있는 것이에요. 근데 그런 능력은 지금과 같은 시험제도와 경쟁 교육 제도로 키워지기는 되게 힘들어요. 지금 교육 시스템에서는 경쟁을 하면 할수록 뭔가 뒤처지고 밀려나는 듯한 자괴감 내지는 자기부정적인 인식들만 쌓이잖아요. 스마트폰이 나온 이후 세상이 완전히 변했기에 이제는 그렇게 변화된 환경에서의 새로운 학습 능력이 좀 필요한 것 같아요. 그것은 결국 자기에 대한 긍정적인 마인드와 작은 것 하나라도 성공하고 성취해낸 경험들이죠. 다수는 아니지만 대략 간디학교 졸업생의 10% 정도의 아이들이 외국어로 공부하는 지역에 있어요. 그건 뭘 말해주냐면 자기 필요와 자각으로, 다른 청소년들이 청소년기의 긴 기간 동안에 했던 일들을 짧게 마무리하고 자기가 하고 싶은 일을 찾아간다는 의미거든요.

‖ 일반학교들이 다 입시에 올인하잖아요. 심지어 대안학교들도 그런 곳이 많고요. 고립된 느낌도 들 것 같아요.

그런 면도 있죠. 우리 생각이 확고하게, 과학적으로 증명된 신념은 아니잖아요. 다른 방식으로 다르게 성장할 수 있는 아이들이 여기 와서 이런 우리의 철학 때문에 '혹시 성장을 방해받는 건 아닐까'라는 의심은 항상 있지요. 그러면서도 대한민국에 이런 학교 하나 정도는 있어야 되지 않을까, 본인의 목표가 대학 진학이 아니라 내가 누구인 줄 알고 내가 할 수 있는 것이 뭔가를 발견하면서, 설령 발견 못 하더라도 존재 그 자체만으로도 행복감을 느낄 수 있는 그런 학교가 하나 정도는 어딘가 있어야 되지 않을까, 그런 생각은 해요.

잔소리 대신 책 가까이하도록

이병곤은 교육학을 전공한 교육전문가다. 고려대에서 학사와 석사를 마쳤으며, 런던대학교 교육연구대학원에서 박사과정을 수료했다. 귀국 뒤에는 광명시평생학습원장과 경기도교육연구원 전문연구원으로 일했다. 2017년 초부터 제3대 제천간디학교 교장을 맡고 있다.

‖ 4년 임기를 마치고 관두려고 했는데 학생들과 교사들한테 붙잡혔다고 들었는데 맞아요?

협박을 했죠, 협박을. '곤쌤 나가면 나도 나갈 거야'라고요. 하하.

‖ 대안학교는 일반학교와 분위기나 운영체제 등이 달라서 교장의 역할이 더 중요할 것 같아요.

우리 학교뿐만 아니라 웬만한 비인가 대안학교들은 민주적인 교사 공동체를 만들어야 되니까 교장의 리더십이 중요해요. 있는 듯 없는 듯해야 하고, 권한을 행사하지 않는 듯하면서도 중요한 문제에 대해서는 그때그때 판단해서 결정해줘야 하는 애매한 역할이에요. 농담 삼아 권한은 n분의 1인데 책임은 1분의 1이라고 얘기하죠. 그걸 잘못하면 학교가 혼란에 빠지거나 갈등의 중요 축이 되기도 해요.

‖ 그러면 필요한 리더십을 어떻게 발휘하세요?

저는 교사들과의 관계가 가장 중요하다고 생각해요. 그래서 선생님들하고의 의사소통을 하기 위한 여러 방법을 마련했고요. 예를 들면 제 달력에는 모든 선생님들의 생일날이 표시돼 있어요. 선물을 사서 손편지와 함께 드리는데 편지에는 그동안 하고 싶었던 얘기와 고맙다는 얘기를 써요. 그리고, 교사회의를 하면 마음의 찌꺼기가 남는 경우가 있어요. 일을 하다 보면 언쟁이 오가게 되고 해서 마음이 언짢잖아요. 그러면 저녁 때 두세 명이 모여 소주 한잔하면서 연락이 와요. 저를 필요로 하면 가서 얘기 들어주고 다독거려주죠. 또, 1년에 한 번씩은 모든 선생님들과 90분 이상씩 1대1 면담을 해요. 거기서 나온 내용을 기억했다가 업무를 하면서 자연스레 반영해 나가죠. 그런 작은 목소리에 귀를 기울이는게 중요한 것 같아요.

비인가 대안학교들이 대부분 그렇듯이 제천간디학교도 교육에 대한 열정과 아이들에 대한 사랑 등 교사들의 자발적인 헌신에 의존하고 있다. 이 학교 교사들의 급여는 정부가 정한 최저임금을 겨우 넘긴 정도다.

‖ 경기도 교육연구원의 전문 연구원이라는 안정되고 소득도 훨씬 높은 자리를 마다하고 왜 작은 대안학교로 오셨어요?

설립자이자 대안교육 1세대인 양희창 선생님이 도움을 요청하는 상황을 외면할 수 없었어요. 그때 우리 학교가 약간 어려움에 빠져 있었거든요. 그리고 제가 그동안 교육 철학이나 교육 정책에 관한 글을 쓰고 연구를 해왔지만 교육 현장에서 실천은 거의 안 했거든요. 그래서 '현장에 뛰어들 수 있는 마지막 기회가 아니겠는가'라는 생각을 했어요.

‖ 해보시니까 생각했던 것만큼 괜찮던가요?

공부하는 사람의 어떤 맹점 내지는 단점을 그대로 겪고 있어요. 여기 오면 그동안 공부했던 교육과정이나 방법론 등을 어떻게 하면 실천할 수 있을지를 고민하는 데 많은 시간을 쓸 줄 알았어요. 그런데 오히려 주방 조리사 선생님이나 학교 설비 맡아줄 분을 구하는 데 더 시간을 쓰더라고요. 하하. 그리고 구성원 간의 갈등을 조정하는 역할이 훨씬 많고요. 현실하고 이상은 늘 너무 많은 격차가 있죠.

이병곤은 대학에 들어갈 때부터 '교육'에 꽂혔다. 교육학과를 지망하는 아들에게 아버지는 "교육을 선택할 거면 차라리 영어교육과나 국어교육과에 가라, 그래야 교사로 취직이라도 할 수 있는 것 아니냐"고 했지만, 그는 교육학을 택했다. 대학원을 마치고 첫 직장을 교육 월간지인 《우리교육》을 택한 것은 그에게 자연스러웠다. 《우리교육》에서 3년 반을 기자로 일한 뒤 영국 유학길에 올랐다.

‖ 교육이라는 한 우물을 파고 있는 셈인데 소명 의식이 있는 건가요?

일단 사람을 이해하고 사람에게 영향을 끼치는 학문이라는 게 저한테는 가장 매력적인 것 같아요. 그리고 《우리교육》 편집실에서 만났던 선생님들의 모습에서 감동을 받았어요. 지금은 현장으로 복귀해서 정년퇴직할 나이가 됐지만, 정말로 자기 삶과 존재를 모두 걸고 학교와 아이들의 일에만 골몰하시는 참스승 열 명 곁에서 함께 일을 한 거예요. 그때 받은 충격과 감동의 영향력이 평생 지속되는 것 같아요. 정말로 대단한

"대한민국에 이런 학교 하나 정도는
있어야 되지 않을까, 본인의 목표가
대학 진학이 아니라 내가 누구인 줄 알고
내가 할 수 있는 것이 뭔가를 발견하면서,
설령 발견 못 하더라도 존재 그 자체만으로도
행복감을 느낄 수 있는 그런 학교가
하나 정도는 어딘가 있어야 하지 않을까,
그런 생각은 해요."

교사들이셨어요.

Ⅱ 왜 학위를 안 받고 돌아왔어요?

가정도 있는데 학비와 생활비를 벌면서 공부하느라 지치기도 했어요. 그리고 무엇보다 나한테 중요한 건 실천이었는데 학위에 목매느라고 시간을 길게 보내는 게 앞뒤가 안 맞는 것 같다는 생각이 들어서 학위를 포기했죠.

이병곤은 임기를 마치면 제천간디학교 경험을 토대로 학생들이 어떻게 배우는지, 효과적인 가르침은 어떻게 이뤄지는지, 그리고 대안학교를 졸업한 아이들은 무슨 생각을 하면서 어떻게 사는지 등을 추적한 책을 써볼 계획이다. 대안학교는 교육의 미래라고 생각하기 때문이다.

공교육의 미래인 대안학교에 관심을

Ⅱ 교육 문제는 사회 전반적인 시스템이나 문화 등과 긴밀하게 연관돼 있지만, 부모들의 초조감이나 불안감이 부채질하는 면도 많은 것 같아요. 좋게 말하면 교육열이기도 하지만요.

네, 맞아요. 어찌 보면 집단사고일 수도 있죠. 근데 그 집단이 국가나 전체 사회인 것에 비해 개인의 생활이나 경험 세계가 좁다 보니까 나라 바깥을 상상하기가 되게 어렵죠. 결국 주어진 시스템 안에서 최적화된 전략을 각 가정마다 짜는 거죠. 그 바깥을 상상하고, 바깥에서도 잘 살 수 있다는 것을 보여주는 게 저는 대안학교의 역할이라고 믿어요. 그렇게까지 아이들을 압박하지 않아도 새로운 가능성을 보는 부모들의 행복한 성공담 같은 것들이 좀 많이 알려졌으면 좋겠어요.

‖ 대부분의 부모들은 교육 불안증에 시달리고 있죠. 대안학교에 못 보내더라도 아이를 어떻게 대하고 키우면 좋을까요?

청소년기에 자녀와 부모 사이에 발생하는 문제는 대개 부모가 아이들한테 관심을 덜 기울여서가 아니라 너무 많은 관심으로 지나치게 아이의 삶에 개입하기 때문에 발생하는 것 같아요. 저는 흔히 이런 표현을 써요. '아주 깊은 애정이 담긴 무관심'이 필요하다고요. 참 힘들기는 한데, 애정을 갖고 지켜보면서 아이들이 숨 쉴 수 있는 공간을 마련해 주는 게 부모 역할인 것 같아요. 초등학생과 중학생 부모가 조금 다를 수는 있는데요, 특히 중·고등학생일수록 부모님 입장에서는 해줄 것도 많고 해줄 말도 많겠지만, 그 마음의 5분의 1 정도 수준으로 개입을 줄여야 한다고 봐요. 아이가 주도적으로 뭔가를 끌어가기를 원한다면 정말 자제해야 해. 그래야 아이의 자생력이 생겨나거든요. 운전면허로 비유를 들면, 우리가 면허증을 따고 운전에 익숙해지기까지는 도로주행을 할 때 몇 번의 사고 위험이 있잖아요. 그걸 겪지 않으면 능숙한 운전자가 되기 힘들죠. 그것처럼 아이가 스스로 일을 감당하게끔 하지 않으면 평생 부모님이 아이 운전석에 앉아 계셔야 돼요. 그만한 불행이 없잖아요. 그것을 막으려면 아이들의 시간과 공간을 충분히 확보해 줘야 해요. 그런 방식이 우리 시대에 가장 현명한 양육이 아닐까 생각해요.

‖ 선생님은 아이들 키울 때 그런 원칙을 지켰겠죠?

그대로 하려고 했는데 제대로 못 했어요. 우선 아내하고 의견 일치를 보기가 어려웠고요. 그리고 제가 바깥일에 바빠서 아이들과 보내는 절대 시간이 모자랐어요. 미안하고 아쉽죠.

이병곤의 큰아이는 운동에 관심이 있어서 사격부가 있는 고등학교에 갔고, 미술을 좋아한 작은아이는 예고에서 미술을 전공했다. 지금은 둘 다 대학을 졸업하고 일하고 있다.

‖ 만약 아이들이 지금 중학교 갈 나이가 됐다면 대안학교에 보낼 생각이 있나요?

있죠. 아이만 원한다면 저는 보내고 싶어요. 특히 미래 사회를 내다본다면 더 재밌고 좋을 것 같아요. 틀에 갇히지 않고 정형적이지 않은 사고로 자신들의 방식대로 삶을 추구하는 사람들이 미래 사회의 파도를 훨씬 더 잘 타고 넘어갈 게 분명하거든요.

‖ 자녀교육은 누구에게나 어렵군요. 아이들과 같이 있을 때 가장 중점을 둔 건 뭐였어요? 친밀감 확보인가요?

친밀감이기도 한데, 뭔가를 더 많이 해주려고 하기보다는 애들이 싫어하는 걸 안 하려고 했어요. 특히 청소년기에는 반복된 잔소리를 되게 싫어하니까 잔소리를 안 하려고 애썼어요. 자기들 일에 간섭하거나 관여하지도 않았고요. 대신 책 등 텍스트를 가까이할 수 있도록 여러 신경을 썼어요. 다행히 큰 녀석은 《한겨레21》이나 《시사인》 같은 시사 잡지를 많이 봤어요. 읽다가 모르는 것이 있으면 저한테 물어보기도 하고요. 텍스트를 해석하고 내면화하는 능력은 되게 중요해요. 독서는 단순히 언어 교육이나 국어 교육이라기보다는 다른 형태의 학습으로 건너가기 위한 중요한 징검다리 역할을 하거든요. 학습 능력에는 수리력이나 공간 지각력 등 여러 가지가 있지만, 언어 능력이야말로 모든 학습의 기초죠. 아이들이 가정에서 책 등 텍스트를 가까이하도록 이끌기만 해도 부모로서는 정말 엄청난 업적을 이루는 겁니다.

대안학교는 교육 실험과 혁신의 전초기지다. 실제로 경기도의 혁신학교나 서울시교육청이 시행하고 있는 고교 1년 과정의 오디세이학교는 제천간디학교 등 대안학교를 모델로 삼은 부분이 많다. 일반학교들도 대안학교가 실천적으로 증명한 프로젝트 수업 등을 벤치마킹하고 있다.

그러나 교사 모집과 학교 운영에서 자율성을 유지하기 위해 '비인가'를 고수하는 대안학교들은 비인가라는 이유로 공적 지원을 받지 못하고 있다. 교사들의 헌신과 학부모들의 뒷받침만으로 교육의 최일선을 걷고 있다. 제천간디학교의 학비는 매달 82만 원(기본학비 47만 원+생활관비 35만 원)이다. 이병곤이 말미에 강조한 말이 귓가에 오래 남았다.

"대안학교 현장의 현재가 공교육의 머지않은 미래라고 늘 생각해왔어요. 그것은 대안교육의 역사를 공부하면 바로 나옵니다. 그렇기 때문에 현재 옆에 와 있는 미래를 잘 들여다보고, 협력할 수 있는 것들을 손 내밀어서 함께 가면 좋겠어요. 그게 우리 아이들을 살리고, 우리 사회의 교육적인 진보를 위해서 한 걸음 내딛는 일이라는 점을 말씀드리고 싶습니다."

후기

학생들과 학교 분위기를 자세히 살펴보려고 일부러 점심시간에 맞춰서 제천 간디학교에 도착했습니다. 이병곤(57) 교장 선생님과 함께 작은 식당에 줄을 서서 각자 식판에 밥과 반찬을 받아서 빈자리에 앉았습니다. 식당에서는 두 가지 모습에 놀랐습니다. 하나는 식판을 든 학생 하나가 선생님 3명이 앉은 자리에 스스럼없이 찾아가서 반갑게 인사하고는 함께 대화를 하면서 밥을 먹는 모습이었습니다. 다른 하나는 식사를 마치면 각자 식판과 수저를 세제로 깨끗이 씻은 뒤에 당번 학생에게 청결 검사를 샅샅이 받는 것이었습니다. 교장 선생님도 불합격 판정을 받아서 다시 씻은 적이 여러 번 있었다고 했습니다. 물론 저도 식판을 씻었고, 한 번 만에 검사를 통과했습니다.

자율수업날인 이날 학생 각자가 도서관에서 책을 읽거나, 대강당 한편에 있는 피아노를 치거나, 운동장에서 공을 차는 등등 자기가 하고픈 '공부'를 하는 것도 신선했습니다. 그 정도는 사실 아무것도 아니었습니다. 진짜 놀란 것은 6학년 교실에서였습니다. 지면에 쓸 단체 사진을 찍기 위해서 교장 선생님이 교내 여기저기를 직접 찾아다니면서 "괜찮은 사람은 운동장에서 잠시 같이 사진을 찍자"면서 협조를 구할 때였습니다. '제 눈에는' 놀라운 광경이 있었습니다. 장판 바닥으로 된 교실에서 담요를 대충 걸치고 누워 자는 학생도 있었지만, 교장이 와도 누구도 그를 깨우거나 방해하지 않았습니다. 교장도 마찬가지로 '쟤는 왜 자느냐'고 묻지도 따지지도 않았습니다. 그 교실에서 나오면서 "자율수업도 수업인데 일어나라고 왜 안 했어요?"라고 물었더니 "그 학생은 지금 휴식이 필요한지도 모르잖아요. 모든 것을 자율적으로 하는 아이들이니까요"라는 대답이 돌아왔습니다.

아이들 표정이 정말로 밝게 빛나는 이유를 비로소 알 것 같았습니다.

(2021년 9월 8일 인터뷰)

"제겐 시보다 삶이 더 중요합니다"

18

송경동

거리의 시인

1967년 전남 보성에서 태어났다. 노동자 출신의 시인이자 사회운동가이다. 1992년 구로공단을 찾아 노동자문학회 활동을 시작했고, 1998년 진보 문예지인《삶이 보이는 창》을 만드는 등 다양한 일을 펼쳐왔다. 2006년 첫 시집 『꿀잠』을 낸 이후 『사소한 물음들에 답함』, 『나는 한국인이 아니다』 등을 출간했다. 2011년 부산 한진중공업 희망버스를 기획했으며, '전문시위꾼'이라는 별명으로 불릴 정도로 비정규직 등 사회적 약자들의 투쟁에 앞장서왔다.

"나와 우리가 진정으로 겪고 있는/ 가장 엄중한 산재는 이것이 아닐까/ 더 이상 희망을 말하지 못하는/ 다른 세계를 꿈꾸지 못하는/ 이 가난한 마음들, 병든 마음" (「나의 모든 시는 산재시다」)

송경동 시인의 시는 대부분 삶의 투쟁 현장을 노래한다. 우아하고 아름다운 시구가 아니라 분노와 슬픔의 문장이다. 그의 시들은 용광로에서 막 나온 쇳물처럼 뜨겁다. 『꿀잠』과 『사소한 물음들에 답함』, 『나는 한국인이 아니다』 등 그동안 나온 3권의 시집은 시인이 평온한 한국 문학계에 던진 불온한 도전이다.

그러나 송경동은 이른바 문단을 기웃거리지 않는다. 해고 노동자들의 장기 농성장이나 세월호 유가족 등 억울하고 힘든 이들이 온몸을 던지는 길바닥, 시민들이 연대하는 광장에 늘 머문다. 평택미군기지 이전을 막기 위한 대추리 대추분교 싸움(2006년), 광우병 쇠고기 수입 반대를 위한 촛불시위(2008년), 콜트-콜텍 해고 노동자들의 투쟁(2008년), 용산 철거민 참사 사건 투쟁(2009년), 기륭전자 해고 노동자들의 투쟁(2010년), 한진중공업 희망버스 투쟁(2011년), 쌍용자동차 투쟁(2012년), 세월호 참사 투쟁(2014년), 노동법 개악 저지 투쟁(2015년), 박근혜 퇴진 촛불혁명(2016~2017년), 한진중공업 해고 노동자 김진숙 씨 복직을 위한 47일간의 청와대 앞 단식(2021년초 겨울) 등이 대표적이다. 비정규직 노동자 문제와 관련해서는 2008년 '비정규직 없는 세상 만들기 네트워크'(비없세)라는 상시적인 연대 투쟁단체를 만들었다.

물불 안 가리고 온몸을 던지는 싸움꾼

이런 그를 두고 일부 언론과 경찰 등은 '전문시위꾼', '싸움꾼', 심지어 '자해공갈단'이라고 부른다. 실제로 그는 싸울 때는 앞뒤 재지 않고 온몸을 던진다. 구로공단의 기륭전자 비정규직 노동자들의 농성장을 지키기 위해 굴착기 관절 속으로 자신의 다리를 끼워넣고, 전깃줄에 매달려 싸웠다. 대추리 투쟁 때는 경찰이 던진 벽돌에 맞아 머리가 깨져 병원에 실려갔으나 상처에 반창고만 붙인 채 또다시 싸움 현장으로 달려갔다. 광화문 촛불시위 때는 자칫 군경의 진압 탱크에 깔려 집으로 돌아가지 못할 수도 있다고 생각하면서도 광장을 지켜야 한다는 일념에서 광화문 캠핑촌을 앞장서 만들고는 넉 달 반 동안 그곳에서 살았다. 김진숙 복직, 파인텍 노동자 투쟁 등 힘없고 약한 이들의 싸움을 위해 두 번이나 단식에 돌입한 것도 송경동의 심장이 얼마나 뜨거운지를 잘 보여준다.

‖ 그동안 싸운 것들을 보면 자기 자신과 직접적인 이해관계가 있지는 않은데요.

내 싸움도 아닌데 왜 그렇게 열심히 싸우느냐고 사람들이 묻곤 해요. 왜냐면 저 역시 투쟁의 당사자이기 때문이죠. 내가 생각하고 추구하는 세상이나 인간관계, 사회관계를 이루기 위한 일이거든요. 부당한 노동탄압이나 분배구조, 폭력적인 권력관계를 부수기 위해 함께 싸우는 거지, 직접적으로 피해를 당한 그들의 투쟁을 착한 시민으로서 제가 도와준다는 생각은 전혀 없어요. 그런 것은 어찌 보면 건방진 얘기일 수 있고요. 새로운 공동체나 국가의 모습 등 제가 꿈꾸는 세계를 위해서 수많은 사람들과 함께 연대해서 가는 거죠. 그 과정에서 제 몫의 실천과 연대를 보태는 것뿐입니다. 남의 일을 제가 돕는다는 생각은 그동안 없었어요.

‖ 꿈꾸는 세계를 이루기 위해서 싸운다고요? 그게 어떤 모습의 사회인가요?

제가 꿈꾸는 사회는 과거 개념으로 보면 일종의 사회주의적인 이상의 세계가 아니겠는가 싶긴 해요. 인류가 한번 그런 실험을 해본 결과 그 자체도 모순이거나 실수, 실패가 있기는 했죠. 그러나 모두가 조금은 더 행복하고 서로 존중되고 자기 자신을 자긍하며 살아갈 수 있는 사회에 대한 꿈, 그런 가치나 지향으로서의 사회주의적 이상과 꿈은 여전히 유효한 것이 아닌가 싶어요. 자본주의가 전면적으로 승리해 온 것처럼 보일지 몰라도 실제로는 많은 부분에서 불합리하고 부조리하고 반인간적이고 반사회적인 체제라는 건 대부분의 사람들이 얘기하고 있잖아요. 하다못해 미국의 금융 대자본가들도 인간의 얼굴을 한 자본주의가 필요하다느니, 자본주의 3.0, 4.0이 필요하다고 얘기하잖아요. 어찌 됐든 간에 내용적으로 자본주의의 폭력적인, 독점적인, 차별적인 구조를 넘어서야 하는 게 제1의 과제라고 봅니다.

‖ 자본주의 구조를 넘어서기 위해서는 혁명이 필요한 것 아닌가요? 시인께서는 아직 그런 혁명을 꿈꾸고 있나요?

맞아요. 저는 그런 혁명을 꿈꾸는 사람들 중 한 사람인 것 같고요. 제가 아직 수양이 부족해서 스스로 혁명가나 전사, 투사 이렇게 붙이는 것은 굉장히 조심스러워요. 20대부터 구로공단에서 30년 넘게 사회운동을 계속해 왔지만, 제 입에서 혁명이라는 말을 본격적으로 써본 적이 없어요. 그런 말을 쓰려면 정말 혁명가처럼 살아야 하는데 저는 아직 학습이든 실천이든 결의든 그런 것에서 부족한 것이 많은 듯해서 늘 부끄러움이 있어요. 저의 결의나 이런 게 좀 더 높아진다면 어느 순간에는 그런 경외스러운, 범접하기 힘든 삶으로도 가보고 싶은 생각은 있죠.

전교 꼴찌를 노렸던 아웃사이더

송경동이 꿈꾸는 새 세상은 경제체제로서의 자본주의를 극복하는 것에 고정돼 있지 않다. 사물의 본질을 꿰뚫어보는 시인답게 그의 생각과 실천은 여성주의와 생태혁명 등 우리 삶의 근본적 변화에까지 가닿아 있다.

‖ 페미니즘이나 기후변화 등에 대해서도 발언을 자주 하고 있는데요.

지금 한국 사회에서 진행되는 사회혁명 중 하나는 미투로 촉발된 성평등 운동이라고 생각해요. 이건 박근혜 퇴진보다 더 중요하고 소중한 혁명인 거죠. 일상의 혁명일 수 있고, 우리의 기존 가치관의 혁명일 수 있다고 봐요. 저도 가지고 있을 작은 박근혜 같은 나, 작은 김기춘 같은 나를 되돌아보고, 인간관계나 권력관계, 억압과 차별, 배제 이런 것을 바로잡고 성평등으로 가야 합니다. 그런데 이 사회는 일부 급진적 페미니스트의 주장이라면서 그 의미를 폄하하고 축소시키고 있죠. 참 너무하다 싶어요.

기후 위기와 관련해서도 새로운 각성이 필요하다고 봐요. 코로나는 생태계가 파괴돼서 발생하는 자연의 발악 같은 거잖아요. 앞으로 새로운 변이나 위험들이 계속 생겨날 거고요. 그래서 인간 중심으로 자연을 대상화해서 무한한 생산과 과잉 소비로 우리의 터전인 자연을 훼손해왔던 문명의 전환을 이뤄야 해요. 자연과 공존하면서 다른 생명체들을 존중하는 삶을 사는 것 말이죠. 이런 과제들은 부차적인 것이 아니라 자본의 문제를 극복하는 것과 동일하게 중요한 일입니다.

Ⅱ 그렇게 끊임없이 사회 문제들에 대해 예민하고 치열하게 쫓아다니는 동력은 뭔가요?

우스갯소리로 제가 못 배운 놈이니까 가능했던 것 같아요. 못난 놈으로서 자기 해방이 필요했었기 때문이 아닌가 싶어요. 그리고 많이 배우고 뭘 알면 고려하는 게 많고 그렇잖아요. 그리고 제가 비정규직 노동자로서 노동 현장에서 느꼈던 슬픔이나 아픔, 연대감과 꿈 이런 것들이 여전히 남아 있어요. 그게 저를 서게 하는 힘이 아닌가 싶어요.

송경동은 1967년 전남 보성군 벌교읍 장터에서 장사하는 집안의 3남 1녀 가운데 둘째로 태어났다. 바닥이 질척거리던 장터, 악다구니 쓰면서 살아가는 사람들 등 주변 환경도 열악했지만, 아버지의 도박과 이로 인한 가정불화로 집안 분위기가 늘 "습지고 어두웠다". 그런 서민들의 삶은 송경동 문학의 자양분이 됐지만, 어린 송경동에게는 힘들고 괴로웠다. 그가 청소년기에 유일하게 받은 칭찬의 말은 중학교 2학년 국어 시간 때였다. 숙제로 써 간 '봄비'라는 시를 본 선생님이 "너는 시를 잘 쓰는구나. 앞으로 시를 쓰면 좋겠구나"라고 격려했다. "나도 잘하는 것이 하나 있구나"라는 생각을 가슴에 품은 아이는 시간 날 때마다 학교 도서실에서 여러 책을 읽곤 했다. 광주에 있는 인문계 고교로 진학한 송경동은 도시 생활에 적응하지 못했고, 왈패 친구들과 어울렸다. 다행히 문예반 활동에 정을 붙였지만, 2학년 때 광주시 고교 연합

시화전을 준비하던 중에 5·18과 관련된 학생들의 작품을 이유로 학교에서 야단을 맞은 뒤 문학에서도 한참 떠나야 했다.

‖ 고교 때는 문제아였다고요?

여러 가지가 싫어서였겠지만, 부모와 권위에 대한 반항심 등으로 일부러 위악적으로 굴었던 것 같아요. 그러면서 엇나간 거죠. 완전 멍청한 놈은 아니어서였는지 공부를 조금씩은 했던 것 같은데 문제아로 가면서 공부에서 손을 완전히 놨어요. 나중에는 전교 꼴찌를 목표로 해서 시험 때 책상을 아예 복도로 빼버린 채 밖으로 놀러 다니기도 했어요. 밤에는 함께 어울리는 친구들과 뒷골목을 쏘다니기도 했고요.

‖ 그나마 문예반 활동은 좋아했다면서요?

맨날 사고 치고 다니면서도 문예반은 해보고 싶어서 적을 뒀어요. 지금 생각하면 ‘너 시를 잘 쓰는구나’라는 중학교 때 국어 선생님의 칭찬 한마디가 정말 고마워요. 제가 문학을 하게 된 여러 동기 중에 하나가 바로 그거였거든요. 그때까지 저는 집이나 학교에서 칭찬받고 존중받아 본 적이 없었어요. 그런데 그 칭찬이 저를 결국 시로 이끌었죠. 가끔 학교 가서 이야기할 기회가 있으면 선생님한테 그런 당부를 해요. ‘문제아 같은 친구들이 뭘 잘하는지를 살펴보고 꼭 칭찬 한 번씩 해주면 좋겠다’고요.

현장 화장실에서 했던 시 공부

고교 졸업을 앞두고 그는 남의 돈을 빼앗는 철없는 사고를 쳤다. 당시 쫄딱 망했던 아버지는 변호사를 구하지 못했고, 도와줄 사람이 없는 송경동은 꼬박 2년을 소년원에서 보내야 했다. 그곳에서 문맹반 반장을 맡아 한글조차 모르던 또래 원생들을 가르치면서 '유전무죄, 무전 유죄'의 현실과 사회적 불평등의 실상을 목격했다. 1987년 출소한 뒤 무조건 서울로 올라갔지만, 그의 삶은 여전히 수렁에서 허우적거렸다.

‖ 첫 서울 생활에서는 술집 삐끼에 이어 파친코 주변을 어슬렁거렸다고요?

네, 그때 고전무용도 잠시 배워봤어요. 파친코 단골 손님이 권해서 했는데 어느 날 이렇게 사는 건 아니다 싶어서 부모님이 이사해서 살던 순천으로 도로 내려갔어요. 그때는 제 인생에서 완전히 바닥이었어요. 전과자라는 낙인과 멍에에서 놓여나서 그저 남들처럼 평범하게만 살 수 있으면 행복하겠다고 생각했어요. 그래서 목수 조공 일을 배워서 '새끼 목수'로 일하다가 더 많은 돈을 벌려고 여천 석유화학단지와 광양제철소 현장, 서산 석유화학단지 등 건설 현장에서 플랜트 배관공, 용접공으로 일했어요. 조금이라도 더 벌어서 잘살아보는 게 꿈이었으니까 죽어라 일했죠. 잔업 좀 시켜달라고 현장소장한테 제가 부탁하고, 철야도 자청할 정도였죠.

그렇게 돈벌이에 재미가 붙어가던 즈음의 어느 날 저녁, 공사 현장이 있던 충남 서산의 어두운 골목을 지나다가 갑자기 튀어나온 사람을 차로 치어 부상을 입히고 말았다. 자신의 차가 보험기간이 끝난 줄도 모르고 끌고 다니다 낸 사고였다. 이 일로 또다시 3개월 징역살이를 해야 했고, 그동안 모았던 돈은 합의금으로 몽땅 다 날렸다. 이 일을 겪으며 "다시는 돈을 좇아서 살지는 않겠다"고 다짐했다.

‖ 젊은 나이에 돈을 좇지 않겠다는 결심을 하는 것은 쉽지 않은 일인데요.

집안도 가난하고 배운 것도 없고 해서 한때는 돈을 목표로 했죠. 돈밖에는 내가 이룰 수 있는 게 없다고 말입니다. 그렇게 살아봤는데 그래도 채워지지 않는 게 늘 있더라고요. 인간적 고독 비슷한 게 있었어요. 그런데 나중에 생각지도 않게 사고가 났는데 보상해주느라 싹 털린 거죠. 그러고 나니까 아무것도 안 남는 거예요. 노동의 과정과 애써 일했던 시간이 돈으로 환산되긴 해도 별안간 아무것도 안 남는 것을 보고는 그냥 열심히 일하는 게 중요한 것이 아니라는 것을 깨달았어요. 어차피 이런 식으로 살아야 한다면 노동을 하더라도 내가 해보고 싶은 걸 하면서 살아야겠다는 생각이 문득 들었어요.

‖ 그런 생각을 할 즈음 문학학교라는 것을 알게 됐고요?

네, 우연히 한길문학학교라는 곳에서 학생을 모집한다는 광고를 봤어요. 순천에서 배관공으로 일할 때여서 누가 하는 학교인지 몰랐지만, 학창시절부터 해보고 싶었던 문학을 가르쳐준다길래 한번 해보고 싶었어요. 좀 다르게 살아보고 싶었거든요. 내 처지는 평생 노동자로 살아야 할 운명인 것 같았지만, 중간에라도 내가 해보고 싶었던 것을 한다고 해서 잃을 건 없지 않느냐는 생각을 했어요. 어차피 바닥이었으니까요. 그래서 용기를 냈죠. 불합격하면 해외 건설 현장으로 나갈 생각이었는데 다행히 합격했어요. 제 수중에는 돈이 한 푼도 없어서 아버지에게 차비 3만 원을 빌려 옷가지 몇 개를 담은 가방 하나만 들고 두 번째로 상경했죠. 그때가 1991년 여름이었어요.

> 1991년 하반기에 문을 연 한길문학학교는 '한국의 고리키 문학학교'를
> 표방했다. 출판사인 한길사가 만든 학교로, 정희성과 이시영, 김남주
> 시인 등 진보적 문인들이 중심이었다. 오랫동안 문학을 손 놓고 있었
> 던 송경동은 고 김남주 시인을 이름이 비슷한 김남조 시인으로 착각할
> 정도로 그들이 누구인지도 몰랐다.

‖ 문학학교 생활은 어땠어요?

 문학학교가 서울 강남 신사동에 있었어요. 저는 벌어먹고 살아야 하
니까 야간 수업을 신청했어요. 낮에는 건축 현장 등에서 이른바 노가다
일을 했는데 늘 손톱 밑에 기름때와 흙 등이 새까맣게 끼어 있었어요. 당
시는 20대 초반의 나이여서 그런 손으로 교실에 가는 게 무척 창피했어
요. 학생들 대부분이 번듯한 직장을 다니거나 대학을 나온 사람들이었
거든요. 그래서 일주일에 두 번 수업에 갈 때는 세면장에 가서 손을 박박
문질렀지만, 그게 다 안 지워져서 수업 시간에는 손을 동그랗게 말아쥐
고 있었어요.

> 그때 평범했던 그의 마음은 "…전철이나 버스 손잡이를 잡지 않던 손/
> 악수하기를 꺼리던 손/ 손톱 밑에 검은 때가 끼어 있던 손/ 괭이가 박
> 혀 있던 손"이라는 시(「손」)에 담겼다.

‖ 문학 공부는 그야말로 주경야독이었군요.

 저녁에도 공부하기가 어려운 상황이었어요. 몸을 편히 눕힐 곳이 없

었거든요. 처음에는 돈이 없으니까 신축 중이던 건물 지하 콘크리트 바닥에 스티로폼을 깔고 잤어요. 그러다가 일용노동자들이 묵는 잡부 숙소에도 있었고, 나중에는 지하철 공사장 함바 숙소에서 오래 있었어요. 지하철 공사장에서는 보통 20m 높이의 철골(H빔) 위에서 지지대 등을 용접하는 일을 주로 했어요. 폭 30cm의 좁은 철골 위를 걸으면서 하는 작업이 위험하다면 여러 명이 자는 숙소에서 책 펴놓고 공부하는 것은 고역이었어요. 그런 데서 문학이니 역사니 하는 그런 책을 펴놓고 있으면 창피하기도 하고 이상한 놈으로 비칠 것 아니겠어요? 그래서 다른 사람들이 잘 때 촛불을 켜놓고 주로 공부했죠. 또, 일하다가 쓰고 싶은 글감이 떠오르면 작업 현장의 화장실에 달려가서 쭈그리고 앉아 아무 종이에나 끄적거리곤 했어요. 그게 저의 시 공부였어요. 그러면서 제 삶에서 느꼈던 문제의식 이런 것들이 문학을 통해서 조금씩 정리가 되어갔던 것 같아요.

  이제 송경동은 때 묻은 손을 더 이상 창피하게 여기지 않았다. "어이, 하며 저쪽 철골 위에서 환하게 흔들던 손/ 야, 임마 하며 반가워 손아귀를 꽉 쥐면 얼얼하던 손/ H빔 위에서 떨어질 뻔한 내 등을 꼭 붙잡아주던 그 손"(「손」)이라며 오히려 때 묻은 노동자의 손을 당당하게 바라보게 됐다.

남들 떠날 때 구로공단으로 가다

∥ 문학학교에서 1년을 공부한 뒤에는 서울 구로공단으로 거처를 옮겼잖아요. 서울 강남에서 공부하다가 왜 하필 구로공단이었어요?

저 스스로가 어린 청년 비정규직 노동자로 살면서 열심히 사는 사람들이 왜 비참하게 천대받으면서 살아가는가 하는 의문을 자연스럽게 느꼈고, 문학 공부를 하면서는 그런 사람들에 대한 이야기를 글로 써봐야겠다는 생각을 했어요. 저와 비슷한 삶을 살고 있는 노동자들 곁으로 가서 왜 이런 모순이 있는 건지, 소외와 배제, 차별이 왜 있는 건지에 대해 이야기를 써보고 싶었어요. 그러려면 그런 노동운동이나 사회운동을 통해서 좀 더 배우고, 그런 운동에 함께 나아가야 하는 것 아니냐는 생각을 했는데 마침 구로에 노동자문학회가 있다는 얘기를 문학교실에서 듣고는 내가 갈 곳은 저곳이겠다 해서 제 발로 찾아가게 된 거죠. 구로노동자문학회는 1987년 민주화 이후 전국 여러 곳에서 생긴 노동자문학회 중 하나였죠.

∥ 1992년쯤은 노동운동가들이나 이런 사람들이 구로공단을 빠져나오던 시절 아닌가요?

그랬죠. 당시 소련이 무너지는 등 동구 사회주의 나라들이 붕괴하던 때여서 운동하던 사람들이 구로공단을 떠나가고 있었어요. 제가 노동의 중심으로 들어가겠다고 하니까 많은 동료들과 선배, 심지어 선생들까지도 '이제 시대가 변했어. 아직도 노동문학을 하려고 해? 정신 차려'라는 얘기를 했어요. 그런 말을 들을 때마다 외롭고 쓸쓸하기도 하고 힘겹기도 했어요. 그래서 문단이라는 곳이나 쫓아다니며 살아야 하는가라는 압박감도 느꼈고요. 그런데 다행스럽게도 저는 저의 길을 묵묵하게 지키면서 살아온 것 같아요. 저는 노동문학이라는 장르 문학을 한다고 생각했던 게 아니라 사회혁명, 인간해방, 노동해방을 지향하는 문학을 추구한다고 생각하거든요.

송경동은 구로공단에서 노동자 문학교실 등을 열어 노동자들의 글쓰기를 돕고 지역운동에도 앞장섰다. 일의 범위를 조금씩 넓혀가던 그는 1998년 진보생활문예지인《삶이 보이는 창》을 몇몇 작가, 활동가들과 함께 만들어 7년 가까이 상근했다. 노동자들의 일상적인 글쓰기를 목표로 한《삶이 보이는 창》은 한진중공업 해고 노동자 김진숙 씨의 글이『소금꽃나무』로 묶이기 전에 이를 찾아 싣기도 했다. 송경동은 또 '여성 노동자 글쓰기 교실'과 '르포문학교실' 등을 만들어, 청계천 도시 빈민들의 르포집인『마지막 공간』과 용산 참사 당시 철거민들의 삶과 투쟁을 다룬 르포집『여기 사람이 있다』등을 출간하는 데 역할을 하기도 했다. 이 시기 그는 자신의 역할을 노동문학의 '마당지기'이자 노동자들과 운동가들의 활동 공간을 이어주는 '실무자'로 스스로 위치지었다.

‖ 시인 송경동 문학의 뿌리가 구로공단인가요?

구로공단과 고향 벌교가 다 뿌리에 포함되어 있겠죠. 고향의 오일장 터에서 죽어라 노동하며 살았던 부모와 이웃들이 제 문학의 큰 자양분이에요. 아버지가 다른 출구가 없으니까 일하다 지치면 읍내에서 친구들 만나서 노름을 했어요. 그걸 우리 어머니는 못 견뎌서 서로 싸우고, 거기서 오는 상처 이런 게 다 문학의 자양분이 됐던 것 같아요. 그리고 저를 자학하면서 아웃사이더로 보낸 학창 시절, 바닥의 삶을 본 소년원 생활, 비정규직 노동자의 삶, 그런 것들이 무엇과도 바꿀 수 없는 제 인생의 자양분이자 문학의 자양분이죠. 지금 좀 쫓아다니고 있는 사회운동의 자양분이기도 하고요. 구로동에서 문학운동이든 노동운동이든 지역운동이든 그런 걸 하면서 배웠던 것들도 정말 다 소중하고요. 그 과정에서 수많은 사람들이 나의 교사였을 거잖아요. 어떤 때는 증오스럽고

밉기도 했었던 사람들이나 사건도 있었지만, 그런 것 자체도 저를 단련시키고 다시 노력하게 했던 배움의 기간 아니었겠는가 싶어요. 고맙죠, 모든 것에.

‖ 1991년에 문학 공부를 시작해서 첫 시집은 2006년에야 나왔어요. 많이 늦은 셈인데요.

저는 20대 때 내 글을 쓰려면 세상이나 사람들에 대해서 좀 알아야 한다, 제 개인 작품은 마흔쯤 돼서 한다는 쓸데없는 생각이 있었어요. 저 개인이 시인이 되는 이런 것에 대해서는 급하게 생각하지 않았어요. 제가 무엇을 한다기보다는 많은 문학인들이 첨예한 사회운동이나 사회적 의제에 함께 발을 딛고 예민한 정치적, 사회적, 역사적 상상력과 문화적 상상력을 같이 이야기하면서 가는 게 중요하다고 생각했어요. 그걸 위해서 노동문학이나 참여문학을 하는 데서 실무자로 사는 것이 내 역할이라고 생각했던 거죠. 그런데 그런 마당을 아무리 깔아놔도 사람들이 거기에서 놀려고도 않고 거기서 춤추려고도 않더라고요. 외롭고 쓸쓸했죠. 그래서 나라도 해야겠다는 생각에서 뒤늦게 조직 활동가로서의 기본적인 투쟁은 하되 문학 쪽으로도 현장에서 필요하다면 그때그때 싸움을 위해서 글을 쓰자고 마음먹었죠. 누가 나에게 이 길을 가라고 하지는 않았지만, 이제 내가 전선의 광대처럼 살아보겠다고 결심하고 전국의 투쟁 현장을 다니기 시작했죠. 첫 시집(『꿀잠』, 2006년)이 마흔 살에야 나왔으니 저와의 약속은 지킨 셈이죠.

‖ 왜 외롭고 쓸쓸해요? 함께 문학 활동을 하는 사람들이 없어서인가요?

그런 사람이 전혀 없는 것은 아니고, 적어서 외로울 때가 많죠. 근데

"제가 인간답게 사는 게 먼저이고
중요한 것이지, 시인이라는 명예나
위상이 더 중요한 건 아니거든요.
그리고 어떤 인간다운 삶이 중요하다면
시를 버릴 수도 있다는 생각도 해요.
그렇지만 저는 시를 좋아하고 사랑하고
어쩌다 보니 제가 다른 사람에 비해
그나마 잘할 수 있는 게 시라는 형식이기
때문에 그걸 소중하게 생각하죠."

제가 외로운 걸 떠나서 그건 사회적으로 좋은 게 아니에요. 1,100만 명의 비정규직 노동자가 있고, 자본의 독점이 점점 심해지는 전대미문의 사회체제에서 그런 문제를 많은 사람들이 얘기해도 부족할 판에 그런 사람들이 거의 없다는 것이 슬프죠. 그런 측면에서 문화예술인들이 고민해야 한다고 봐요. 문화예술은 놀이나 향락의 도구가 아니잖아요. 좋은 문화예술의 역할은 마음의 양식이 되어야 하고, 시대의 제사장 같은 역할, 어떻게 보면 제2의 언론이나 제3의 사법기관이라고 생각하거든요. 그런 사회적 역할을 못 하는 데에 대해 반성이 필요한 것 아닌가 하는 생각이 들어요.

> 노동자 시인 송경동의 시는 쉽다. 노동자의 일상을 그린 시, 노동 차별과 배제를 고발하는 시, 투쟁을 선동하는 시가 모두 미학적으로 아름다우면서도 선명하다. 동료 노동자들이 읽어주기를 가장 바라고 쓰기 때문이다.

"속화되지 않도록 애쓰면서 살 뿐"

∥ 시인과 사회운동가라는 두 정체성을 가졌는데, 「나는 한국인이 아니다」라는 시를 보면 "시보다 먼저 살아야 할 일들이, 또 시보다 먼저 만나야 할 사람들이 많다"라는 대목이 있어요. 시인보다는 활동가나 운동가로 자기 규정을 하고 있나요?

그렇지는 않습니다. 제게 마지막으로 남는 건 시일 거라고 생각하죠. 가수의 정체성은 노래이듯이 시인에게는 결국 시가 남는다고 봐요. 그런데 그 시는 사회나 삶하고 동떨어져 있지 않아요. 혼자 골방에 있으면서 쓸 수 있는 시는 없을 거예요, 아마. 저는 지금도 가끔 기운 빠지고 그럴 때는 시장이나 공구상가 이런 데를 가면 기운이 불쑥불쑥 나요. 그런 사람들의 삶을 보고 배우고 느끼면서 그걸 제 마음에 담아서 반영하는 게 시잖아요. 그런 매개 역할을 제가 하는 거고요. 그래서 저는 시가 제 것이 아니라고 생각해요. 어떤 시도 저 혼자의 노동이나 삶으로 감당해낸 이야기는 거의 없어요. 더불어 살아가는 사람들의 삶에서 빌려온 이야기들이 대부분이죠. 그래서 시를 살기 이전에 알아야 할 것들, 접해야 할 것들, 느껴야 할 것들, 만나야 할 사람들 등 해야 할 일들이 많다고 생각해요. 그런 일들이 나중에 제가 쓰는 시로 묻어나오고 반영이 되는 거죠.

‖ 이분법적으로 나눌 건 아니지만, 시와 투쟁 중에서 투쟁을 더 중요하게 생각하는 거 아닌가 생각했는데 그게 아니군요.

맞는 말이기도 할 것 같습니다. 왜냐면 저는 제가 표현하는 시라는 장르 또는 도구보다는 삶 자체가 중요하다고 생각하거든요. 제가 인간답게 사는 게 먼저이고 중요한 것이지, 시인이라는 명예나 위상이 더 중요한 건 아니거든요. 그리고 어떤 인간다운 삶이 중요하다면 시를 버릴 수도 있다는 생각도 해요. 그렇지만 저는 시를 좋아하고 사랑하고 어쩌다 보니 제가 다른 사람에 비해 그나마 잘할 수 있는 게 시라는 형식이기 때문에 그걸 소중하게 생각하죠. 하여튼 저는 시보다 삶이 더 중요하다고 봐요. 그래서 시인이 되는 것보다 인간이 되는 게 더 중요한 일이라고 생각합니다.

‖ 그렇게 생각하고 행동하는 시인은 거의 본 적이 없는 것 같은데요.

올바른 정의를 추구하는 문학인들은 과거에도 그런 삶을 살았죠. 일

제 치하에서 윤동주 시인이나 이육사 시인은 감옥에서 죽었잖아요. 1970년대 김지하 시인을 비롯한 수많은 사람들이 독재와 반민주에 저항해 살았고요. 80년대에는 더 많은 문학인들이 아예 어떤 경우는 문학을 내려놓고 현장에서 노동자나 활동가로 들어가서 자기 존재를 지우고 사회변혁을 위해 살았죠. 김남주 시인처럼 그런 경험과 삶 속에서 좋은 문학 작품들이 나오고 그런 것이었어요. 저도 올곧은 사회, 공동체의 삶과 함께 가는 문학을 하는 사람이 되려고 쫓아다니고 있죠. 편하고 싶다는 이기적인 욕망은 생명의 본성이기에 누구든지 조금만 게을리하면 속화되고 가식적인 삶을 살 수 있거든요. 저도 조금만 현장을 떠나서 쉬고 그러면 마음이 보수화되더라고요. 이 정도 했는데 나도 좀 편하고 싶고, 궂은 자리나 잘 안 보이는 자리, 늘 힘겨운 자리, 얘기만 들어도 숨 막히는 고통스러운 삶의 자리들은 피하고 싶은 마음이 자연스럽게 들기도 하고요. 그래서 끊임없이 현장 실천이나 이런 것들을 통해서 저 자신을 지켜나가려고 노력할 뿐입니다.

그는 자신이 특별한 존재가 아니라고 손사래를 쳤지만, 아무리 봐도 송경동은 특별하다. 문학으로 우뚝 이름을 떨치기보다 좋은 운동가나 활동가이기를 바라는 문장가, 시를 좋아하나 인간다운 삶을 위해서는 시를 버릴 수도 있다는 시인, 그러면서도 잉걸불 같은 뜨거운 시를 쏟아내는 사람을 본 적이 나는 없다.

후기

도대체 어떤 사람인지 참 궁금했습니다. 시집을 3권이나 낸 시인인데도 약자들의 투쟁 현장에 나타나서 응원군이 아니라 늘 싸움의 당사자가 되는 것을 보면서 저 사람의 정체가 뭐지 싶었어요.

송경동(55) 시인을 만나봐야겠다는 생각이 굳어진 것은 2020년 12월 말부터 21년 2월 중순까지 한겨울 강추위 속에서 47일간이나 단식하는 것을 보면서였습니다. 단식 투쟁을 한 이유가 자기 자신과 관련된 것이 아니라 한진중공업 해고 노동자인 김진숙 씨의 복직 요구였거든요. 아무리 연대 투쟁이라고 하지만, 타인을 위해 목숨을 걸다니요. 천성산의 환경 파괴를 막기 위해서 100일간 단식(2005년)했던 지율 스님이 계시긴 하지만, 시인이 그런 종교인은 아니잖아요.

독특하고도 대단한 사람이라는 생각이 들어서 단식이 끝난 지 며칠 안 돼 송 시인에게 인터뷰를 요청하기 위해 전화를 했습니다. 병원에 누워 있는 줄 알았더니 백기완 선생님 장례식장에 있었습니다. 일단 승낙을 받고 며칠 뒤 확인차 다시 전화했습니다. 그제야 그는 어떤 내용의 인터뷰인지 물었습니다. 송경동 시인의 삶과 문학 전반에 대한 얘기를 듣고 싶다고 했더니 "아, 그런 거였다면 수락 여부를 고민했어야 했는데 그러질 못했네요. 저에게 초점 맞추는 기사는 부담스러워서요"라면서 난색을 표했습니다.

지면 배정이 끝나서 되물릴 수 없다고 압박한 끝에 간신히 비정규직 노동자 쉼터인 서울 신길동에 있는 '꿀잠'에서 만날 수 있었습니다. 알고 보니, 꿀잠 쉼터도 송 시인의 아이디어와 추진력, 거기에 노동력까지 보태져서 마련됐더군요.

(2021년 2월 25일 인터뷰)

"스티로폼 넉 장 위, 제 인생 최고의 무대였어요"

19

홍순관

삶의 노래꾼

+

1962년 서울에서 태어나 초등학교 1학년 때부터 부산에서 자랐다. 십 대 시절부터 각종 콩쿠르에서 우승했고, 2005년 국내 가수 최초로 미국 뉴욕 링컨센터에서 단독 공연을 했다. 용산 참사와 위안부 피해자를 위한 공연을 이어오는 등 아픔과 고통의 현장에서 노래하는 가수로 유명하다. 고 이어령은 2019년 홍순관의 노래를 접한 후 "숨과 음악이 하나 된 노래에 감동했다"라고 평했다. 부산대 조소과를 졸업해, 조각과 붓글씨에도 일가견이 있다.

가수로서 무대에 선 지 35년째인 홍순관 씨는 대중들에게는 잘 알려지지 않았지만, 아픔과 슬픔이 있는 사람들에게는 유명하다. 삶의 현장에서 부르는 그의 노래는 사람들을 들뜨게 하는 대신 아픈 이들의 마음을 어루만지고, 주저앉은 이들의 무릎을 일으켜 세운다. 그를 두고 정태춘은 "홍순관은 오랫동안 세상의 그늘 속으로 들어가서 그늘을 걷어내고자 노력했다"고 표현했다.

인터뷰를 위해 경기도 용인시 기흥에 있는 비영리단체인 '춤추는 평화' 사무실 겸 작업실에서 그를 만났다. 홍순관은 인터뷰 얼마 전 서울 영등포구의 '당산동 커피'에서 열렸던 작은 음악회 때 모습 거의 그대로였다. 군청색 점퍼 빼고는 바지와 티셔츠, 신발 등이 그때 입었던 것인 듯했다. 안경테까지 몸에 두른 것들은 하나같이 수수한 검은 색조로, 튀지 않으려 애쓰는 듯했다. 실제로 홍순관은 큰 공연이든 작은 공연이든 평소 옷차림 그대로 무대에 오른다. 무대 위의 화려한 모습과 무대 아래의 일상이 차이 나는 대개의 예술인과 다른 점이다.

용산 참사 현장의 무대가 가장 감동

‖ 코로나 사태가 길어지는데, 어떻게 지내세요?

책 보고 글 쓰는 일에 몰두할 수 있어서 좋은 면도 있지만, 경제생활이 안 되고 공연을 못 하니까 힘들죠. '연인환경미술행동'이 2021년 초부터 열고 있는 전국 순회 전시회에 붓글씨 몇 점을 냈는데 그만둘까 고민했어요. 환경보호 전시회인데 작품 이동과 설치, 숙박 등 비용을 작가들이 부담해요. 한 곳 전시에 최소 10여만 원씩 드는데, 지금 저한테는 그것도 버겁거든요. 전시를 기획한 화가 홍성담 선생을 얼마 전 만났는데 막상 그만두겠다는 말을 못 했어요. '민중미술 시작할 때 으쌰으쌰 하던 사람들 가운데 유명해져서 배부른 사람들은 이런 일을 안 한다'는 그의 마음을 읽었거든요.

‖ 코로나로 공연 예술가들이 가장 타격이 심하지 않을까 싶어요.

장사하는 사람들은 국가에서 여러 지원을 하지만, 저처럼 소규모로 노래하는 사람들은 정말 힘들고 괴롭죠. 작은 공연만으로도 충분히 생계를 유지하면서 음악을 할 수 있는 일본과 달리 우리나라는 평소에도 힘든데 코로나까지 겹쳤으니 더 말할 것도 없죠.

1980년대 말에 음반 녹음을 두어 차례 했지만, 홍순관이 본격 활동에 나선 것은 1991년 「새의 날개」 음반을 내면서였다. 그로부터 얼마 안 된 1994년부터 그는 일본군 성노예 문제를 알리고 '위안부' 피해자 할머니들을 돕기 위한 모금 공연인 '대지의 눈물'을 시작해 10년간 진행했다. 군 위안부 문제를 다룬 2000년 도쿄(민간)국제법정을 위한 한국 쪽 부담금 대부분이 그의 모금으로 충당됐다. 또 '대지의 눈물' 사이에 국제통화기금(IMF) 사태 이후 밥 굶는 아이들을 위한 '소년의 밥상' 모금 공연도 1998년부터 5년간 별도로 진행했다. 2004년부터 이후 10년 동안은 평화박물관 건립을 위한 모금인 '춤추는 평화' 공연을 했다. 그래서 모금 전문 가수라는 별명을 얻었다. 그뿐 아니라 평택 대추리와 제주 강정마을, 용산 참사 현장, 세월호의 진도 팽목항, 촛불집회의 광화문광장, 필리핀 빈민촌, 베트남 민간인 학살 현장, 오키나와 미군기지 등 눈물이 있는 국내외 현장에서 노래했다.

∥ 슬프거나 힘든 사람들이 있는 현장은 빠지지 않고 찾아다녔는데요.

평화는 격전지에 있다고 생각해요. 아픔과 고통 속에서 평화를 찾아내야지요. 저는 아름다움이 거기에 있다고 생각하고요. 또, 평화도 거기에 있다고 생각해요. 제가 노래를 부르는 이유가 그겁니다. 일본 가와사키의 한 교회에서 위안부 관련 공연을 할 때였어요. 공연이 끝나고, 허리가 굽은 할머니 한 분이 저를 잡고 말씀하시는데 처음에는 한국말인지 일본말인지 모르겠더라고요. 귀 기울여 들어보니 '젊은 사람이 일본군 위안부 문제를 어떻게 알고 여기까지 왔어?'였어요. 얼마나 위로가 됐으면 나를 안고 놔주질 않으실까, 여기서 노래하길 정말 잘했구나 싶더라고요. 내 노래가 위로가 된다면 어디든 가서 하겠다는 생각을 다졌죠.

∥ 언제부터 그런 생각을 했어요?

처음부터 그랬던 것 같아요. 지금은 교회에 실망해서 그렇지 않지만, 10대 때는 교회를 정말 열심히 나갔어요. 노래가 좋고, 예수가 좋았거든요. 그분이 뭘 했던 분인가를 알고는 예수를 스승으로 삼았는데, 예수가 만약 이 시대에 가수를 한다면 어디서 노래를 할까 생각이 들더라고요. 대형 교회는 당연히 아닐 테고 따뜻한 곳도 아니죠. 아픈 곳, 억울한 곳, 외로운 곳 아니겠어요? 그러면 당연히 위안부 할머니나 용산 참사 현장이죠.

∥ 그런 현장은 노래 부르기에는 열악하지 않나요?

대부분의 현장은 음향 시설도 없고, 주변도 시끄럽고 해서 가수들이 꺼리죠. 가수는 무대에 서면 그게 어디든 노래를 잘 부르고 싶거든요. 그러니 그런 현장은 잘 안 가죠. 그러나 거기에는 위로가 필요한 사람들이 있잖아요. 제가 가장 가슴 뭉클하게 감동을 한 곳은 2009년 용산 참사 현장입니다. 제가 갔더니 가수가 왔다고 스티로폼 넉 장을 포개서 무대를 만들어줬어요. 그 무대야말로 제 인생 최고의 무대였어요. 철거에 항거하다가 여러 사람이 숨진 그 참혹한 현장에서도 가수라고 대접해준 거잖아요.

학생은 노래 부르고, 교수는 춤춘 무대

홍순관은 국내 가수들이 선 적이 없었던 미국 뉴욕 링컨센터에서 2005년 단독 공연을 했다. 돈을 내고 대관할 수 있는 카네기 홀과 달리 링컨센터는 엄격한 기준으로 공연자를 선정하는 것으로 유명하다. 그는 또, 2009년에 가수로서는 처음으로 서울 동숭동 아르코예술극장에서 공연했다.

Ⅱ 정식으로 첫 무대에 선 것은 1986년이더군요.

제가 부산대 예술대(조소과)를 다닐 때였어요. 학교 축제가 열렸는데 음악과나 무용과와 달리 미술은 무대에서 할 게 없잖아요. 뭘 할까 고민하다가 고교 때 본 행위미술이 생각났어요. 행정실에 가서 3시간 동안 싸우다시피 해서 복사기를 빌려서 리어카에 싣고 학교 극장까지 가는 것부터가 행위극이었어요. 그러고는 복사기에 제 몸 여기저기를 찍어서 낚싯줄에 걸어놓고는 거기에 불을 지르고, 노래를 불렀어요. 그것을 객석에서 본 무용과 교수들이 깜짝 놀라서 '저 사람이 누구냐' 이렇게 됐어요. 축제가 끝나고 무용과의 정귀인 교수가 저한테 먼저 제안했어요. '내가 춤을 출 테니 순관 씨가 노래를 만들어 불러달라'고요. 그때 생애 첫 노래 〈전화〉를 만들어서 교수님과 당시 부산에서 가장 좋은 무대인 경성대 콘서트홀에 섰지요. 학생 하나가 혼자서 기타 치면서 노래를 하고 교수가 춤을 추는 기획 자체가 당시로서는 아주 파격이었죠. 무대미술이 우리나라에서는 정립되지 않았을 때였는데, 일본에서 나온 책을 구해 배우면서 했죠. 그 뒤 10년 동안 현대무용의 주요 무대미술을 담당했어요.

∥ 그 전에 작곡 공부를 따로 했나 보군요. 무용에 맞는 노래를 뚝딱 만든 것을 보니까요.

전혀 아닙니다. 교수님이 저한테 노래를 만들 줄도 아느냐고 물었는데 제가 '예'라고 대답했죠. 왜 그런 대답을 했는지 지금도 이해가 안 갑니다. 하하. 한 번도 작곡 작사를 해본 적이 없지만 만들 수 있을 것 같았어요. 6분이 넘는 노래를 만들어 갔더니 일종의 검증을 위해서 국악과 교수님한테 제가 작곡한 것을 보여주라고 하시더라고요. 지금 들어보면 노래가 엉터리지만, 그 교수가 듣고는 오케이 했죠. 그래서 통기타와 목소리 하나로 노래를 불렀죠.

∥ 음악에 타고난 재주가 있었네요.

음감은 있었던 것 같아요. 고교 1학년 때였는데 교실에서 한 친구가 어떤 노래를 부르는데 너무 좋은 거예요. 그래서 한 번만 다시 불러달라고 해서 듣고 외우고는 집에 가자마자 기타를 잡고 코드를 기록했죠. 나중에 보니까 윤동주의 「십자가」였는데 제 첫 음반인 「새의 날개」에도 그 노래가 실려 있어요. 작곡가인 채일손 목사님을 1991년에 어떤 자리에서 만났을 때 '악보도 모르고 노래를 해왔는데 혹시 틀린 음이 있습니까?'라고 여쭤봤죠. 그랬더니 '한 음도 안 틀렸다'고 칭찬해 주셨어요.

‖ 역시 타고난 소질이 있었군요. 어쨌든 그렇게 해서 대학 축제가 음악을 하게 된 계기가 됐군요.

노래 잘한다고 어릴 때부터 좀 알려졌죠. 초·중학교 때 부산의 여러 콩쿠르에 나가서 우승하고, 대학 때는 여러 학교 축제 때 불려 다녔어요. 그러나 저는 초등학교 4학년인 열한 살 때부터 화실에 다닌 뒤로는 미술가가 꿈이었어요. 고교 때 한 유명 가수의 매니저가 찾아와 가수를 하라고 권한 적도 있었지만 거절했어요. 미대생일 때 방학 때마다 서울의 주요 대학 미술과를 다 찾아가서 얘네들은 뭐 하고 있는지 살펴보고 다닐 정도로 미술 공부에 열심이었어요. 미술을 그만둔다는 것은, 제 성장 과정을 아는 사람들이 보자면 있을 수 없는 일이었죠. 미술을 포기할 때 광안리 앞바다에서 꼬박 석 달을 울었어요.

‖ 왜 미술을 포기했어요?

두 가지 이유가 있었는데, 하나는 어머니에 대한 애잔한 마음이었어요. 아버지가 일찍 돌아가신 뒤 어머니 혼자 남았는데, 형은 이미 프랑스로 미술 공부를 하러 떠난 상태였어요. 저도 이탈리아로 조각 공부를 하러 갈 계획이었는데 나마저 떠나는 게 맞냐는 고민이 왔어요. 또 하나는 졸업작품이 뽑혀서 부산의 신인 작가 전시회가 열렸는데, 아무도 제가 뭘 만든 건지 못 알아보는 데 대한 충격이었어요. 참인간을 잉태해 달라고 하늘에 기도하는 신라 토우를 모티브로 한 것이었는데, 작업을 함께 하는 가까운 작가들도 못 알아보더라고요. 민중미술이니 해방신학이니 이런 이론들이 많이 들어올 때여서 나름대로는 그런 정신을 반영해서 만든 조각인데, 아무도 못 알아보면 무슨 의미가 있냐는 생각이 들었어요. 노래는 우리말로 된 가사가 있으니 알아들을 것 아니냐는 생각을 했죠. 내 뜻을 노래로 말할 수 있다고 생각했는데 웬걸, 메타포가 섞이고 은유적으로 하니까 또 못 알아듣는 거예요, 사람들이. 요즘엔 제 노래가 조금 어렵다는 것을 저도 압니다. 하하.

마음 바꾸는 노래 부르려 인기곡을 거절

조각칼과 그림 붓 대신에 마이크를 쥔 홍순관은 가요계로부터 본격적인 스카우트 제의를 받았다. 당시 국내 최대 음반회사인 킹레코드사를 비롯한 대형 음반사들이 그에게 대중가요 음반을 만들어주겠다는 제안을 여러 차례 했다. 지금은 목회자로 활동하는 가수 장욱조도 가수가 되기를 권했고, 〈열애〉, 〈이별 노래〉, 〈내 마음 갈 곳을 잃어〉 등 히트곡 제조기였던 작곡가 최종혁은 두 곡을 만들어줬으나 그는 거절했다.

▮ 1980~90년대에 유명한 가수였던 장욱조 씨가 가수 데뷔를 권했다고요?

네, 저는 형이라고 부르는데 욱조 형이 저를 아껴서 가수를 만들어주려고 무척 애썼어요. 당시 양대 음반회사였던 킹레코드사와 오아시스사로 저를 데려가고 그랬어요. 그게 1989년이었어요. 그런데 제가 '나는 가요는 안 합니다. 노래로 개혁을 할 겁니다'라고 거부했어요. 지금은 그런 저를 생각하면서 제가 웃죠. 하하. 제가 고집을 부리니까 형도 답답하고 음반사 사장님들도 갑갑해했죠. 킹레코드사, 오아시스의 사장들은 다

어마어마한 사람들이거든요. 특히 킹레코드사의 박성배 사장은 '킹박'이라는 별명으로 불렸는데, 신중현과 이문세 등 유명 가수들의 음원을 많이 갖고 있는 사람이었어요. 그분이 저를 불러서 대중가요 음반을 내주겠다고도 했죠.

‖ 가스펠로 채운 첫 번째 음반과 두 번째 음반을 킹레코드사와 오아시스에서 각각 냈죠? 그것도 쉽지 않은 일인데요.

자기 노래 하나 없는 사람의 음반을 큰 음반회사에서 내준 것은 전무후무한 일이죠. 거기엔 사연이 있어요. 제가 가요를 안 부른다고 하니까 저한테 딱 한 곡만 불러보라는 제안이 왔어요. 한 곡 부르면 50만 원을 준다고 해요. 당시 제가 가난해서 당장 5만 원이 없는 사람인데 고마운 제안이었죠. 가서 한 곡을 불렀어요. 그때 녹음실 바깥에 킹박이 있었어요. 킹박이 노래를 듣더니 '야, 나머지 곡 다 가져와' 그렇게 된 거예요. 이틀 동안 70곡을 불렀어요. 그때까지 저는 녹음실에서 녹음을 해본 적이 없어서 하라는 대로, 주는 대로 다 불렀죠. 지금 들어보면 너무 창피해요. 그게 CD로 남는다는 생각조차 못한 채 연습도 안 하고 악보 갖다 대면 찍어내듯이 불렀으니까요. 킹박이 망한 뒤 음원들이 갈가리 찢어져 팔리면서 이른바 「7080 포크송 메들리」 음반으로 나왔어요. 고속도로 휴게소 같은 곳에 가면 지금도 많이 팔리고 있어요. 송창식, 해바라기, 하덕규, 유심초 등과 함께 저도 거기 끼어 있어요. 내 노래를 한다고 늘 주장하던 놈이 남의 노래를 저렇게 불렀으니 정말 부끄럽죠. 그런데 그걸 계기로 킹박이 무명인 저의 첫 음반 「새의 날개」를 만들어줬어요. 너무 고맙죠.

‖ 최종혁 작곡가의 노래는 왜 안 받았어요?

당시 최종혁 선생님은 포크 쪽에서는 정말 최고셨죠. 제가 윤복희 씨와 〈지저스 크라이스트 슈퍼스타〉를 할 때였는데 그때 뮤지컬 녹음을 하고 배포하는 사람이 최종혁 씨였어요. 이동원의 〈이별 노래〉를 작곡하는 등 정말 유명했는데 그분이 '두 곡을 써줄게' 하면서 저한테 두 곡을 줬어요. 받고는 제가 '노'를 했습니다. 제 마음에 그 노래가 딱 마음에 들지는 않더라고요. 미치지 않고서는 있을 수 없는 일입니다. 만약에 가수를 할 생각이 있었다면 찾아가서 '제 마음에 들게 다시 좀 해주십시오' 이랬을 텐데 저는 딱 접었죠. 지금 최 선생님을 만나면 진짜로 큰절하면서 '너무 죄송합니다'라고 할 마음이 있어요.

‖ 가수로 뜰 기회를 왜 마다했어요?

돌아보면 참 바보 같은 짓이었죠. 욱조 형에게도 미안하지만, 최종혁 선생님께는 정말 죄송하죠. 그러나 그때 저는 교회를 개혁하고 싶었어요. 어려서부터 교회를 매일 나가고, 새벽 기도부터 예배란 예배는 빠지지 않았어요. 그런데 고등학생 때 어느 토요일 교회에서 사찰집사(교회를 유지·보수·관리하는 교회 직원)가 청소하는 것을 봤는데, 그 사찰집사의 부인은 설교하는 단상에서 걸레질하고 있었어요. 목사가 설교하는 단에는 당시에 여자들은 못 올라갔어요. 그 모습을 보고는 아, 여성은 청소할 때나 단상에 올라갈 수 있구나, 교회를 바꾸고 세상을 개혁하자고 결심했죠. 누가 알아주지 않더라도 내 죽음을 모르더라도 생색내지 않고 교회 개혁을 하겠다고요. 비장하죠. 하하. 그러니 대중가수가 되고픈 생각은 조금도 없었죠.

‖ 대학가요제 출전 제의도 거절했다고요?

제가 중학교 때 콩쿠르 대회에 나가 부산에서 1등을 했고, 고교 때는 양로원과 보육원 등에서 노래를 불러 나름 이름이 나 있었어요. 그래서 고등학교 2학년 때 당시 최고로 잘나가던 가수의 매니저가 와서 가요를 하자고 했지만, 미술로 세계 최고가 되겠다는 생각뿐이어서 가수가 될 생각은 조금도 없었어요. 대학 때는 대학가요제가 유명한 신인 가수 등용문이었는데 그때 예선 거치지 말고 그냥 나가라고 제안이 왔었어요. 당연히 안 나갔죠. 전두환 정권이 들어선 뒤 만든 '국풍 81'이니 뭐니 하는 것이 대학생들의 관심을 돌리기 위한 것이라는 걸 알았거든요. 그런 곳에 나가면 이름이 난다는 건 알았지만, 어금니 딱 깨물고 그런 건 안 한다고 결심했어요.

‖ 대학가에서는 당시 '노찾사'(노래를 찾는 사람들) 등이 부른 민중가요가 많이 불렸는데 운동권 노래는 안 불렀어요?

입학한 지 얼마 안 돼서 소위 말하는 운동권 노래를 녹음하자는 의뢰가 들어왔는데 안 했어요. 서울대 음악 동아리인 '메아리' 노래를 당시 다 외우고 있었지만, 저하고는 안 맞는 것 같았어요. 저도 독재정권에 맞서 돌을 던지긴 했지만, '돌 던지고 화염병 던진다고 세상이 바뀌는 건 아니다, 나는 내 가사로 된 내 노래를 하련다'라는 생각이 들었어요. 사람 마음이 바뀌지 않으면 어떤 혁명도 어렵다, 그러니 사람 마음을 바꾸는 노래를 하겠다고 말입니다. 그래서 제 노래가 부드러워진 거죠. 저는 윤동주를 좋아하는데 그의 시가 무슨 혁명 시가 아닌데도 확 스며들잖아요. 제 취향도 그래요. 그러니까 저는 늘 제 색깔로 노래했어요.

포크송 메들리를 부른 대가이긴 했지만, 홍순관이 고집스레 추구한 음악 세계가 1991년 「새의 날개」를 시작으로 비로소 열렸다. 시처럼 아름다운 노랫말을, 높낮이도 거의 없고 절정도 없는 멜로디로 나지막이 부르는 그의 노래는 듣는 이의 영혼을 깨운다. 고 이어령은 투병 중이던 2019년 12월에 보낸 이메일에서 홍순관의 노래에 대해 "마음을 돋우는 것이 아니라 가라앉히는 음악"이라며 "숨과 음악이 하나가 된 노래를 듣고 많은 감동을 받았"다고 밝혔다. 1994년에 낸 국악가요 음반(「민들레 날고」)도 음악적으로 볼 때 주요한 진보였다. 국악기에 없는 베이스를 보완하기 위해 쓰는 신시사이저를 사용하지 않고 국악기만으로 완성했다. 이처럼 홍순관은 「나처럼 사는 건 나밖에 없지」(2003년)라는 음반 제목처럼 자신의 길을 30여 년간 꿋꿋하게 걸어왔다.

‖ 국악 반주로만 녹음한 음반이 왜 중요한 의미가 있죠?

우선 가수가 창작 국악가요만으로 음반을 낸 것은 처음입니다. 또, 베이스 없이 국악 연주 그룹인 '슬기둥'의 반주만으로 녹음한 것도 획기적이고요. 국악에서 이름난 김영동만 하더라도 신시사이저를 쭉 깔고 호흡을 합니다. 영화 〈서편제〉 음악도 마찬가지고, 가수 김수철 형도 그런 식으로 서양 악기에 국악을 접목했죠. 국악기에 베이스가 없어서 그렇거든요. 그런데 저는 국악기로만 했어요.

그러나 이 음반은 음악계에서 그다지 주목하지 않았고, 기독교계에서는 국악을 썼다는 이유로 철저히 외면했다.

"나이 60이 되어서야 철든 생각을 하는지
몰라도, 신인이라는 생각으로 누가 들어도
괜찮은 노래를 한번 만들어 보고 싶어요.
데뷔 40주년이 되기 전에는 반드시
그렇게 하고픈 진짜 꿈이 있어요."

‖ 그동안 만들어 부른 노래를 보면 곡조가 차분할 뿐 아니라 슬픔이 느껴지는 게 많은데요.

독재 속에서 산 사람의 노래가 기쁠 수가 없잖아요. 기쁜 노래가 더 이상하다고 생각했어요. 기쁘지 않으니까 옷도 화려한 옷을 입을 수가 없었고요. 독재보다 더 갑갑했던 건 천편일률이었어요. 똑같이 머리 짧게 깎고 까만 교복에 까만 모자를 쓰고 학교에 다녔으니까 정신이 옥죄였어요. 그것을 벗어나려고 외국에서 들어온 음악이 아니라 본보기 자체가 없는 우리 음악을 추구했죠. 그런데 뭐랄까, 허공을 파는 느낌이었어요. 동굴을 파면 누군가 저쪽에서 파서 중간에 만나기라도 할 텐데, 허공을 파니까 완전히 저 혼자죠. 이건 그냥 단순한 외로움과는 차원이 다릅니다. 아무도 알아주지 않으니까요. 심지어 교회에서는 제 음악을 굿 음악이라고 조롱했어요. 그래서 '나처럼 사는 건'이라고 강조할 수밖에 없었죠.

"대중과 소통하는 노래 이젠 만들고파"

‖ 색깔이 독특해서인지 음반을 12개나 냈는데도 이름이 대중들한테 나지는 않았어요.

열여덟 살에 사회 개혁을 결심할 때부터 윤동주의 십자가 시 구절처럼 뭘 하더라도 생색내지 않고 '조용히' 하겠다고 마음먹었어요. 비장한 결심인데 그건 지금도 마찬가지고요. 유명해지지 않은 것은 전혀 후회하지 않는데, 불편한 점은 있죠.

‖ 어떤 점에서요?

돈이 없어 제대로 된 기타 하나를 사고 싶어도 그게 안 될 때죠. 주변에서 되레 명성을 아쉬워할 때도 있고요. 제가 기후 문제 등 환경 노래를 많이 부르는데 불러주는 데가 별로 없거든요. 하하. 그럴 때 '네가 히트곡 한 곡만 있었다면 이런 게 쉽지 않겠냐'는 말을 듣죠. 제 대답은 이래요. 언감생심 조용필까지는 아니더라도, 만약 내가 대단한 히트곡을 내서 유명 가수가 됐다면 이런 일 안 할 거라고요. 저는 일상이라는 말을 자주 해요. 날마다 숨 쉬듯 노래하고 일하는 게 중요하다고요. 유명해지면 그쪽 일이 바빠서 이런 일은 하고 싶어도 못 하죠. 저도 하루에도 세 번 공연을 할 정도로 바쁘게 살아봤는데 그러면 이런 일 못 합니다. 돈이 잘 벌리면 돈이 좋지 사람들이 주목을 별로 하지 않는 환경 노래를 부르는 게 좋겠어요? 그렇게 일상이 바뀌게 되는 거죠.

> 홍순관은 조각과 서예 실력도 뛰어나다. 고철과 폐품으로 만든 철조 작품 전시회와 한글 서예전도 여러 차례 열었다. 특히 어릴 때 선친(홍종욱)한테 배웠던 붓글씨는 독특하다. 균형과 조화, 여백의 미로 가득한 것이 마치 그림 같다.

‖ 붓글씨는 언제 배웠어요?

초등학교 3학년 때인 열 살 때 아버지가 형하고 저하고 앉혀놓고 '글씨 쓸래?'라고 물으셨어요. 형은 안 하겠다고 하고, 저는 '쓰겠다'고 대답했어요. 그날부터 시작해서, 타고난 성실은 있었던지 매일 앉아서 글씨를 썼어요. 초등학교 때 《월간서예》라는 서예 잡지에 작품을 내기 시작했고, 각종 대회에서 상을 탔죠. 중학교 때 앨범 사진을 보면 학교 이사장실 뒷벽에 제가 쓴 글씨가 걸려 있어요. 서예 대학이 없어서 대학 가면서 할 수 없이 서예를 그만두기는 했지만, 그동안에도 가끔씩 먹을 갈곤 했어요.

∥ 최근에는 붓글씨를 자주 쓰신다고요?

세월호 사건이 나기 얼마 전쯤에 붓글씨를 쓰는데 저도 모르게 온종일 쓰고 있는 거예요. 그러면서 마음이 편안해지고 글씨가 확 늘었다는 느낌이 들더라고요. 그 뒤부터 자주 쓰는데 나름의 까닭이 있어요. 첫째는 한글 서예를 알리고 싶어서죠. 한글이 만만한 게 아니라는 것을 외국에도 알리고 싶어요. 아버지한테 배운 왕희지체를 토대로 제 나름의 한글 서체를 만들었지만, 글씨에서 중요한 것은 내 문장을 쓰느냐 여부입니다. 이렇게 쓰나 저렇게 쓰나 아름다운 글씨를 쓴다는 것은 마찬가지지만, 자기 문장을 쓰는 것과 그렇지 않은 것은 굉장한 차이가 납니다. 영화 포스커를 쓰는 것과 내 문장을 쓰는 것이 완전히 다른 것처럼 말입니다.

그에게 예술은 일상과 따로 있지 않다. 그의 일상에서 가장 중요한 일은 평화박물관을 짓는 일이다. 평화박물관 기금을 마련하기 위해 노래도 부르고, 글씨도 쓴다. 여기에 가수로서 느지막이 생긴 욕심 하나가 더 보태어졌을 뿐이다.

∥ 가수로서 욕심이 뭐죠?

제가 무대는 정말 다양하게 섰어요. 조용필이라도 저만큼 많은 무대를 서지는 않았을 겁니다. 그런데 음반에 대해서는 최선을 다했다고는 절대로 말을 못 합니다. 왜냐면 저는 지금까지 운동으로 노래를 했기 때문이죠. 돈이나 시간을 충분히 투자하지 못했다는 것을 인정합니다. 나이 60이 되어서야 철든 생각을 하는지 몰라도, 신인이라는 생각으로 누가 들어도 괜찮은 노래를 한번 만들어보고 싶어요. 데뷔 40주년이 되기 전에는 반드시 그렇게 하고픈 진짜 꿈이 있어요.

‖ 그건 지금까지 나온 12장의 음반과는 노래의 색깔이나 톤이 달라지겠군요.

아마요. 사람들이 즐겨 들을 만한 노래를 만드는 거니까요. 지금까진 내가 하고자 하는 일과 다르기 때문에 대중들을 신경 쓰지 않고 만들었어요. 어떤 면에서는 소통 없이 예술을 했다는 의미예요. 냉정하게 반성합니다. 그래서 쉽게 듣고 소통할 수 있는 노래를 만들고픈 생각이 막 끓고 있는데, 막상 작업을 시작하면 이전보다 더한 걸 할지도 몰라요. 제 안에서 두 생각이 막 싸우고 있거든요.

홍순관의 정신이 담겼으면서도 쉽게 흥얼거리면서 따라 부를 수 있는 노래가 있으면 좋겠다는 생각을 하면서 기분 좋게 그와 헤어졌다.

후기

가수 홍순관(60) 씨에 대한 관심은 오래됐습니다. 가수가 고철을 다듬고 납땜해서 만든 철조작품 전시회를 한다는 소식을 신문에서 본 뒤부터였습니다. 그러다가 그가 또 일본에서 재일교포들과 함께 서예전을 열었다는 기사를 봤습니다. 이렇게 재주가 많은 사람인데 왜 많이 안 알려졌을까 궁금했습니다.

그때부터 그를 탐구했습니다. 그가 부른 음악도 찾아들었습니다. 대부분의 노래가 차분하면서도 마음 깊은 곳에 울림을 줬습니다. 인터뷰를 하기 전에 그의 노래를 일단 현장에서 들어보고 싶었습니다. 그는 사실 음반 가수라기보다 공연 가수이거든요. 하지만 2000년 초 코로나 사태가 터지는 바람에 그를 만날 날도 기약 없이 흘렀습니다.

마침내 2021년 11월 말, 홍순관 씨의 작은 음악회가 서울 영등포구에 있는 '당산동 커피'에서 열렸습니다. 대구와 광주 등 전국 각지에서 찾아온 40여 명의 팬들이 좁은 카페를 꽉 채웠고, 기타 선율에 얹힌 그의 목소리는 그들의 마음을 꽉 채웠습니다. 저 역시 그날 저녁 코로나 블루를 떨쳐낼 수 있었습니다.

작은 공연 며칠 뒤 경부고속도로 수원IC 근처의 주택가 가정집 1층에 세 들어 있는 그의 작업실을 찾았습니다. 오로지 그의 손에 의존하는 작업실은 매우 정갈하고 깔끔했습니다. 책은 책대로, 음반은 음반대로 가지런히 정돈돼 있었으며, 문방용품도 각자 위치에 자리하고 있었습니다. 책상이나 탁자 위에는 먼지 한 톨 눈에 띄지 않았습니다. 그의 예술 세계의 일단을 보는 것 같았습니다.

(2021년 12월 7일 인터뷰)

"민주화 세대는 기득권 됐어요, 청년에게 자리라도 내줍시다"

20

정태인

암 투병 독립연구자

1960년 서울에서 태어났다. 서울대 경제학과에서 학사와 석사학위를, 2020년 북한대학원대학교에서 박사학위를 받았다. 교수나 학자보다는 실제적인 정책을 기획하고 생산하는 정책가로 스스로를 자리매김해왔다. 참여정부 때 청와대 국민경제비서관 등을 잠시 역임한 것을 빼고는 '새로운 사회를 여는 연구원', '칼 폴라니사회경제연구소' 등에서 줄곧 독립연구자 생활을 했다. 2021년 7월 폐암 4기 진단을 받고 투병 중이다.

"이 수액 한 통을 맞는 데 1시간 반 정도가 걸려요. 치료 끝날 때까지 기다려줘요."

팔에 주사기를 달고 나타난 정태인 전 청와대 국민경제비서관은 무덤덤하게 말했다. 얼굴도 말끔해 겉모습으로는 폐암 4기의 중환자라는 것을 알기 어려웠다. 머리를 감싼 비니 모자만이 머리카락이 빠지는 항암 치료를 받고 있다는 것을 간접적으로 말해주는 듯했다.

그는 2021년 7월 초 연구실에서 갑자기 쓰러졌다. 동료들의 심폐소생술 덕분에 목숨을 건졌으나, 진단 결과 폐암이 뇌와 척추뼈에도 전이된 것으로 확인됐다. 통계적인 잔존 수명은 6개월이었다. 다급한 뇌종양만 수술로 제거하고, 나머지 부분은 수술이 불가능해 항암 치료만 하고 있다. 암세포를 줄이거나 없애는, 이른바 화학치료라고 하는 세포독성 항암 치료는 부작용이 커 두 번만 받고 끝냈다. 대신 면역 세포를 강화해주는 면역 주사를 맞고 있다. 주사를 맞을 때는 서울에 머물지만, 그러지 않을 때는 식이요법 등 대체 치료로 보완하기 위해 충북 괴산의 한 치유센터에 머물고 있다.

우리 불평등은 프랑스혁명 때보다 심해

‖ 많이 놀랐겠어요.

의식이 돌아온 뒤 폐암이라는 소리를 들었을 때 아무렇지도 않았어요. '올 것이 왔다'라는 생각만 들었어요. 그동안 담배를 많이 피웠고, 몸을 전혀 돌보지 않았잖아요. 현재까지는 다행히 치료 결과가 좋아요. 폐의 암 덩어리 두 개 중 하나는 없어졌고, 뼈암도 여태까지는 통증이 없어요. 언제 어떻게 될지 모르지만, 아직은 좋아요. 담배 안 하고 술도 입에 안 대지, 끼니는 꼬박꼬박 챙겨 먹고 운동하니까 건강 상태는 20대 이후 지금이 가장 좋아요. 하하.

‖ 항암 치료는 언제까지 해야 해요?

면역 주사는 원하면 더 맞을 수 있는 것 같더라고요. 그런데 보험 적용이 안 돼 너무 비싸요. 여태까지는 도와주시는 분들도 있고 해서 치료를 받았는데, 계속은 못 하죠. 곧 여섯 번째 치료가 있는데 그걸로 끝내려고 해요.

> 정태인은 폐암 진단을 받은 뒤에도 늘 해오던 공부를 계속하고 있다. 그의 관심 주제인 불평등과 기후 위기, 미-중 마찰에 관한 외국 논문들을 매일 한두 편씩 읽은 뒤에 단상들을 페이스북에 기록하고 있다. 투병 이전과 차이가 있다면 예전에는 동료들과 '함께 공부'였으나 지금은 '나 홀로 공부'다.

‖ 보통은 건강이 나빠지면 세상과 단절하고 치료에만 전념하는데, 그러질 않고 있네요?

치료할 게 없잖아요, 전혀. 물론 평상시와 똑같지는 않아요. 사람 만나는 거나 모임이 없어졌거든요. 덕분에 글 읽는 시간은 더 많아졌겠죠. 무리하면 어떻게 될지 몰라서 처음에는 읽기만 했는데, 의사들은 뇌도 사용하라면서 글쓰기도 권해요. 슬그머니 욕심이 생겨서 슬슬 글을 쓸까 생각하고 있어요.

"우리가 이른바 민주화 세대라고 했던 세대는
우리 사회의 문제를 해결할 능력이
없다고 봐야죠. 머리로는 있을지 모르지만,
우리 사회를 진짜로 바꿀 수는 없고
오히려 보수 쪽을 강화시키는 작용을
할 가능성이 높아졌어요."

‖ 불평등과 기후 위기, 미-중 마찰은 하나만 파고들어도 어려운 주제인데 어떻게 셋을 동시에 공부해요?

뭐, 사람들에게 중요한 문제는 다 공부해서 대안을 내야죠. 하하. 불평등은 오래전부터 들여다봐 왔고, 외교·안보 쪽은 2017년 북한대학원대학교에서 박사학위 공부를 하면서 시작했죠. 그동안 외교·안보 분야를 잘 몰라서 고민이었거든요. 기후 위기 등 생태 문제도 우리나라에서 이슈가 되기 전부터 관심을 가졌고요.

‖ 원래 전공은 경제학이잖아요?

2017년에 친구 딸 결혼식에 갔다 오다가 갑자기 북한을 공부해야겠다는 생각이 들었어요. 그때 북핵 문제가 다시 불거지던 시점이었어요. 사실 그동안 제가 정책을 만들면서 늘 걸리던 게 안보 문제였어요. 기후 위기야 오래전부터 인류의 생존과 직결된 문제로 떠올랐으니 당연히 관심을 가질 수밖에 없었죠. 기후 위기나 미-중 마찰, 남북문제 등은 어떤 면에서는 굉장히 비슷한 문제이기도 해요. 미국하고 중국이 협력하지 않으면 해결할 수 없는 문제라는 점에서 말이죠.

‖ 셋 다 우리 삶에 중요한 문제지만, 당장 발등에 떨어진 것은 불평등 문제인 것 같아요.

우리나라의 베타값(프랑스의 경제학자 토마 피케티가 개발한 지수. 한 나라의 전체 자산 가치를 국민소득으로 나눈 값. 높을수록 자본에 비해 노동 몫이 줄어드는 것을 뜻함)이 현재 9에 가까운데, 프랑스혁명기였던 레미제라블 시대가 7.5였어요. 지금 우리의 불평등이 더 심하다는 얘기죠. 이 정도의 불평등이면 옛날 같으면 혁명이 일어나요. 사람들이 지금 참는 것도 있지만, 어떤 면에서는 사회 자체가 붕괴하는 쪽으로 가고 있어요. 아이를 안 낳아버리니까 사회가 붕괴되는 거죠. 그런 심리가 청년들한테 있어요. 기후 위기에 대해서도 마찬가지고요. 주변의 젊은 친구들 얘기 들어보면 '다 죽으니까 괜찮아요. 잘사는 놈들도 다 같이 죽게 되잖아요'라고 해요.

‖ 불평등이나 기후 위기나 지금까지 계속 커져 왔어요. 이른바 진보정권에서도 같은 추세고요.

그게 제가 반성하는 건데요. 우리가 데모하고 할 때는 진짜 목숨 걸고 했었죠. 그것은 우리 아이들이 좀 더 나은 세상에서 살 수 있게 해야겠다는 생각에서 그랬던 거거든요. 그런데 우리 때보다 지금이 더 나빠졌어요. 상위 10% 부자가 아니면 더 절망적인 사회가 됐어요. 저도 세상을 그렇게 만든 한 축이죠. 저 역시 노무현 대통령의 참여정부에 들어가서 청와대에 있었으니까요. 탄소 배출과 불평등의 두 그래프를 보면 나빠지는 상태가 민주 정부든 보수 정부든 거의 직선으로 똑같아요. 완전히 실패했다는 얘기죠. 우리가 저들보다 훨씬 진보적인 정책을 했다고 생각했지만, 그게 완전한 해결책이 아니었거나 실행할 능력이 없었거나 했던 거죠.

'국민의힘'보다 낫다고 버티면

‖ 왜 그렇게 됐을까요?

두 가지 문제가 있는 것 같아요. 하나는 관료들에게 끌려가는 문제예요. 노무현 정부 때는 관료들하고 다투기라도 했지만, 문재인 정부의 경우에는 대통령이 개입을 안 하니까 그냥 관료들한테 주도권이 넘어가 있는 상태죠. 두 번째는 진보적 지식인이 상위 계층에 속하게 된 점입니다. 굉장히 진보적인 것 같지만, 자기 재산이나 아이 문제에서는 자신이 건드려지는 것을 원하지 않죠. 자기가 양심적으로 모은 재산이라고 생각하거든요. 조국 사태 때 그런 것이 확실히 나타났죠. 자식 스펙 쌓기 등은 분명히 특혜이고 불평등인데도 마치 당연한 것처럼 여기잖아요. 의대 교수라는 사람도 '아이가 논문을 쓸 만한 자격이 있다'는 등의 명백한 거짓말을 서로 하는 것을 보고는 지식인들이 지배 계급에 들어갔으며, 그런 의식에서 벗어나지 못하고 있다는 것이 드러났죠. 뭐, 우리가 이른바 민주화 세대라고 했던 세대는 우리 사회의 문제를 해결할 능력이 없다고 봐야죠. 머리로는 있을지 모르지만, 우리 사회를 진짜로 바꿀 수는 없고 오히려 보수 쪽을 강화시키는 작용을 할 가능성이 높아졌어요.

‖ 소득 상위 10% 안에 들어간 지식인들이 기득권층을 대변한다고 보나요?

그럴 수 있죠. 자기보다 아래의 것은 상상하지 못할 수 있죠. 예를 들어 제가 어렸을 때의 신문 사회면 탑 기사는 연탄가스 중독이었는데 이게 어느 순간부터 자동차 사고로 바뀌었어요. 우리나라 자본주의가 가장 활발할 때인 1980년대 말이나 90년대 초였을 거예요. 그때 중산층들이 조그만 아파트를 사고 자가용을 갖기 시작했거든요. 기자들이 그런 삶을 사니까 그게 연탄가스보다 더 중요한 문제가 된 거죠. 그런 식으로 분명히 작용합니다. 그런데 민주화를 하려고 열심히 노력했던 세대들이 지금 자신들이 대안을 못 만들고 있다는 생각을 안 합니다. 왜냐면 '국민의힘'보다는 자기들이 낫거든요. 분명히 낫긴 하지만, 큰 틀에서 보면 똑같이 불평등을 악화시켰죠. 남북 관계는 양쪽이 좀 다르지만. 결과적으로는 어떤 대안을 내놓을 수 있는 집단이 아니에요, 지금은.

‖ 얘기를 들으면서 두 가지가 궁금해집니다. 하나는 대부분의 지식인들이 이미 기득권화돼서 대안을 만들 위치에 있지 않다면 누가 그 일을 감당할 수 있는 건가 하는 거고요. 또 하나는 능력도 없고 또 그럴 위치에도 있지 않다고 하면 이 새로운 사회에 대한 전망과 대안을 누가 만들 건가? 이른바 586 지식인들이 대부분 소득 상위 10%에 들어가 있는 것은 한국 자본주의가 발전한 데 따른 것 아닌가 하는 점입니다.

두 번째부터 얘기하면 엘리트가 보상을 받은 거라고 볼 수도 있죠. 그러나 자신이 있는 곳이 위쪽이니까 아래쪽을 반영하는 정책을 내놓기가 힘들죠. 물론 좌파라는 건 기본적으로 그런 정책을 만들기는 하지만 실행할 능력은 없어졌어요. 저는 아직도 청와대나 국회에서 할 수 있다고 믿는 편이지만, 그런 게 안 되면 다른 운동을 조직하든가 해야 하는데 이 사람들은 그럴 의지가 없거든요. 그러니까 자기가 있는 데서 뭔가 기여할 바를 찾지, 자신의 삶을 확 바꿔서 어떻게 해보겠다는 생각은 안 하게 된 거죠. 늙어서 그럴 수도 있지만, 확실히 기득권이 된 거죠. 그걸 확실히 느낀 계기가 있었어요. 제가 몇 년 전에 저희 또래 교수들 보고 대충 58세 지났으면 다 그만두라고 했는데 충남대 박진도 교수 한 명만 61세쯤에 그만두고는 다른 사람은 아무도 안 하더라고요. 우리 때는 석사학위만 갖고도 빠른 사람들은 20대 후반에 교수가 됐어요. 그럼 이미 교원연금 받을 나이가 됐기에 제가 그랬죠. 니들이 왕창 그만두면 젊은 애들이 왕창 교수 될 수 있다고요. 근데 아무도 안 해요. 그거는 '내가 정당하게 보상을 받은 거니까 버릴 수 없다'는 뜻이죠. 그런데 다른 사람들도 다 그런 거죠. 강남의 부자들도 다 자기가 정당하게 머리 굴려서 재산 모았다고 생각하지 않겠어요? 하여튼 그런 사람들이 외국 것을 참고하거나 우리나라를 분석해서 올바른 정책이라고 내놓을지 몰라도 그것을 실행할 능력, 관료나 정치를 조직할 능력, 또는 운동을 만들 능력은 없는 거죠.

▮ 그럼 누가 그 일을 할 수 있을까요?

다른 사람들이 거기를 채우면 분명히 나타난다고 저는 생각해요. 예를 들어 지금 교수들이 빨리 그만두면 젊은 사람들이 교수가 될 겁니다. 요새 보면 40대 교수들이 과거를 넘어서는 얘기를 굉장히 많이 하잖아요. 제가 보기에는 좀 불안하기도 하지만, 그런 목소리가 자주 많이 나와야 되거든요. 마찬가지로 지금 586 세대들은 자기들이 아직도 젊은 신진 세대라고 생각하지만 벌써 정치한 지가 오래된 사람은 30년 가까이 됐어요. 조선 시대의 무슨 당파처럼 돼버렸는데 그 사람들은 진짜 맨날 쓸데없는 소리만 해요. 정치적으로는 이제 없어져야 하는데 국힘당이라는 집단이 있으니까 이 사람들은 자기들이 상대적으로 더 나은 집단처럼 스스로도 생각하죠. 그러니까 그렇게 딱 정체가 돼 있고, 젊은 사람들은 거기에 절망하는 거죠.

‖ 민주화 세대들은 학계에서나 정계에서 빨리 물러나주는 게 사회에 도움이 될 거라는 얘기군요.

그렇게 생각하는데 그걸 어떻게 할 수가 있는 게 아니잖아요. 자발적으로 그런 운동이 있었으면 좋겠다 싶었는데. 저는 진보적 교수들은 할 줄 알았어요. 근데 정말 한 명도 하지 않는 거 보고 이게 안 되는 거구나 생각했어요. 그때 누가 나한테 그러더라고요. '너는 평생을 비정규직으로 살아서 그게 무섭지 않을지 모르지만, 교수들한테는 자기가 교수라는 직함을 잃고 비정규직이 되는 게 얼마나 끔찍한 일인지 넌 상상을 못한다'라고요. 요새 제가 곤경을 겪다 보니까 그럴지도 모르겠다는 생각이 들긴 해요. 그래도 자기들은 연금이 있는데. 하하.

‖ 생각이 대부분의 지식인 엘리트와는 다르군요. 독립연구자로서 살아서 그런가요?

나도 그래서 이런 생각을 한다고 생각해요.

자기 또래 교수들의 퇴진을 주장했던 정태인은 수십 년 동안 써오던 신문 칼럼을 2020년 말 스스로 관뒀다.

‖ 칼럼으로 큰돈을 버는 것도 아니고, 그때는 아플 때도 아닌데 왜 중단했어요? 사회적 목소리를 내려면 칼럼 쓰기가 오히려 필요할 텐데요.

《경향신문》과 《시사인》에 칼럼 쓰던 거를 자발적으로 그만뒀는데 지금 생각해도 잘한 일이에요. 교수 자리 등 딴것을 가졌다면 더 폼 나게 버렸을 텐데, 제가 가진 게 그것밖에 없었어요. 하하. 젊은 사람들에게 쓸 기회나마 내줘야죠.

▍사회적 대안을 모색하고 제시해주는 역할을 하는, 본래적 의미의 지식인 그룹이 없어졌다는 얘기는 아픈 지적인 것 같아요.

보통의 지식인들은 자신은 물질적 조건에서 벗어나 있다고 생각하지만, 전 그렇지 않다고 생각해요. 지식인들이 자신의 역할을 제대로 하려면 중위소득보다 조금 못 받아야 되거든요. 우리나라의 중위소득이 연소득 2천만 원이 안 될 거예요. 근데 지금 웬만하면 지식인들의 소득이 5천만 원이 넘어가 버리잖아요. 그러니 중위소득 아래의 삶을 통계나 에피소드로는 알지만 피부 깊숙이 느끼지 못하죠. 자기들이 갖고 있는 사회적 자본이나 문화 자본 이런 것들은 부동산과는 달리 뭔가 괜찮은 것처럼 생각들을 하는데 저는 그것도 굉장히 위험한 생각이라고 봐요. 그런 부분도 어떻게 좀 더 평등하게 가져갈 것인지 또는 젊은 사람들한테 기회를 줄 것인지에 대해서 진지하게 고민을 해야 되는데 별로 그러지 않거든요. 지금은 젊은이들에게서 나오는 대안이나 상상력 이런 것들이 펴지게 만들어야 해요. 제가 10년 전부터 주장했는데 이제 저희 세대가 아니라 젊은이들이 혁명을 해야 해요.

"자기소개란에 '독립연구자' 기재"

전문 연구자로서 정태인은 독특하다. 서울대 경제학과를 졸업하고 석사학위를 했으나 박사는 과정만 마쳤다. 결국 박사학위는 2020년 북한대학원대학교에서 땄다. 몇 군데 대학에서 강사 생활을 잠깐 했을 뿐 한 번도 대학에 적을 두지는 않았다. 대신 한국사회과학연구소(한사연)와 새로운 사회를 여는 연구원(새사연), 칼폴라니사회경제연구소 등 독립적인 민간연구단체에서 대부분의 시간을 보냈다.

‖ 페이스북 자기소개란에 '독립연구자'라고 적혀 있던데요.

교수도 아니고, 어디 소속이 되어 있는 것도 아니니까요. 외국에서는 그런 독립연구자가 흔해요.

‖ 평생을 그렇게 사는 게 쉽지 않았을 텐데요.

제 처가 돈을 안 벌었으면 그렇게 못 했죠. 잘난 척하는 사람들은 대개 저처럼 마누라 고생시킨 사람들이에요. 하하. 1인 자영업을 하는 거나 마찬가지니까 살기가 굉장히 힘들지만, 안정적인 교수들이 생각하지 못 하는 여러 새로운 것을 생각할 수는 있겠죠.

정태인의 부인 차정인은 화가로, 그림책 등에 그림을 그리고 있다.

‖ 그동안 늘 사회 현실과 직접 관련된 부분들을 연구해 왔는데요. 사회적 경제나 협동조합 문제를 시작으로 지금은 불평등과 기후 위기, 미-중 마찰 문제 등등 말이죠.

늘 문제들을 추적하죠. 정책적으로는 보통 한 3~4년 정도 앞의 주제들이에요. 그런 정책을 연구한 것은 개인적인 특성이기도 하고, 고 박현채 선생님의 영향도 굉장히 컸어요. 박 선생님은 '지식인이 자기가 어떤 사안을 모른다고 못 쓰는 건 말이 안 된다, 민중이 알고 싶어 하는 건 공부해서라도 써야 된다'고 얘기했어요.

‖ 보통은 자신의 전공 분야 하나만 파고들지 않나요?

그래야 교수가 되죠.

‖ 교수가 되겠다는 생각이나 시도는 안 했어요?

교수를 하고 싶다거나 부럽다는 생각을 해본 적은 한 번도 없어요. 무슨 학문을 한다는 생각을 별로 안 했기 때문인 것 같아요. 사람들이 필요로 하는 중요한 문제는 제가 다 건드리고 있으니까 그것만도 바쁘잖아요. 노후가 되니까 걱정이 좀 되긴 하더라고요. 하하.

‖ 시대에 따라 바뀌는 사회적인 문제에 대해 늘 예민한 촉을 유지할 수 있는 비결은 뭐예요?

지금 뭐가 문제인가를 생각하죠. 특히 외국에서 먼저 일어나는 경우가 많기 때문에 그걸 공부하다 보면 자연스럽게 알게 돼요. 대신 전공이 없어지죠.

‖ 언제부터 학자가 아니라 정책가로 스스로를 자리매김했나요?

대학원 때인 1987년 동료들하고 '한사연'(한국사회연구소, 나중에 한국사회과학연구소로 개칭)이라는 연구 단체를 만들었어요. 정책이 훨씬 중요하고 연구자는 사회 현실을 잘 알아야 된다고 봤던 사람들이 모였어요. 그때 한사연 이사장을 맡은 박현채 선생한테 많은 영향을 받았고요. 그때 저는 관료나 학자들보다 우리가 정책을 훨씬 더 잘 만들 수 있다고 생각했어요. 학자는 자기가 아는 분야만 집중하거든요. 미안하긴 하지만, 김상조 교수의 경우 청와대 정책실장 하면서 기후 위기에 대한 언급을 한 번도 안 했어요. 모르니까요. 학자로서는 그래도 되는데 정부나 청와대에 있는 사람이 그러면 안 되죠. 가장 중요한 얘기에 신경을 안 쓴다는 얘기니까.

아버지가 공무원인 서울의 중산층 가정에서 자란 정태인은 중학생 때부터 경제학자를 꿈꿨다. "중2 때 선생님이 똑똑한 사람들은 경제학을 공부해야 한다고 한 말이 뇌리에 박혀서 과학자 꿈을 버렸죠." 고교(숭문고) 때부터 사회 비판 의식이 강했던 정태인은 1978년 대학에 입학한 뒤 학생운동권에 가담했다. 1983년 "앞으로는 공부만 하겠다"는 결심을 하고 대학원에 진학했지만, 학위 논문보다는 한국의 정치 사회 상황을 외국에 알리는 '기사연 리포트'(한국기독교사회문제연구원에서 펴낸 한국 사회 보고서) 등 정책 보고서 작성에 더 열심이었다.

∥ 1991년에 석사 논문을 썼으니 오래 걸렸어요. 경제학 박사 논문은 안 썼고요.

논문 주제가 많이 바뀌었죠. 관심사가 그때그때 바뀌었거든요. 하하.

∥ 지도교수인 안병직 선생과의 갈등 때문에 못 썼다고 하던데, 맞아요?

꼭 그런 것은 아니고, 안 샘이 한 과목의 성적을 F로 줬죠. 하하. 그러고는 그 과목을 아예 없애버려서 보충할 수가 없었어요. 제가 한사연 만들어서 왔다 갔다 하고, 박현채 선생님을 쫓아다니고 하니까 '정태인, 너는 이제 학자로서는 자격이 없다'는 선언을 한 거죠. 어쨌든 저 역시 교수 생활에 별 매력을 못 느꼈어요. 그래서 수업도 잘 안 들어가고 그랬겠죠. 성공회대 등에서 강사 생활을 할 때도 진짜 재미없었어요. 오히려 일반인들을 대상으로 하는 강연이 훨씬 더 재미있었어요.

‖ 정통 학자 타입은 정말 아니군요.

정책가죠. 저는 학문이 아니라 세상에 너무 관심이 많아요. 박현채 선생님처럼요. '민중이 원하는 거는 무조건 써야 한다'가 선생님 지론이었으니까요. 선생님처럼 저도 "민중을 위해 목숨 걸겠습니다"라고 했더니 진짜 목숨이 걸려 버렸어요.

"책 두 권쯤 쓸 수 있기를 바랄 뿐"

정태인이 노무현 정부의 청와대에 들어간 것은 정책가로서 자연스러운 행보였다. 그는 참여정부 첫 2년간 대통령 직속 동북아경제중심추진위원회 기조실장과 국민경제비서관을 지내면서 종부세 도입 등 개혁에 앞장섰으나, 오래 일하지 못했다. 행담도 개발 사건과 관련해 1심에서는 무죄를 받았으나 최종 징역 6개월에 집행유예 1년을 선고받았다.

‖ 노무현 정부 청와대에 들어간 것은 본인의 전문성을 잘 살린 선택이네요.

그런 셈이죠. 그런데 지금 생각하면 그때는 정말 잘 몰랐어요. 당시에 이정우 선생님이 청와대 들어갈 때 부동산과 교육 문제만 해도 된다고 얘기했는데 저는 오히려 '부동산이랑 교육이 뭐 그렇게 중요해요? 재벌 문제 이런 게 중요하지' 그랬는데, 돌아보면 이 선생님 진단이 맞았어요.

‖ 행담도 개발 의혹 사건이 터져서 중도에 물러났는데요.

말도 안 되는 의혹 사건이었지만, 그게 아니라도 하차했을 거예요. 당시 이정우, 정태인, 이동걸 셋이 청와대 안에서 표적이 됐거든요. 인수위 때 기재부(당시 재정경제부) 사람들이 그랬어요. 1년 이내에 다 쫓아낸다고 대놓고 말했으니까요. 그런데 2년을 버텼으니까 많이 있었죠. 하하. 노 대통령이 이정우 선생님을 신뢰했기에 제가 재벌 개혁이네 뭐네 하면서 떠들고 다녀도 한동안 보호가 됐죠.

‖ 되돌아보면 아쉬움은 없어요?

당시 40대로 어렸었죠. 지식도 부족했고요. 특히 동북아 구상 같은 거는 외교·안보가 기본인데 외교·안보에 대한 건 진짜 몰랐거든요. 지금 들어간다면 몇 가지 정책을 더 잘할 수는 있겠죠.

‖ 청와대 나온 뒤이긴 하지만, 한-미 FTA에 대한 반대 깃발을 가장 세게 들었죠. 내년이면 한-미 FTA가 발효된 지 10년인데, 어떻게 보세요?

반대하는 우리들이 제일 중요하게 여겼던 건 지식재산권 등 서비스 투자 분야였는데, 저희가 생각했던 것처럼 막 우르르 무너지지는 않았어요. 병원이나 학교는 돈이 안 될 것 같으니까 미국이 다행히 안 들어와서 그렇게 된 것 같아요. 부작용이 생각보다 크지 않았던 것은 2008년 금융위기로 미국 시장이 붕괴됐기 때문이기도 하고요. 그러나 양극화 심화라든가 서비스 분야에서 공공성의 해체 이런 거는 예상대로 확실히 관찰되고 있죠. 큰 흐름에서는 제가 틀렸다고는 생각 안 해요.

정태인은 암 투병 이후 매일 아침 팔굽혀펴기와 복근운동, 큰절하기 등을 한다. 10회로 시작한 팔굽혀펴기는 100회 이상으로 늘었다. 물어보지는 않았지만, 책 쓸 여력을 모으기 위한 안간힘일 것이다. 그는 쓰러진 직후부터 "상황이 괜찮아서 책을 두 권쯤 쓸 수 있기를 바랍니다" 하고 희망을 피력해 왔다. "불평등의 해소책, 생태 위기의 극복, 동아시아 평화 전략"을 주제로 한 첫 번째 책의 제목도 『협동의 경제학 2』로 벌써 정해놨다.

인터뷰 말미에 "책 쓰기 말고 하고 싶은 일이 뭐냐"고 습관처럼 우문을 던졌다.

"아니 별로. 언제 죽을지 모르는데 무슨 희망이 있겠어요. 더 하고픈 일이 없는 게 다행이죠."

서늘한 답을 남기고 숙소로 걸어가는 정태인의 뒷모습을 한참 바라봤다.

후기

"민주화 세대는 실패했다, 청년에게 자리라도 내주자"라는 정태인(62) 박사의 인터뷰가 나간 뒤 독자들의 반응이 뜨거웠습니다. '기성세대의 한 사람으로서 공감한다'며 박수를 보내는 사람들이 많았지만, '니가 뭔데 민주화 세대가 실패했다고 일반화시켜?'라며 불쾌하게 생각하는 사람들도 적지 않았습니다.

엇갈린 반응들을 예상이나 한 듯 그의 대응은 담담했습니다. 신문에 인터뷰가 보도된 날 자신의 페이스북에 기사를 링크하면서 "한겨레 오늘자(토요판) 인터뷰"라는 짧고 건조한 안내글만 올렸습니다. '내가 하고픈 말은 여기에 다 있으니 더 이상 얘기할 필요는 없어요'라는 뜻일 겁니다.

2021년 11월 초 정 박사에게 조심스레 만남을 요청하면서도 인터뷰가 성사될 가능성은 낮다고 봤습니다. 수술을 할 수 없을 정도로 폐암이 진행된 환자로서 투병에 도움이 되지도 않을 일에 굳이 머리를 어지럽히려 하지는 않을 것이라고 생각했었죠. 게다가 그와는 오래전 국회에서 열린 한 토론회에 패널로 같이 참석한 것 외에는 별다른 인연이 없었거든요. "무슨 내용으로?"라고 묻는 그에게 깊이 있는 인물 인터뷰라고 하자, 며칠 뒤 항암 주사를 맞는 시기의 중간 날짜를 제안해 왔습니다.

그는 자신의 건강 상태 등 투병일지를 페이스북에 숨김없이 매일매일 쓰고 있듯이, 인터뷰 때 어떠한 질문에 대해서도 주저함이나 눈치 보기 없이 솔직 담백하게 답했습니다. 자신에 대한 성찰이나 586에 대한 비판 역시 거침이 없었습니다. 더욱이 그는 말만 하는 게 아니라 이미 그것들을 실천하고 있었습니다. 폐암 발병을 알기 훨씬 이전에 젊은 사람들을 위해 자신이 가진 사회문화적 자산인 신문 칼럼 쓰기를 그만둔 것이 한 예가 되겠죠.

정 박사는 2022년 3월 검사에서 폐의 암세포가 커진 것이 확인돼 방사선 치료를 시작했으며, 면역 항암 주사도 다시 받고 있습니다. 엄정한 사회과학자로서 그는 기적보다는 현 상태에서의 몸의 균형 유지가 최선이라고 생각하는 것 같습니다. 그럼에도 저는 그에게 완치라는 기적이 일어나길 바랍니다.

(2021년 11월 3일 인터뷰)

사진 출처

각별한 당신

오랫동안 자기답게 살아온 사람들

발행일   2022년 5월 31일 초판 1쇄
지은이   김종철
편집   박성열, 정혜인
디자인   김진성
인쇄   민언프린텍
제본   라정문화사

발행인 박성열
발행처 도서출판 사이드웨이
출판등록 2017년 4월 4일 제406-2017-000041호
주소 서울특별시 마포구 동교동 양화로 156, LG팰리스빌딩 1923호
전화 031)935-4027   팩스 031)935-4028
이메일 sideway.books@gmail.com

ISBN 979-11-91998-06-1 03190